EICHENDORFF CHRONIK

Daten zu Leben und Werk

Zusammengestellt von
Wolfgang Frühwald
Mit Abbildungen

Carl Hanser Verlag

Reihe Hanser 229
ISBN 3-446-12355-5

Umschlagabbildung: Lithographie von Franz Kugler (1832)
Foto Süddeutsche Zeitung, Bildarchiv
Gesamtherstellung: Georg Appl, Wemding
Printed in Germany

Reihe Hanser 229
Eichendorff-Chronik
Zusammengestellt von Wolfgang Frühwald

Biographistische Verkürzungen sind eine Gefahr für die Eichendorff-Forschung von Anfang an gewesen. Die von Eichendorff selbst kurz vor seinem Tode begonnene Vernichtung seiner persönlichen Dokumente wurde – aus Prüderie und Pedanterie – von den Erben fortgesetzt, und die Eichendorff-Forschung, in der Versuchung, das schmaler gewordene Beobachtungsfeld nochmals aufzuteilen und zu parzellieren, ist ihnen häufig bei diesem Prozeß der Verschleierung – willentlich oder unwillentlich – gefolgt. So entstanden Spekulationen und Legenden, welche die offenkundigen Lücken der Biographie mehr schlecht als recht zu füllen suchten und das bis heute tradierte Bild des »letzten Romantikers« entstehen ließen.
Eichendorffs Selbstcharakteristik des Zu-spät-Geborenen ist tatsächlich aber weniger Element seiner Existenz als Motiv seines Werkes. Das vom Dichter selbst beharrlich gepflegte Bild ist nur eine der Masken, unter der er sich der Zeit präsentierte. Die Pose des »preußischen Regierungsrates« ist eine andere.
Die Chronik versucht, durch Sammlung und Sichtung gedruckter und ungedruckter Quellen das trotz allem noch reichlich vorhandene biographische Material zu erschließen, um das Bild dieses in seinem Werk bekanntesten, in seinem Leben unbekanntesten Romantikers farbiger zu machen. Sie will einen Baustein zu einer künftigen Biographie liefern, versuchen, Eichendorffs »Lebensreise inkognito« etwas aufzuhellen.
Damit – Eichendorff reagierte sehr empfindlich auf Zeitströmungen – entwirft die Chronik zugleich auch ein Bild jener Epoche zwischen Fortschrittspessimismus und Technikstolz, die nicht zuletzt geprägt ist auch vom Alterungsprozeß idealistischer Dichtungstheorie und ihrer Autorität, vom Resonanzverlust romantischer Dichtung.
Wolfgang Frühwald: geb. 1935; Studium der Germanistik, Geschichte, Philosophie und Geographie in München; Dr. phil.; Professor für neuere deutsche Literaturgeschichte am Institut für Deutsche Philologie der Universität München; zahlreiche Veröffentlichungen; Arbeitsgebiete: Geistliche Prosa des Mittelalters, Deutsche Romantik und Moderne.

Vorwort

Die biedermeierliche Stilisierung Joseph von Eichendorffs zum gemütvollen, armen Poeten war bei den Zeitgenossen des Dichters ein beliebter Konversationsstoff. So notiert der Verleger Heinrich Brockhaus 1838 in sein Tagebuch: »Man könnte sagen, er gliche in seinem etwas schüchternen Wesen, seinen blauen gutmütigen Augen und seinem lichten Haar einigermaßen seinen Novellen; ...« Das Bild des ruhigen und zurückhaltenden Autors, der dem Besucher lieber zuhörte, als selbst zu sprechen, der über Jahrzehnte hinweg ein vorbildliches Familienleben führte, sich mit seiner lebhaften, »kugelrunden« Frau der Erziehung seiner Kinder und später einer Schar von Enkelkindern widmete, blieb also nicht ohne Einfluß auf die zeitgenössische Rezeption seines Werkes. Jene Nachkommen der Schwäbischen Romantik und jene Mitglieder des Münchener Dichterkreises, die sich – irrtümlich, aber von Eichendorff selbst in ihrer Auffassung unterstützt – für seine Schüler hielten, haben vornehmlich *dieses* Bild in die Welt getragen und nochmals dilettantisch vereinfacht. August Corrodi, ein Schweizer Maler und Lyriker, ist Paradigma einer – längst vergessenen – Poetengeneration, die sich am Bild des »edelsten Dichtergreises« berauschte, der in den Herzen seiner Adepten die schlummernde Blüte der Poesie »geweckt zu fröhlichem Blühen«. So malt er – und dies ist durchaus wörtlich zu nehmen – auf seiner Leinwand das Bild Eichendorffs und singt dazu:

»Du zogest in mein Herze
Mit wunderholdem Klang,
Wie dir in rauschenden Gärten
Einst Fiametta sang.

O, wie in phantastischen Träumen
Mein Herze überquillt!
Ich steh' und falte die Hände
Vor deinem biedern Bild.«

Dabei ist charakteristisch, daß Eichendorff früh als ein alter und weiser Dichter gekennzeichnet wird, daß ihn die Lexika schon 1846/47 als gestorben verzeichnen. Bismarcks Erstaunen, der soeben erst (1851) Eichendorffs ›Gedichte‹ als Relikte einer alten Zeit entdeckt hatte, »daß der Mann noch lebt«, faßt die Vorstellung der Zeitgenossen vom »letzten Romantiker« fast formelhaft zusammen.

Wenn in solchen Äußerungen der Topos des greisenhaften Kindes, des alt geborenen Dichters anklingt, so ist man versucht, sie als Signatur von Eichendorffs Werk zu deuten, das stärker als das Werk der früher Geborenen am vorzeitigen Alterungsprozeß idealistischer Dichtungstheorie und ihrer Autorität, damit am frühen Resonanzverlust romantischer Dichtung, teilhat. Eichendorff selbst scheint dies um 1831 schon erkannt zu haben, wenn er im Entwurf der autobiographischen Erzählung ›Unstern‹ jenes »zu spät« als das groteske Fatum seines Lebens beschreibt: »... ich wurde gerade um anderthalb Minuten zu spät geboren. Eine lumpige Spanne Zeit! Und doch holt sie keiner wieder ein, das Glück ist einmal im Vorsprung, er im Nachtrab, und es ist schlecht traben, wenn man vor lauter Eile mit der einen Hand in den falschen Ärmel gefahren und mit der andern, um keine Zeit zu verlieren, sich die Beinkleider halten muß. Um ein Haar ist er überall der erste, um ein Haar macht er die brillantesten Partien im Lande, um ein Haar bekommt er einen Lorbeerkranz im ›Morgenblatt‹ und Orden mit Eichenlaub, Bändern und Schleifen wie ein Festochs; kurz, er findet überall ein Haar, bis er selber keins mehr auf dem Kopfe hat.«

Die naheliegenden biographistischen Verkürzungen sind eine Gefahr für die Eichendorff-Forschung von Anfang an, denn Eichendorffs Beschreibung des »zu spät« ist weniger Element seiner Existenz als Motiv des Werkes. Das vom Dichter selbst beharrlich gepflegte Bild des »letzten Romantikers« – Tieck soll ihn so genannt haben – ist demnach nur eine der Masken, unter der er sich seiner Zeit präsentierte. Die Pose des »preußischen Regierungsrates«, die durch den Stich von Eduard Eichens im ersten Band seiner ›Werke‹ (1841) verbreitet wurde, ist eine andere Maske; den unterschiedlichsten Adressaten tritt er in mannigfachen Verkleidungen gegenüber: in der Rolle des gutmütigen Zuhörers, in der des von Aktenarbeit überlasteten Beamten, in der des begeisterten Lesers auch der langweiligsten Elaborate, für die er stets ein freundliches, aber formelhaft vorgeprägtes Wort findet. Diese maskierte Existenz scheint ein Charakteristikum der Zeit zu sein: »Von Revolution zu Revolution geht es wie Windstoß durch die Stille dieser Zeit. Nur augenblicksweise, nur etwa wie eine mahnende und dann erneute Ankündigung wird es vernehmbar, schafft aber doch in allen Aufhorchenden einen Untergrund von Erregung. Das ist Ursache, warum damals ein Friedrich v. Gentz – sehr bewußt –, eine Luise Hensel – völlig unbewußt – ein Leben wie hinter zugezogenen Gardinen führten.« (Ernst Heilborn)

›Das Incognito‹ hat Eichendorff ein in den vierziger Jahren entworfenes Puppenspiel überschrieben und dem maskenhaften Dasein des Dichters in den Jahren ständig wachsenden »Polizeidrucks« auch eine satirisch-politische Komponente gegeben, wie er um die gleiche Zeit die vorschnelle Identifikation von Geburts- und Geistesadel ablehnt und den Dichter in schroffem Kontrast zur absolutistischen Marotte der »inkognito« reisenden Duodezfürsten sieht:

»Ja, komm ich müd ins Nachtquartier,
Die Nachtigall noch vor der Tür
Mir Ständchen bringt, Glühwürmchen bald
Illuminieren rings den Wald.

Umsonst! das ist nun einmal so,
Kein Dichter reist inkognito,
Der lust'ge Frühling merkt es gleich,
Wer König ist in seinem Reich.«

Als maskierte Existenz, als eine Gestalt, die ihre Maske nur für Augenblicke im poetischen Werk lüftet, so hat von den Zeitgenossen einzig der Freund Theodor von Schön den Dichter gesehen und verstanden: »Eichendorff läßt sich auf große Demonstrationen nicht ein, aber seine Genialität, seine Klarheit und seine Reinheit blitzen zuweilen strahlend durch ...«

Zur Genialität tritt ein – mit großer Meisterschaft der Selbstbeherrschung gezügeltes – heftiges Temperament, das Eichendorff an den Stationen seines Lebens, wo er die Poesie vom Leben geschrieben, die »Politik selbst Poesie« werden sah (1813–1839/40–1847/48), in Konflikt mit der ernüchternden Realität brachte. Noch bei der Beschreibung des Dresdener Volksaufstandes 1849 kämpft in ihm der besorgte Familienvater mit dem Dichter, der die Idee der Bewegung ins Leben getreten sah.

Bei aller Distanz im Weltanschaulichen, die der Katholik Eichendorff gegenüber dem Kantianer Theodor von Schön wahrte, stimmte er mit ihm doch lebenslang in der zur Zeit der preußischen Reformen und der Freiheitskriege geborenen Auffassung überein, daß die Politik des Staates von »Ideen« getragen sein müsse, welche eine Beteiligung des Volkes an der Regierung ermöglichen. Dabei dachte Schön, wie Eichendorff, weniger an eine konstitutionell-parlamentarische als an eine ständische Repräsentation. Für Eichendorff ist die Beamtenschaft jenes Organ des Volkes, welches »das historische Ineinanderleben von König und Volk zu einem untrennbaren nationalen Ganzen« gewährleistet. Die gesetzlich geregelte, »allen Gebildeten eröffnete Konkurrenz« der Beamtenlaufbahn, »welche, wenigstens ihrem Prinzip nach, Gunst oder Ungunst bei der Anstellung ausschließt und wo also ein jeder, nach dem Maß seines Verdienstes, eigentlich sich selbst anstellt, ist gleichsam eine offene Einladung an die gesamte Nation, an ihrer eigenen Verwaltung, nicht durch abstrakte Abhandlungen von der Rednerbühne, sondern selbsttätig und praktisch teilzunehmen«.

Dies sind Gedanken, wie sie in der Umgebung Schöns, des Führers der ständischen Opposition gegen den Polizeistaat im Vormärz, wuchsen, und wie sie in der Zeit der von Schön mitgetragenen Steinschen Reformen wurzeln. Auch Karl Rosenkranz erklärte 1839 in Königsberg »das gebildete Beamtentum zum Träger der Staatsgesinnung, indem es für eine lebendige Entwicklung des Staates eintrete, und sah in ihm auch die Substanz für die Fortbildung der preußischen Verfassung« (Belke). Daß ein solches Staatsverständnis in Widerspruch zu Rankes »Sprachwüste« geraten mußte, die »soweit das Auge reicht, übersät [ist] mit den dürren Kakteen der Tatsachen« (Doderer), versteht sich von selbst. Seit 1840 aber – und dies ist gravierender – gerät diese Staatstheorie immer stärker in Gegensatz zur zentralistisch und mechanistisch denkenden Ministerialbürokratie in Berlin, als deren Repräsentant Schöns heftigster Gegner, der Polizeiminister Gustav von Rochow, auftritt. Dessen Politik zielte darauf ab, die »gebildete« – das heißt im Verständnis der Zeit: die künstlerisch tätige – Beamtenschaft systematisch auszuschalten.

In diesen, hier nur angedeuteten Zusammenhang läßt sich das unglückliche Ende der Beamtenkarriere Joseph von Eichendorffs einordnen. Theodor von Schön nämlich suchte im Jahre 1830 dadurch Einfluß auf die Kirchenpolitik Preußens zu gewinnen, daß er den im Kultusministerium für die katholischen Angelegenheiten verantwortlichen Rat Johann Heinrich Schmedding an das Oberpräsidium nach Königsberg versetzen und Eichendorff an seine Stelle im Berliner Ministerium befördern lassen wollte. Er hat dabei nur übersehen, daß der Graf Lottum, an den er sich wegen dieser Frage wandte, keineswegs den Einfluß hatte, den er ihm zuschrieb. Schon dieser, schwerlich ohne Einwilligung Eichendorffs durchgeführte Versuch mißlang, weil die Berliner Zentralbürokratie zunehmend gegen den zeitweise überwiegenden Einfluß der Provinzialbehörden erstarkte. Eichendorff, der ohne Genehmigung der Ministerialbürokratie in Berlin Fuß zu fassen sucht, wird, als »Speerspitze« Schöns und als Repräsentant der zurückzudrängenden reformerischen Beamtenschaft, zielstrebig in den Bereich abgedrängt, der für die Zentralisten das einzig adäquate Tätigkeitsfeld der »gebildeten« Beamtenschaft ist: das Zensurwesen.

Schön und seine Freunde haben bekanntlich ihren Kampf gegen die »Hofpartei« bald nach dem Regierungsantritt Friedrich Wilhelms IV. verloren. Rochow verwendet schon im Januar 1841 ein anonymes Huldigungsgedicht an Schön als Waffe gegen die angeblich revolutionäre Gesinnung des Oberpräsidenten von Preußen und seiner Provinz. Das Verständnis der Bürokratie für Eigenleben und Eigengesetzlichkeit der Kunst wurde im Keim erstickt, »Poesie« nicht nur von den Autoren des Vormärz, sondern auch von ihren reaktionären Gegnern extrem politisiert. So ist Eichendorffs Ausscheiden aus dem Dienst ab 1841 nur noch eine Frage der Zeit. Er fühlte sich zurecht auf verlorenem Posten, als Relikt eines politisch diffamierten, einflußlos gewordenen, ja – wie der Geschäftsverteilungsplan des Kultusministeriums 1841 belegt – überflüssigen Beamtentums. Seine Selbstachtung erlaubt es ihm nicht, noch lange nach Schöns Entlassung aus dem aktiven Dienst (1842) im Amt zu bleiben. 1843 stellt Eichendorff sein erstes Pensionsgesuch, 1844, also im Jahr von Eichendorffs Pensionierung, soll der preußische Kultusminister Johann Albrecht Eichhorn erklärt haben: »Wenn Fichte käme und wollte jetzt hier Reden halten wie an die deutsche Nation im Jahre 1808, ich wäre der erste, sie ihm zu verbieten.«

Damit wird auch verständlich, wie stark in den Jahren nach 1848 die Ideen Eichendorffs und Schöns mit denen ihrer Zeit kontrastierten. Im Schlagwort der »Realpolitik« wird die letzte Erinnerung an die Reformzeit Preußens zerstört. Wenn sich Eichendorff *nun* als »letzter Romantiker« versteht, so auch in dem Sinne, daß er die kalte Trennung von idyllischer Rückzugspoesie und existenzentscheidender Realpolitik nicht akzeptiert; sein Begriff der Romantik bleibt universal. Dieses Zeugnis wünschte sich Theodor von Schön, als er Eichendorff zu seinem Biographen ernannte: »Sie konnten, wenn es Ihre Überzeugung war, vor allen Menschen, bezeugen, daß ich das Schlechte verabscheut und verfolgt, und einem Leben für Ideen nachgestrebt habe.«

*

Mit der kurzen Einführung in leitende Gesichtspunkte der ›Eichendorff-Chronik‹ sollte belegt werden, daß der historische Hintergrund dieser »Lebensreise inkognito« (Stöcklein) so weit aufgehellt werden kann, daß Person und Werk Eichendorffs, gerade weil sie in scharf konturiertem Kontrast zu ihrer Zeit stehen, auch diese Zeit schärfer und anschaulicher sehen lehren. Die kurzen Hinweise auf den Zeit-Kontext am Ende jedes Jahreskapitels, welche die Angaben geläufiger Handbücher – auf Eichendorff bezogen – nur unwesentlich ergänzen, erstreben keine Vollständigkeit, sollen aber aus den Details zu Leben und Werk des Autors den Blick immer wieder auch auf seine Zeit lenken. Die Belege zu Person und Werk Eichendorffs wurden oft aus entlegenen und entlegensten, gedruckten und ungedruckten Quellen zusammengetragen; manchem mag die Fülle der Einzelheiten überflüssig erscheinen, andere werden ihnen wichtig Erscheinendes vermissen – für jeden Hinweis zur Korrektur dieses ersten Versuches bin ich dankbar.

Zum Teil freilich werden meine Fehler die meiner Quellen sein, da eine ›Chronik‹ die zitierten Texte nicht durchgehend auf die Qualität ihres Drucks überprüfen kann. Während z. B. Irmgard und Günter Niggl die Urteile der Zeitgenossen akribisch genau verzeichnen, sind in den Briefbänden der HKA zahllose Lesefehler zu konstatieren.

Zu danken habe ich den Bibliotheken und Archiven, die mir Einblick in unveröffentlichtes Material gewährten; für freundliche Hinweise Konrad Feilchenfeldt, Carel ter Haar, Franz Heiduk, Brigitte Schillbach. Dietmar Stutzer danke ich, daß er die Akten über den Gutsbesitz der Familie Eichendorff nochmals nach genauen Monatsdaten durchgesehen hat. Die exakte Eichendorff-Kenntnis Sibylle von Steinsdorffs hat zur Klärung vieler Einzelfragen beigetragen. Sie hat mir darüber hinaus ihre Briefsammlung – einschließlich der nur in Auktionskatalogen belegten Texte – zugänglich gemacht. *W. F.*

Kindheit und Schuljahre in Lubowitz und Breslau (1788–1805)

1788

10. März: Joseph Karl Benedikt Freiherr von Eichendorff wird auf Schloß Lubowitz bei Ratibor an der Oder im (preußischen) Oberschlesien geboren. »Es war eine tiefe, stille, klare Winternacht des Jahres 1788, die Konstellation war überaus günstig. Jupiter und Venus blinkten freundlich auf die weißen Dächer, der Mond stand im Zeichen der Jungfrau und mußte Schlag Mitternacht kulminieren ...« Im Garten des Schlosses hatten sich »Koch, Jäger und der Organist mit Trompeten und Pauken versammelt, um mich, sobald ich das Licht der Welt erblickt, feierlich anzublasen. Daneben standen einige geladene Böller, womit Daniel den Takt dazu schlagen wollte; die Hebamme sollte mit einem weißen Tuch aus einem der Fenster das Signal geben. Aber die hatte jetzt ganz andre Dinge im Kopf, sie war eine resolute Frau und mit den Mägden soeben in großen Zank geraten; in der Wut warf sie eine Windel, die ihr zu schlecht dünkte, ohne weiteres zum Fenster hinaus. Das schimmerte weit durch die Nacht – da löste Daniel unverzüglich den ersten Böller, der Organist mit dem Tusch gleich hinterdrein, darüber aber erschrak meine Mutter dergestalt, daß sie plötzlich in eine Ohnmacht fiel. Nun donnerte draußen unaufhaltsam Böller auf Böller, die Trompeten schmetterten, die Schloßuhr schlug ganz verwirrt Zwölfe dazwischen – alles umsonst: die Riechfläschchen für meine Mutter waren nicht so schnell herbeigeschafft, die Konstellation, trotz den vortrefflichen Aspekten, war verpaßt, ich wurde gerade um anderthalb Minuten zu spät geboren.

Eine lumpige Spanne Zeit! Und doch holt sie keiner wieder ein, das Glück ist einmal im Vorsprung, er im Nachtrab, und es ist schlecht traben, wenn man vor lauter Eile mit der einen Hand in den falschen Ärmel gefahren und mit der andern, um keine Zeit zu verlieren, sich die Beinkleider halten muß.« (W II 650)

Vater: Adolf Theodor Rudolf von Eichendorff (1756–1818), Sohn des Rudolf Johann von Eichendorff (1711–1767) und der Johanna von Eichendorff, geb. von Salisch (1726–1798).

Mutter: Karoline von Eichendorff, geb. von Kloch (1766–1822), Tochter des Karl Wenzel von Kloch (1726–1799) und der Maria Eleonore von Kloch, geb. von Hayn (gest. 1809). Aus dem Besitz der Maria Eleonore von Kloch wurde 1785 das Gut Lubowitz an Adolf von Eichendorff verkauft.
Geschwister: Wilhelm Josef von Eichendorff (1786–1849), Henriette Sofie von Eichendorff (1791–1797), August Adolf von Eichendorff (1793–1797), Luise Antonie von Eichendorff (1799–1803), Gustav von Eichendorff (1800–1803), Louise Antonie Nepomucene von Eichendorff (1804–1883). Von den sechs Geschwistern Joseph von Eichendorffs überlebten also nur der ältere Bruder Wilhelm, der enge Vertraute in der Studentenzeit, und die Schwester Louise, die spätere Freundin Adalbert Stifters, die Kindheit.
Die Eltern: Einige Charakterzüge seiner Eltern soll Joseph von Eichendorff den Gestalten des Herrn v. A. und dessen Schwester (der Tante) in dem Roman ›Ahnung und Gegenwart‹ verliehen haben. Die Mutter fühlte sich – nach dem Zeugnis Louise von Eichendorffs – in der Figur der »Tante«, die bei jeder Gelegenheit ihren Geist glänzen ließ und sich über Kindererziehung »in dem gewöhnlichen Tone von Aufklärung, Bildung, feinen Sitten usw.« verbreitete (W II 68), genau porträtiert und war deshalb beleidigt. Ihre tüchtige, aber auf Repräsentation, Etikette und Festlichkeit bedachte Haushaltsführung paßt durchaus zur Schilderung ihres Charakters durch den Sohn. *Eine* Ähnlichkeit zwischen Roman und Realität ist jedenfalls »massiv: Die geistige Atmosphäre des Elternhauses samt einer gewissen Gegensätzlichkeit von Vater und Mutter, zugleich ein Gegensatz zwischen naiver, guter alter Herzlichkeit und hausbacken fortschrittsnüchterner ›Aufklärung‹ ... diese Atmosphäre war genau getroffen, mit einer spöttisch kühnen Direktheit des Details ...« (Stöcklein 37)

Herr v. A., mit seiner den Adel des 18. Jahrhunderts charakterisierenden Abneigung gegen die Dichtkunst, wird von Eichendorff in ›Ahnung und Gegenwart‹ als einer jener Menschen geschildert, »die, durch einseitige Erziehung und eine Reihe schmerzlicher Erfahrungen ermüdet, den lebendigen Glauben an Poesie, Liebe, Heldenmut und alles Große und Ungewöhnliche im Leben aufgegeben haben ...« (W II 71 f.) Die Ergebnisse einer Untersuchung des »Betriebsleiters« Adolf von Eichendorff widersprechen einer solchen Charakterisierung nicht. Der Vater des Dichters, der früh nach Selbständigkeit strebte, dafür aber weder durch seine Erziehung – sein Vater starb, als der Sohn 11 Jahre alt war – noch durch seine Ausbildung irgendwelche Voraussetzungen mitbrachte, wird charakterisiert durch »eine sprunghafte, von Unsicherheit gekennzeichnete Betriebsführung, die immer wieder von den instabilen Finanzierungsgrundlagen der Produktion und des Absatzes erschüttert wird«. In der ungesunden Atmosphäre des Aufwindes der schlesischen Agrarkonjunktur, kurz vor der um die Jahrhundertwende einsetzenden Agrardepression, zeigt sich sein ruinöser Hang zur Spekulation, der unwirtschaftliche Versuch, »zeitweise neunzehn Betriebe allein zu führen, wozu längst eine Domänenkammer nötig gewesen wäre« (Stutzer 32f.). Adolf von Eichendorff war den Anforderungen einer modernen Betriebsführung in der Landwirtschaft, am Umbruch von der Naturphilosophie zur chemieabhängigen »Landwirtschaft des hochkapitalistischen Industriestaates« (Treue II 325), nicht gewachsen. Der »Totalverlust des Vermögens« der Familie Eichendorff in der großen preußischen Agrarkrise der zwanziger Jahre ist also nicht nur auf die Kriegseinwirkungen und die wirtschaftliche Depression, sondern auch auf die Unfähigkeit des Familienoberhauptes zu einer wirtschaftlichen Führung des Betriebes zurückzuführen. Der Brief, den Adolf von Eichendorff 1801, auf der Flucht vor seinen Gläubigern, an seine Frau schreibt, zeigt einen liebenswürdigen, warmherzigen, aber auch naiven, schwachen und wenig widerstandsfähigen Mann: »... Ohngeachtet der Anschein wider mich ist, so bin ich doch ganz außer Schuld, denn es waren so verwickelte Umstände, daß ich nicht anders handeln konnte. Gott ist mein Zeuge. Ich habe Euch alle zu reichen Leuten machen wollen, derweilen hat uns Gott gestraft. ... Ich habe niemandem was getan, nur bezahlen kann ich nicht. Gott, meine Kinderle, wenn ich daran gedenke, so blutet mir das Herze. ...« (Aurora 1934 22)

Die Heimat: Schloß und Gut Lubowitz, die von Joseph von Eichendorff zeitlebens betrauerte Heimat seiner Jugend, waren seit *26. 9. 1785* im Besitz der Familie Eichendorff, sie wurden *1823* zwangsversteigert. Nahe bei dem Schloß lag das alte Dorf Lubowitz, das bis *1821* stets nur 68 Einwohner hatte (Stutzer 117). Schloß Lubowitz war der ständige Wohnsitz Adolf von Eichendorffs und seiner Familie, doch gehörten zum Familienverband u. a. auch seine Schwiegereltern und sein Bruder Vincenz (1758–1823). In einem fruchtbaren Teil der preußischen Provinz Schlesien gelegen, war das Gut »ein reiner Ackerbaubetrieb mit den Schwerpunkten Getreidebau und Schafhaltung« (Stutzer 115). Der *1785/86* fertiggestellte Rokoko-Neubau des Schlosses, umgeben von Garten, Park und weiten Akkerflächen, war Mittelpunkt eines lebhaften gesellschaftlichen Treibens; in Lubowitz soll man gelebt haben »wie im ewigen Leben« (Nowack 81). In den Memoiren-Fragmenten steigt das Idyll von Lubowitz in der Erinnerung des alten Dichters auf: »Das uralte Lubowitz – Lage des Schlosses und Gartens, Hasengarten, Tafelzimmer usw. mit Spieluhr, Allee, Buxbaumgänge, Kaiserkronen, Nelken usw. Aussicht über die Oder nach den blauen Karpathen, und in die dunklen Wälder links. – Damalige Zeit und Stilleben. Wie der Papa im Garten ruhig spazieren geht, der Großpapa mit keinem König tauschen möchte. Erwarten den Postboten am Lusthause, während draußen – in Frankreich – die Revolution schon ihre Tour beginnt usw.« (GA II 1082 f.)

Um die Zeit von Eichendorffs Geburt war die Situation des schlesischen Landadels, in einer vom Großgrundbesitz strukturierten Provinz, war zumal die Situation der Bewohner von Lubowitz, die von Bauernunruhen verschont blieben, tatsächlich die einer ländlichen Idylle des Rokoko inmitten drohend aufziehender, noch kaum bemerkter Gewitter. In ›Der Adel und die Revolution‹ hat Joseph von Eichendorff das muntere Leben dieser »von den großen Städten abgelegenen kleineren Gutsbesitzer in ihrer fast insularischen Abgeschiedenheit« sehr anschaulich geschildert:

»Die fernen blauen Berge über den Waldesgipfeln waren damals wirklich noch ein unerreichbarer Gegenstand der Sehnsucht und Neugier, das Leben der großen Welt, von der wohl zuweilen die Zeitungen Nachricht brachten, erschien wie ein wunderbares Märchen.

Die Glücklichen hausten mit genügsamem Behagen großenteils in ganz unansehnlichen Häusern (unvermeidlich ›Schlösser‹ geheißen), die selbst in der reizendsten Gegend nicht etwa nach ästhetischem Bedürfnis schöner Fernsichten angelegt waren, sondern um aus allen Fenstern Ställe und Scheunen bequem überschauen zu können. Denn ein guter Ökonom war das Ideal der Herren, der Ruf einer ›Kernwirtin‹ der Stolz der

Dame. Sie hatten weder Zeit noch Sinn für die Schönheit der Natur, sie waren selbst noch Naturprodukte. Das bißchen Poesie des Lebens war als nutzloser Luxus lediglich den jungen Töchtern überlassen, die denn auch nicht verfehlten, in den wenigen müßigen Stunden längst veraltete Arien und Sonaten auf einem schlechten Klaviere zu klimpern und den hinter dem Hause gelegenen Obst- und Gemüsegarten mit auserlesenen Blumenbeeten zu schmücken. ...« (W I 900–902)

Im Jahre 1788 werden geboren Arthur Schopenhauer, Lord Byron, Friedrich Rückert. Johann Georg Hamann stirbt. – Goethe schreibt an den ›Römischen Elegien‹. Schiller wird als Professor für Geschichte an die Universität Jena berufen. Kants ›Kritik der praktischen Vernunft‹ erscheint. – Frankreich ist bereits in die Phase der Pré-Révolution (Egret) eingetreten. In Preußen regiert, als Nachfolger Friedrichs des Großen, seit zwei Jahren Friedrich Wilhelm II.

1789

14. Juli: Mit dem Sturm auf die Bastille beginnt in Frankreich die Révolution bourgeoise.
26. August: In der Französischen Nationalversammlung erfolgt die »Erklärung der Menschen- und Bürgerrechte«.

Geboren wird Johann Friedrich Overbeck, später das Haupt der Nazarener-Maler-Schule. – George Washington wird erster Präsident der Vereinigten Staaten von Amerika.

1791

25. September: Adolf von Eichendorff kauft – in einem Jahr, in dem man in Schlesien »mit Gütern fast wie mit Pferden« handelt (Aurora 1934 20) – Schloß und Herrschaft Tost, einen Verbund von 16 land- und forstwirtschaftlichen Betrieben mit einer Gesamtfläche von 7738 ha. Der Kauf erfolgt »ausschließlich zu Spekulationszwecken« (Stutzer 128); der Kaufpreis »inklusive Meubels und Bestände« beträgt 346 000 Taler, der beim Verkauf *1797* erzielte Preis 597 333 Taler und

10 Silbergroschen. Der riesige Spekulationsgewinn wird von Adolf von Eichendorff, vermutlich bei Industriespekulationen, innerhalb kurzer Zeit wieder verloren (Aurora 1976 72f.).

27. Dezember: Eichendorffs Schwester Henriette Sofie wird geboren.

Theodor Körner und Grillparzer werden geboren. Wolfgang Amadeus Mozart stirbt. – Goethes ›Egmont‹ wird erstmals aufgeführt. – Ludwig XVI. beschwört, nachdem er an der Flucht aus Frankreich gehindert worden war, die erste geschriebene Verfassung Frankreichs.

1792

7. Mai: Adolf von Eichendorff verkauft den landwirtschaftlichen Betrieb Radoschau, den er am *26. November 1783* von seinem Schwiegervater Karl Wenzel von Kloch für 26 000 Taler gekauft hatte, zum Preis von 85 000 Talern an seinen Bruder Rudolf.

18. Juni: Aloysia Anna Victoria von Larisch, die spätere Gattin Eichendorffs, wird zu Niewiadom bei Rybnik geboren. Ihre Eltern sind Helene von Larisch, geb. von Czentner und Czententhal (1775–1839), und Johann von Larisch, Marschkommissar, (1771–1835), seit *1792* Herr auf Niewiadom, seit *1800* auf Pogrzebin, einem Gut in der Nachbarschaft von Lubowitz. Die Familie von Larisch wohnt seit *1795* in Pogrzebin (vgl. Aurora 1942 42ff.).

Frankreich erklärt dem mit Preußen verbündeten Österreich den Krieg (20. April). Goethe nimmt an der unglücklichen Campagne in Frankreich teil und erlebt die Kanonade von Valmy (20. September). Er erinnert sich später gesagt zu haben: »Von hier und heute geht eine neue Epoche der Weltgeschichte aus, und ihr könnt sagen, ihr seid dabei gewesen.« In Frankreich beginnt die Phase der Révolution démocrate; Ludwig XVI. und seine Familie werden in Haft genommen (13. August).

1793

September: Bernhard Heinke (1769–1840), der *1792* zum katholischen Priester geweiht wurde, wird Hofmeister der Brüder Eichendorff in Lubowitz (bis *1801*).

22. Oktober: Eichendorffs Bruder August Adolf wird geboren.

Ludwig XVI. (21. Januar) und Marie Antoinette (14. Oktober) werden hingerichtet; durch Königsmord und Schreckensherrschaft in Frankreich Umschwung in der Einschätzung der Französischen Revolution durch die deutschen Dichter. – Goethe nimmt an der Belagerung von Mainz teil.

1794

Oktober: Die Familie Eichendorff reist von Lubowitz nach Prag. In dem ältesten, erhaltenen Brief bittet der sechsjährige Joseph von Eichendorff das »beste Freile Mame« im fernen Lubowitz, »daß sie als Mutter der Hunde den Mäusel uns Blondindel gut füttern und ja nicht sterben lassen« solle (HKA XII 1).

Goethe schließt u. a. die ersten drei Bücher von ›Wilhelm Meisters Lehrjahre‹ ab; es beginnt die Freundschaft zwischen Goethe und Schiller; Friedrich Hölderlin besucht Goethe. – Mit der Hinrichtung Robespierres (27. Juli) endet die Grande Terreur in Frankreich. Die Polen führen unter Tadeusz Kosciuszko, einen neuen, blutigen Freiheitskrieg gegen Preußen und Russen, sie unterliegen am 10. Oktober (»Finis Poloniae!«). Von Friedrich Wilhelm II. wird das »Allgemeine Landrecht für die Preußischen Staaten« verkündet, das nach dem Willen seiner schlesischen Verfasser (Carmer und Svarez) ein verfassungsähnliches »Grundgesetz« der Monarchie werden sollte.

1795

15. Mai: Die Verwandten Johann Friedrich, Adolf, Rudolf und Vincenz von Eichendorff beantragen die Genehmigung zur Erbfolge (nach Joseph Ignatz von Eichendorff, † *24. Oktober 1795*) auf dem Lehensgut Sedlnitz. Die Genehmigung wird am *14. Juli 1798* erteilt; damit ist Adolf von Eichendorff Mitbesitzer des Gutes Sedlnitz bei Freiberg in Mähren. Als einziges Gut hat es den wirtschaftlichen Zusammenbruch des Besitzes von Adolf von Eichendorff im Jahre *1819* überdauert; es wurde bis *1815* von Johann Friedrich von Eichendorff verwaltet.

23. Mai: Auf »dem Höhepunkt der schlesischen Güterspekulation« (Stutzer 105) schließt Adolf von Eichendorff mit Christian Heinrich und Friedrich Wilhelm von Ingersleben einen Kaufvertrag über die »Herrschaft Slawikau, wozu Grzegorzowitz, der Oderwald, Summin [mit dem bekannten Jagdschlößchen] und Gurek gehörten« (Aurora 1934 21).

Die ersten sechs Bücher von Goethes Roman ›Wilhelm Meisters Lehrjahre‹, Jean Pauls Roman ›Hesperus‹, Kants Schrift ›Zum ewigen Frieden‹ erscheinen. – Der preußische Kronprinz, als Friedrich Wilhelm IV. später König von Preußen, wird geboren. Preußen schließt mit Frankreich den Frieden von Basel. In Frankreich beginnt die Herrschaft des Direktoriums.

1796

25. Januar: Der Kaufvertrag über das Gut Slawikau in Höhe von 106000 Talern wird genehmigt.

21. März: Im Grundbuch wird eine Forderung von 91000 Talern der Herren von Ingersleben gegenüber Adolf von Eichendorff eingetragen.

6. Juni: Dr. med. Isaac Warburg kauft von den Geldagenten Gebrüder Kuh in Breslau eine Hypothek über 11000 Taler auf Lubowitz. Er ist der erste einer Reihe von Ärzten, die Adolf von Eichendorff bis *1807* ständig Geld geliehen haben.

Karl Immermann und August Graf von Platen werden geboren.

1797

Januar: Paul Ciupke (1771–1855), der vertraute Freund der Brüder Eichendorff, der unzertrennliche Kumpan bei allen Jugendstreichen, wird Kaplan in Lubowitz (bis *1810*).

26. März: Eichendorffs jüngerer Bruder, August Adolf, gestorben.

7. April: Eichendorffs Schwester, Henriette Sofie, gestorben.

16. September: Adolf von Eichendorff verkauft, mit sehr hohem Spekulationsgewinn, die Herrschaft Tost an die Grafen von Gaschin.

17. Oktober: Die Familie Eichendorff in Prag.

Geboren werden Annette von Droste-Hülshoff, Jeremias Gotthelf, Franz Schubert, Heinrich Heine, der preußische Prinz Wilhelm, als Wilhelm I. später deutscher Kaiser. – Goethe schließt die Arbeit an ›Hermann und Dorothea‹ ab. Die beiden ersten Bücher von Hölderlins ›Hyperion‹ erscheinen. Ludwig Tieck bearbeitet die deutschen Volksbücher. – Friedrich Wilhelm II. stirbt, Friedrich Wilhelm III., verheiratet mit Luise von Mecklenburg, wird König von Preußen.

1798

7. Januar: Mit Aufzeichnungen über Schlittenfahrten nach Ganjowitz und Summin beginnt Eichendorff ein, ab *12. November 1800* regelmäßig geführtes Tagebuch.

21. Mai: Adolf von Eichendorff kauft das Gut Radoschau für 105000 Taler von seinem Bruder Rudolf zurück.

7. Juli: Der Kaufvertrag über Radoschau und die Aufnahme der dafür nötigen Hypotheken werden genehmigt.

21. September: Johanna von Eichendorff, geb. von Salisch, die Mutter von Eichendorffs Vater, stirbt auf Gut Radoschau.

Joseph von Eichendorff verfaßt eine »illustrierte Naturgeschichte, die er mit selbstkolorierten Abbildungen von allerlei Tieren und Pflanzen und mit begleitenden Texten versah« (Biographie 12). Alfons Nowack berichtet von einem »mit 4 bunten Vogelbildern« geschmückten Heft: »Neue Bildergallerie bei Karl Joseph Benedikt von Eichendorff, Lubowitz 1798.

Mit 6 Kupfern. (Nr. 4 mit ausgemalten Kupfern 1798.) Mit Eichendorffschen Lättern«. Im 4. Heft nimmt sich der kleine Schriftsteller vor, »die Hefte der neuen Bildergallerie fortzusetzen« und »in jedem derselben merkliche Fortschritte der Vollkommenheit zu machen« (Nowack 98).

Er verfaßt außerdem »ein mehraktiges Trauerspiel aus der römischen Geschichte, das ihn beim Niederschreiben und so oft er es von neuem überlas, bis zu Tränen rühren konnte« (Biographie 12 f.).

Friedrich Schelling wird nach Jena berufen. Das umgebaute Weimarer Theater wird mit ›Wallensteins Lager‹ eröffnet. Die Programmzeitschrift der Frühromantik ›Athenäum‹ beginnt zu erscheinen. Ludwig Tieck veröffentlicht ›Franz Sternbalds Wanderungen‹. – Papst Pius VI. wird von den Franzosen in Gefangenschaft geführt. Ägyptischer Feldzug Napoleons. – In London erscheint mit Thomas Robert Malthus' ›Essay on the principle of population‹ das grundlegende Werk der modernen Populationstheorie.

1799

24. Mai: Karl Wenzel von Kloch, der Vater von Eichendorffs Mutter, stirbt in Lubowitz; (zur Familie von Kloch vgl. Aurora 1976 61 ff.).

13. Juni: Eichendorffs Schwester Luise Antonie wird geboren. Die Familie Eichendorff reist über Dresden und Karlsbad nach Prag. Unterwegs in Bautzen notiert sich Joseph von Eichendorff als »Merkwürdigkeit« eine Kirche, »in welcher Katholiken und Lutheraner zugleich Gottesdienst feiern«. In Dresden beeindruckt ihn das »Grüne Gewölbe« und die »Bildergalerie«.

In Weimar werden Schillers Dramen ›Die Piccolomini‹ und ›Wallensteins Tod‹ erstmals aufgeführt. Friedrich Schlegel veröffentlicht seinen allegorischen Roman ›Lucinde‹, Friedrich Schleiermacher seine Programmschrift ›Über die Religion. Reden an die Gebildeten unter ihren Verächtern‹. – Geboren werden Balzac und Puschkin. – Napoleon Bonaparte stürzt das Direktorium und wird erster Konsul.

1800

27. Januar: Joseph von Eichendorff trägt sich mit einer Federzeichnung und vier gereimten Zeilen in das Stammbuch von Johann Wodars (Pfarrverweser in Rzetitz, ab *1802* Administrator in Slawikau) ein, in das sich am Tage vorher sein Bruder Wilhelm eingetragen hatte (Wächter 1918 107, nach 120, und Mitteilungen des Eichendorff-Bundes, Beilage zu Wächter Jg. 1, Heft 3, Juli 1918).

Februar: Der zwölfjährige Joseph von Eichendorff muß, weil er »das Wort zuriklassen ohne alle Ursach etwas scharf ausgesprochen hatte, knien, und es wurde [ihm] das Buch weggenommen« (HKA XI 4).

7. September: Eichendorffs Bruder Gustav wird geboren.

15. November: Eichendorff beginnt eine »Naturgeschikte« zu schreiben.

2. Dezember: Feuer in Schloß Lubowitz.

28. Dezember: Aus der Leihbibliothek des Karl Heinrich Juhr in Ratibor kommt eine Büchersendung an. Eichendorffs eigenhändiges »Verzeichnis derjenigen Bücher, die wir schon vom Juhr aus Rattibor erhalten haben« enthält neben Sagen, Komödien, Reise-, Abenteuer- und Ritterromanen auch pädagogisch-philosophische Literatur, eine ›Gedrängte Geschichte der französischen Revolution‹, das Buch ›Leben und Abentheuer von Münchhausen‹, Jean Pauls ›Leben des Quintus Fixlein‹ und ›Die unsichtbare Loge‹, Schillers ›Die Räuber‹.

Nach einem »Verzeichnis seiner Geldausgaben« kaufte Joseph von Eichendorff im folgenden Jahre *(1801)* »Homeurs Gedichte«, Suetonius und Horaz (Nowack 99). Der Roman ›Ahnung und Gegenwart‹ aber bezeugt als bleibende Lektüreeindrücke: die deutschen Volksbücher, Campes Kinderbibliothek, »einige kleine Lieder von Matthias Claudius«, die »Leidensgeschichte Jesu … Ich nahm das Buch und las es für mich ganz aus.« (W II 52)

In Weimar wird Schillers Tragödie ›Maria Stuart‹ uraufgeführt. Im ›Athenäum‹ erscheinen Friedrich von Hardenbergs ›Hymnen an die Nacht‹.

1801

17. Juni: Adolf von Eichendorff schließt mit seiner Frau Karoline einen Kaufvertrag über das Gut Slawikau zum Preis von 112000 Taler. Die Gläubiger protestieren.

19. Juni: Adolf von Eichendorff flieht vor seinen Gläubigern.

24. Juni: Joseph von Eichendorff notiert im Tagebuch: »Die Mama schreklich ohnmächtig worden ...«, offenkundig nach Empfang von Adolf von Eichendorffs Brief aus Breslau vom *22. Juni 1801* (Aurora 1934 21 ff.).

3. September: Über das Vermögen des »abwesenden Freiherrn Adolf von Eichendorff [wird] der Liquidationsprozeß eröffnet und im Auftrag der Oberamtsregierung in Brieg, zum Zwecke des Zwangsverkaufs eine Abschätzung vorgenommen ...« (Aurora 1934 23 f.) Das Gut Slawikau steht unter Zwangsverwaltung. Am *3. September* erhalten die Brüder Joseph und Wilhelm den ersten Brief ihres Vaters.

5. Oktober: Die Brüder Eichendorff reisen in Begleitung ihrer Mutter und ihres Hofmeisters nach Breslau, wo sie für drei Jahre das Katholische Gymnasium besuchen und im St. Josephs-Konvikt wohnen.

16. Oktober: Erster Schultag.

In Breslau beginnen am *25. November* die überaus häufigen Theaterbesuche, welche die gesamte Breslauer Zeit andauern und sich in der Studentenzeit fortsetzen. Kotzebue, Iffland, Schiller, Goethe, Werner, Gluck und Mozart sind die bekanntesten Namen aus dem Repertoire.

Geboren werden Christian Dietrich Grabbe und Johann Nestroy. Novalis stirbt. – Friedrich Schillers romantische Tragödie ›Die Jungfrau von Orleans‹ wird uraufgeführt. Clemens Brentanos Roman ›Godwi‹ und Dorothea Veits Roman ›Florentin‹ erscheinen. – Frankreich und Österreich schließen den Frieden von Lunéville. – Im Dampfmaschinenbau ist die entscheidende Periode Watt abgeschlossen, der Amerikaner Oliver Evans konstruiert die erste brauchbare Hochdruckdampfmaschine.

1802

26. Februar: Die ›Jungfrau von Orleans‹ wird erstmals in Breslau aufgeführt.

28. Februar: Eichendorff spielt auf dem Konvikttheater in dem Schauspiel ›Edelmut‹ (von Christian Felix Weiße [?]) die Rolle des Franz v. Mülen.

1. März: Auf dem Konvikttheater spielt Eichendorff in dem Lustspiel ›Der Fähndrich‹ (von Friedrich Ludwig Schröder) »die Sophie u. hatte die Kleider von der Mamsell Hoffstaeter«.

8. März: Eichendorffs Vater kehrt, da es gelungen war, Kredite zu beschaffen, zurück, »nachdem er 8 Monat u. 8 Tage abwesend war, u. Hamburg, Prag, Berlin, Dresden, Wien etc. durchreist hatte. O, glücklicher Tag!« (HKA XI 16)

10. April: Erstes Wiedersehen mit dem Vater.

14. April: Das Osterzeugnis bezeichnet Joseph Baron von Eichendorff, Schüler der 5. Klasse, als einen »Jüngling von viel versprechenden Geistesanlagen«, der meist »große« oder »ziemlich große«, nur »in der Mathematik (Buchstabenrechnung) mittelmäßige Fortschritte« gemacht und »nach dem Zeugnisse des Hrn. Religionslehrers Haase sich immer als ein gesitteter, von religiösen Gesinnungen beseelter Jüngling betragen« habe.

17. Juni: Eichendorff geht erstmals als Student bei dem »Fronleichnamszuge, der diesmal durch die ganze Stadt« (Breslau) geht, mit.

28. Juni: Eichendorff läßt sich firmen. Sein Firmname ist Robert.

15. August: Das am *14. August* ausgestellte, am *15.* überreichte Jahreszeugnis der 5. Klasse entspricht etwa dem Osterzeugnis.

Aus der Breslauer Schulzeit Eichendorffs sind zahlreiche Gedichte, Gedichtentwürfe und Prosafragmente bekannt (vgl. Schulhof und Aurora 1933 30 ff.).

Wilhelm Hauff, Victor Hugo, Nikolaus Lenau werden geboren. – Goethes, von den Romantikern – auch von Eichendorff – vielfach nachgebildetes, Gedicht ›Schäfers Klagelied‹ (»Da droben auf jenem Berge«) entsteht. August Wilhelm Schlegel übersetzt Calderon. In den von Friedrich Schlegel und Ludwig

Tieck herausgegebenen ›Schriften‹ Friedrich von Hardenbergs (Novalis) erscheint erstmals der Roman ›Heinrich von Ofterdingen‹. – Durch eine Volksabstimmung wird Napoleon Bonaparte auf Lebenszeit als Konsul bestätigt.

1803

30. März: Das Osterzeugnis der 6. Klasse bezeichnet den Joseph Baron von Eichendorff aus Lubowitz als einen Jüngling »von mehr als mittelmäßigen Geistesanlagen«. In allen Fächern – auch in Mathematik – sind die Fortschritte nun »groß« oder »ziemlich groß«; beim »Unterricht in der polnischen Sprache« wird ihm bescheinigt, daß er »diese Sprache als Utraquist ziemlich gut kennt«. Eichendorff ist demnach mit dem polnischen Dialekt des Gutspersonals seiner Heimat von Kindheit an vertraut.

25. April: Eichendorff sieht die unverweste Leiche eines »30jährigen Bräutigams«, die beim Bau eines neuen Altars in der Breslauer Kreuzkirche gefunden wurde. – Der zweieinhalbjährige Bruder Eichendorffs, Gustav, stirbt in Lubowitz.

20. Mai: Wilhelm und Joseph von Eichendorff bringen das von ihnen gemeinsam verfaßte und von ihrem Breslauer Lehrer »Professor Rathsmann« korrigierte Gedicht ›Am frühen Grabe unseres Bruders Gustav‹ zu den ›Schlesischen Provinzialblättern‹, wo es, als erstes veröffentlichtes Gedicht der Brüder am

30. Mai erscheint (vgl. Nowack 94–96).

14. Juni: Eichendorff schwimmt erstmals »ganz allein einige Schritte weit«. Er wird in der Folgezeit ein geübter Schwimmer, zum Schrecken des ängstlichen Vaters und zur Freude der »immer mutigen« Mutter. Louise von Eichendorff berichtet *1858* ihrem Neffen Hermann: »Dann entsinne ich mich noch meiner Todesangst, wenn er [Joseph von Eichendorff] mit mir, ich ihm auf der Brust sitzend, über die Oder schwamm, was meist Abends bei Mondschein geschah ...«

23. Juni: Der im Tagebuch häufiger erwähnte Schulkamerad Zedlitz ist der spätere Dichter und Publizist Joseph Christian Freiherr von Zedlitz (1790–1862).

10. September: Die vierjährige Schwester Eichendorffs, Luise Antonie, stirbt. Der Vater flieht während der Todeskrankheit seines Kindes nach Radoschau, der Mutter, die während des Todeskampfes im Garten zurückgehalten werden soll, gibt »die Nachricht von dem Tode der Louisel so viel wütende Kraft«, daß sie sich den Armen ihrer Bewacher entriß »u. den noch warmen Leichnam umarmte, küßte u. halb zerquetschte« (HKA XI 46).

Die Tagebücher berichten von häufigen Jagden, von einem regen geselligen Leben, von nächtlichen Gelagen. Zwischen seinem *14. und 15. Lebensjahr* soll Eichendorff auch den »merkwürdigen« und »unerklärlichen« Anfall bekommen haben, von dem seine Schwester Louise *1858* berichtet: »Er sprang plötzlich aus dem Bett, rang die Hände, weinte, schluchzte und schrie so überlaut, daß das ganze Schloßpersonal in Bewegung und Schrecken geriet. Man glaubte er sei irrsinnig geworden ... Seinem Hofmeister H. Heinke kam plötzlich der Gedanke, ihn durch Klavierspiel zu besänftigen und wunderbarerweise gelang ihm dies.«

Schillers Tragödie ›Die Braut von Messina‹ und Goethes Drama ›Die natürliche Tochter‹ werden in Weimar uraufgeführt. Der letzte Band von Jean Pauls ›Titan‹ erscheint. Goethe steht in enger Verbindung mit Gelehrten der Universität Halle; er lernt den Maler Philipp Otto Runge kennen. Die Professoren Schelling, Hufeland und Paulus verlassen die Universität Jena.

1804

26. Januar: Im Tagebuch wird das erste, verbotene Nachtstudium des Homer »im ungeheizten Schlafzimmer« (Biographie 19) vermerkt, das in der Folgezeit fortgesetzt wird.

12. Februar: In der Konvikts-Aufführung von Kotzebues Komödie ›Der Wirrwarr‹ spielt Eichendorff die Rolle der Nichte Babett.

17. Februar: Eichendorffs Schulfreund Jakob Müller stirbt mit 20 Jahren »an den Folgen der Lungensucht, die er sich durch sein Nachtstudieren zugezogen hatte« (HKA XI 62). Zu diesem »Nachtstudieren« gehörte, nach Ausweis von Eichendorffs *1804* verfaßtem Gedicht ›An dem Grabe meines Freundes Jakob Müller‹ (Nowack 96–98), auch die gemeinsame Homerübersetzung. Am Tage nach Müllers Tod notiert Eichendorff jenes Stichwort, das seine Tagebücher und, in vielfachen Abwandlungen (als Langeweile, Melancholie, Schwermut), die Epoche seit der Zeit des ›Sturm und Drang‹ durchzieht: »Schreckliche schwarze Bangigkeit.«

13. April: Eichendorffs Schwester »Louise (IIte)« wird in Lubowitz geboren.

28. Juni: Karoline von Eichendorff teilt dem Gericht mit, daß der Streit mit den Gläubigern beigelegt sei.

1. August: Zur Sicherungsverstärkung wird auf Slawikau und Lubowitz eine Hypothek von 24 000 Talern zu 5% eingetragen. Karoline von Eichendorff erfüllt auch weitere Bedingungen der Gläubiger und wird bei diesen Rechtsgeschäften – auf Wunsch des Gerichtes – nicht durch ihren Ehemann, sondern durch den Kurator Bernhard Heinke vertreten.

15. August: Eichendorff sieht im Breslauer Theater erstmals Schillers ›Wilhelm Tell‹.

18. August: Mit der »Klassenverlesung des Gymnasiums« endet die Schulzeit der Brüder Eichendorff. Koehler, »Rector Gymnasii Catholici Regii Vratislaviensis« unterzeichnet die Reifezeugnisse von Wilhelm und Joseph von Eichendorff. Mit den Hospitationen im Oktober beginnt bereits die Studienzeit.

9. September: Nach Zustimmung der Gläubiger wird der Kaufvertrag über Slawikau, den Adolf von Eichendorff *1801* mit seiner Frau geschlossen hatte, gerichtlich genehmigt.

September/Oktober: In den Tagebüchern erscheinen erste Hinweise auf verliebte Abenteuer, auf »die holdlächelnde Kore« im Theater, auf Karoline von Pitsch, »die schöne Morgenröte eines noch schöneren Tages«. In der Folgezeit entstehen zahlreiche, an anakreontischen, klassizistischen und klassischen Vorbildern geschulte Gedichte und Gedichtentwürfe an Karoline von Pitsch:

»Noch seh' ich sie, die schöne Träne, blinken,
Schön, wie im Morgenrot der Tau auf Rosen glüht,
O Gott! ein Grämling selbst muß sich beseligt dünken,
Wenn er in solchem Aug' solch eine Träne sieht!«

(Aurora 1961 43 f.; vgl. auch Aurora 1962 116 f.)

27./28. Oktober: Die Brüder Eichendorff erhalten die Erlaubnis, an der Universität Breslau und am evangelischen Magdalenen-Gymnasium zu hospitieren.

1. November: Eichendorff tritt der »Lesegesellschaft der neuesten Journale« bei.

6. November: Erster Englisch-Unterricht.

Geboren werden Eduard Mörike, George Sand, Ludwig Feuerbach und Moritz von Schwind. Immanuel Kant stirbt. – Im März wird Schillers ›Wilhelm Tell‹ uraufgeführt. Jean Pauls ›Vorschule der Ästhetik‹ und das Kennbuch der Romantik, die ›Nachtwachen von Bonaventura‹, erscheinen. – Napoleon Bonaparte wird als Napoleon I. zum erblichen Kaiser der Franzosen erklärt und von Papst Pius VII. in Notre-Dame gesalbt.

1805

Zweite Januarhälfte: Karoline von Eichendorff besucht »nebst der Freile v. Larisch«, Eichendorffs späterer Gattin, ihre Söhne in Breslau.

März: Mit den letzten Examina wird die Breslauer Schul- und Studienzeit abgeschlossen.

25. März: Nach einer nächtlichen Abschiedsfeier Abreise nach Lubowitz.

Ende März: Wiedersehen mit Demoiselle Pitsch, der »Blüte aller Blüten, [der] kleinen Morgenröte«, in Slawikau.

18. April: Auf dem Slawikauer Abschiedsball überstrahlt die »Morgenröte« als »kosakische Tänzerin« alle anderen Damen.

20. April: Beginn der Reise nach Halle über Breslau, Görlitz, Dresden und Leipzig.

Während der Breslauer Jahre hatte Eichendorff u. a. Unterricht in allgemeiner Weltgeschichte, antiker Geographie, in den »gemeinnützigen Vernunfterkenntnissen«, in Religion und Moral, in Mathematik, Experimentalphysik, »Erfahrungsseelenlehre«, in der Enzyklopädie aller Wissenschaften, in »Deklamation und Geschmacksbildung«, Zeichnen, Latein, Griechisch, Französisch, Englisch und Polnisch. Er las – im Unterricht und privat – die griechischen und die römischen Klassiker, u. a. Horaz, Vergil, Cicero, Sueton, Sallust, Homer, Herodot, Sophokles; im Tagebuch wird auch Voltaire-Lektüre erwähnt. Das lebhafte Breslauer Theaterleben, das alles andere als provinziell war, macht ihn mit dem neuesten Repertoire des zeitgenössischen Sprech- und Musiktheaters bekannt. – In Breslau schon soll *1805* das bisher ungedruckte Dramenfragment ›Konradin‹ entstanden sein. (Zum Inhalt: Kalender 1911 46–51)

Studien- und Ausbildungszeit in Halle, Heidelberg, Berlin und Wien (1805–1812)

30. April: Ankunft in Halle. »Der seltsame Eindruck, den die Furchtsamkeit der Bürger u. Offiziere, die schon von weitem vom breiten Steine weichen, die Höflichkeit der Professoren u. das Prosit u. überhauptige Betragen der Studenten, die bald, die Beine auf die Gasse heraushängend, in den Fenstern saßen u. brüllten, bald in Stürmern, Kanonen, Helmen, Uniformen, Pumphosen etc. bei mir vorbeidonnerten, ferner das Geklirre der Rapiere auf den Straßen u. d. gl. auf mich machten, läßt sich nicht beschreiben.« (HKA XI 97)

2. Mai: Die Brüder Eichendorff werden an der Universität Halle immatrikuliert. Das Immatrikulationsbuch der Universität verzeichnet unter Nr. 245 Joseph Baron v. Eichendorff aus Schlesien als Studenten der Rechte, unter Nr. 246 ebenso Wilhelm Baron v. Eichendorff. – Es ist die Blütezeit dieser Universität, kurz vor ihrer jähen, von Napoleon verfügten Schließung.

8. Mai: Dem klassischen Philologen Friedrich August Wolf (1759–1824) überreichen sie ihr Empfehlungsschreiben. »Doch die Art, wie uns Wolf empfing, sprach bald das Joviale u. Boshaft-Satyrische des Charakters dieses Mannes aus.« (HKA XI 98) Die seit *1795* bestehende persönliche und briefliche Verbindung zwischen Wolf und Goethe wird im *Mai 1805* durch einen Besuch Wolfs in Weimar gefestigt.

Mitte Mai: Erster Ausflug nach dem Giebichenstein mit der Burgruine, der »in seiner verwilderten Einsamkeit eine ganz artige Werkstatt für ein junges Dichterherz« bot (W I 928). Das Gedicht »Da steht eine Burg überm Tale« aus dem Jahre *1840* erinnert an die Studentenzeit. – Die Tagebücher sind angefüllt mit Berichten aus dem Studentenleben an der »damals frequentiertesten« deutschen Universität.

22. Juni: Adolf von Eichendorff löst die 21000 Taler, die er drei jüdischen Ärzten in Breslau schuldet, durch einen Kredit ab, den ihm – in gleicher Höhe – das Breslauer Domkapitel gewährt.

28. Juni: Fußreise nach Leipzig, um August Wilhelm Iffland in der Rolle des Franz Moor in Schillers ›Die Räuber‹ zu sehen. – Das Leipziger Studentenleben wird als »armselig« beurteilt.

30. Juni: Auf der Rückreise plötzlicher Entschluß, nach Bad Lauchstädt zu wandern, um die – dann nicht aufgeführte – ›Braut von Messina‹ zu sehen. Bad Lauchstädt wurde seit der Vollendung des von Goethe geförderten Theaterneubaus *1802* ein Zentrum kulturellen Lebens in Deutschland, nachdem das Weimarer Hoftheater, mit Goethe an der Spitze, den Großherzog Karl August mehrfach zur Badesaison dorthin begleitete (bis *1811*). Die Weimarer Schauspieler erreichten, nach Eichendorffs späterem Urteil, »was späterhin andere ... vergeblich anstrebten, nämlich das Theater zu einer höheren Kunstanstalt und poetischen Schule des Publikums emporzuheben«. (W I 930) Im benachbarten Halle sprach man – während der sommerlichen Theater- und Badesaison – von der »Lauchstädter Zeit«, da Bad Lauchstädt von Professoren und Studenten aus Halle überschwemmt wurde (HKA XI 102).

8.–15. Juli: Die Brüder Eichendorff besuchen täglich (»von 6 bis 8 Abends«) das »Schädelcollegium«, d.h. die öffentlichen Vorträge des berühmten Wiener Anatomen Franz Joseph Gall über dessen in der Zeit heftig umstrittene »Phrenologie«, eine spekulative Vorform der Hirnphysiologie, welche aus den menschlichen und tierischen Schädelformen auf die geistigen Anlagen schließt. An den Vorlesungen, die nicht nur ein wissenschaftliches, sondern auch ein gesellschaftliches Ereignis waren, nehmen die »berühmten Professoren« Halles »fast in Summa« teil. Hörer der Vorlesungen sind aber vor allem Goethe, der im Hause Wolfs wohnt, der Weimarer Buchhändler und Schriftsteller Friedrich Justin Bertuch (1747–1822) und der in Giebichenstein wohnende Komponist Johann Friedrich Reichardt (1752–1814).

16. Juli: In drei öffentlichen Vorlesungen tritt Henrik Steffens (1773–1845) als Widerleger von Galls Theorien auf. »Alle, die Gallen gehört hatten, sowie auch alle seine eignen Zuhörer u. viele andere Studenten erhielten Entrébillets. Besonders riß

Steffens in seinem letzten Vortrage durch lebendige lodernde Kraft seines Enthusiasmus jeden seiner Zuhörer hin.« (HKA XI 105)

3. August: Die Brüder Eichendorff sehen im Lauchstädter Theater die neue Bühnenfassung von Goethes ›Götz von Berlichingen‹, die der Autor 1804 hergestellt hatte. »Sr. Exzellenz der Geheime Rat von Goethe saß selbst mit seiner Demois. Vulpius in der Loge und blickte so herab auf das Entzücken, welches das Kind seines Geistes rings verbreitete.« (HKA XI 106)

13. August: Bei den Morgenspaziergängen nach Giebichenstein Lektüre von Tiecks ›Franz Sternbalds Wanderungen‹.

20.–21. August: Eichendorff wird Zeuge der grausamen Bestrafung von Teilnehmern an lokalen Teuerungs-Unruhen. Die Spießgasse, d. h. die Gasse der Soldaten, durch die der Delinquent laufen mußte und dabei von jedem Soldaten mit einer Weidenrute einen Hieb auf den nackten Oberkörper bekam, wird von 200 Mann gebildet: »Viele liefen durch 200 Mann mehreremal Spießruten, andere als: Kinder, Mädchen, Weiber u. weniger straffällige Mitschuldige wurden mit dem Ochsenziemer durchgehaun. ... Ein Kutscher, der schon gestern 12mal und heute wieder 10mal gelaufen war, u. jetzt noch 15 Jahr auf Festung kommen sollte, starb einige Tage darauf an den Folgen der Spießruten, sowie auch ein altes Weib an denen des Ochsenziemers.« (HKA XI 107) Eichendorff notiert den »spaßhaften Anblick«, den die Studenten in dem »tumultuarischen Gedränge« der Zuschauer bieten (vgl. auch Kalender 1926 61 f.).

August/September: In den Tagebüchern finden sich Hinweise auf die laxe Vorlesungsmoral Friedrich August Wolfs, der sein Kolleg wegen einer Reise mit Goethe vom *14. bis 25. August* unterbricht, es am *29. August*, »um seine häufigen Faulheitslücken zu ergänzen«, zu »doublieren« beginnt, es am *4. September* vergißt und von den Studenten aus seiner Wohnung gebrüllt wird.

10. September: Die Brüder Eichendorff treten mit ihrem Diener Jakob Schöpp eine Reise nach Hamburg an.

11. September: In Ballenstedt Beginn der abenteuerlichen Fußreise durch den Harz. »So, abgeschieden von aller Welt, irrten wir, oft nach Lubowitz denkend, hin und her ...«

13. September: Besuch der Baumannshöhle bei Rübeland im

Harz. Beginn der »Wallfahrt nach dem Brocken«. Abends vor dem Gasthaus der Grafen Stolberg-Wernigerode genießt Eichendorff »das Fürchterlich-Schöne einiger Minuten, die mir ewig unvergeßlich bleiben werden. … jetzt erst verstand ichs, warum gerade hier auf dem Blocksberge die Hexen tanzen sollen.« (HKA XI 118)

14. September: Auf dem Brocken. Weiterreise über Ilsenburg.

15.–18. September: Über Wolfenbüttel, Braunschweig, durch »die weltberüchtigte Lüneburger Heide«, nach Celle, Harburg und Hamburg.

18.–21. September: In Hamburg und in Altona, wo sich die britische Elbblockade und eine Gelbfieberquarantäne bemerkbar machen. Trotzdem beschreibt der jugendlich enthusiasmierte Eichendorff die Situation der »goldenen Zeit« Hamburgs – vor der französischen Besetzung und der Kontinentalsperre – genauer als die lamentierenden Berichte und Gedichte in den zeitgenössischen Journalen (vgl. Aurora 1965 81). Der Hinweis darauf, daß »die hiesige Lebensweise … ein Vorspiel Londons« ist, verdeutlicht die anglophile Haltung der zu Weltgeltung aufsteigenden Hafen-, Handels- und Bankenstadt, aber auch die beginnende Isolation vom deutschen Hinterland. Das Stichwort vom Besuch des französischen Theaters weist auf eine der Quellen hamburgischen Reichtums: die Revolutionsflucht des Geldes aus Frankreich und Holland; die Besichtigung der »Meerschlösser«, d.h. der großen Schiffe im Hamburger Hafen, mit der Angabe ihrer Reisewege, weist auf eine zweite Quelle des Reichtums: den Aufstieg des Überseehandels seit Gründung der Vereinigten Staaten. Hamburg entwickelte sich im letzten Jahrzehnt des 18. Jahrhunderts »zum führenden kontinentalen Bank-, Wechsel- und Versicherungsplatz« (Treue I 432) und stieg dann »während der Kontinentalsperre trotz vieler Lasten und Verluste vom untergeordneten englischen Kommissionsplatz zu bedeutender selbständiger Geltung auf« (Treue II 316). Erinnerung an die lange Fluchtreise des Vaters: »Bei jeder Schönheit Hamburgs dachten wir jedesmal: hier hat auch unser Vater gestanden, dies hat auch er angestaunt, und dieser Gedanke verdoppelte unseren Genuß.«

21. September: Weiterreise nach Lübeck.

22. September: In Travemünde erster Anblick des Meeres: »Ein niegefühlter Schauer überfiel uns bei diesem Anblicke, u.

wir sahen uns oft genötigt, unsere Augen von dem herrlichen Schauspiele abzuwenden.«

23.–27. September: Rückreise nach Halle, über Schwerin, durch »Zerbinos Land der Aufklärung ... Sandebnen u. Aussicht auf Heidekraut« (HKA XI 133), Magdeburg und Bernburg.

Geboren wird Adalbert Stifter. Schiller stirbt (9. Mai). In Bad Lauchstädt findet am 10. August eine Gedenkfeier für Schiller statt. – Gegen Jahresende erscheint der erste Band der für Eichendorffs Dichtung so folgenreichen Sammlung »alter deutscher Lieder« von Achim von Arnim und Clemens Brentano: ›Des Knaben Wunderhorn‹. – Napoleon siegt in der Dreikaiserschlacht bei Austerlitz über das russisch-österreichische Heer.

1806

April: Intensive Novalis-Lektüre.

Mai: Molière-Lektüre.

14. Juni: Mit einer Aufführung von Schillers ›Fiesco‹ wird die Lauchstädter Theatersaison eröffnet.

9. Juli: In Lauchstädt Besuch von Goethes Schauspiel ›Die natürliche Tochter‹.

12. Juli: Bei dem alljährlichen Studentenfest anläßlich der Wahl des Prorektors übertrifft die Schlesische Landsmannschaft – »in neuen roten Collets, mit schwarzen Kragen, Rabatten u. Aufschlägen mit Gold gestickt« – alle anderen Landsmannschaften »an Pracht u. Glanz« (HKA XI 140). Im Haus des Prorektors sieht Christiane Vulpius dem Treiben auf der Straße zu. Ihr Sohn August – »in grüner polnischer Jacke mit Quasten, nicht groß, jung u. zart u. – geschminkt« nimmt daran und an dem nächtlichen Kommers teil.

17. Juli: In Lauchstädt in einer Aufführung von Goethes ›Egmont‹. »Göttlicher Genuß«.

18. Juli: Bei einem Ausflug nach Giebichenstein Rast an dem in den Memoiren-Fragmenten beschriebenen Garten des Kapellmeisters Reichardt, der ein kulturelles und gesellschaftliches Zentrum gewesen ist (W I 929).

31. Juli: Im Tagebuch wird vermerkt: »Abschiedsvisiten

über Abschiedsvisiten«. Damit endet – den Brüdern noch nicht bewußt – die Studienzeit in Halle.

Nach den Erinnerungen des späteren preußischen Hofpredigers und Oberkonsistorialrates Gerhard Friedrich Abraham Strauß soll Steffens geäußert haben, »daß nach seiner Beobachtung selten eine solche Zahl von viel versprechenden Studiosen zusammen gewesen, als in den zwei Semestern 1805 und 1806« in Halle (Niggl I 11), doch spielen die dann von Strauß genannten Namen von Eichendorffs Hallenser Kommilitonen zum Teil keine, zum Teil erst später im Leben des Dichters eine Rolle. – In Halle hörte Eichendorff vor allem Vorlesungen in klassischer Philologie, Philosophie und Jurisprudenz. In den Tagebüchern werden u. a. folgende Professoren genannt: Friedrich August Wolf (Klassischer Philologe), Christian Gottfried Schütz (Klassischer Philologe), Adalbert Kayßler (Philosoph, mit den Brüdern Eichendorff von ihrer Breslauer Schulzeit her bekannt), Johann Christian Woltaer (Jurist), Theodor Anton Heinrich Schmaltz (Jurist, 1810 Rektor der Universität Berlin, von den Romantikern später als »Demagogenjäger« verspottet), Christian Dabelow (Jurist), Johann Christoph Hoffbauer (Naturrechtslehrer).

Der Besuch der Gastvorlesungen Galls und der öffentlichen Kontroversvorträge von Steffens wurde schon erwähnt; im *Mai 1806* verzeichnet Eichendorff im Tagebuch eine öffentliche Vorlesung über Bergbau und Hüttenkunde, ein »Privatissimum« in Englisch und französische Konversationsübungen. Aus den Monaten *Februar und September 1806,* also aus dem Wintersemester *1805/06* und dem Sommersemester *1806,* sind Testate von Schmaltz, Woltaer, Hoffbauer, Dabelow und Wolf erhalten. Ob Eichendorff auch Vorlesungen bei dem Theologen Friedrich Schleiermacher gehört hat, ist ungewiß. In den Memoiren-Fragmenten, die, aus der Retrospektive, stärker die allgemeine Kultur- und Wissenschaftsszene in Halle beschreiben, als die für den Studenten Eichendorff spezifisch interessanten Kollegs, werden neben den durch die Tagebücher bezeugten Lehrern genannt: der »merkwürdig komponierte Geist« Friedrich Schleiermacher, die Mediziner Johann Christian Reil, Ludwig Friedrich Froriep und der Jurist Heinrich Johann Otto König (W I 927 f.).

1.–9. August: Die »längstersehnte Ferienreise« nach Lubowitz über Dresden und Breslau.

22. September: Im benachbarten Ganjowitz lernt Eichendorff Benigna Sophie Amalie Hahmann (1774–1848) kennen, die von ihm und seinem Bruder verliebt besungene Gattin des mit der Familie Eichendorff bekannten Justitiars Karl Hahmann aus Ratibor. Die Liebelei dauert mit Unterbrechungen bis *1810.* Aus diesem Jahr stammen vermutlich die beiden (vordergründig) auf Benigna Sophie Hahmann bezogenen Abschiedsstrophen; sie werden im 8. Kapitel von ›Ahnung und Gegenwart‹ Leontin in den Mund gelegt, für den Wilhelm von Eichendorff Modell gestanden hat:

»Es waren zwei junge Grafen
Verliebt bis in den Tod,
Die konnten nicht ruhn noch schlafen
Bis an den Morgen rot.

O trau den zwei Gesellen,
Mein Liebchen, nimmermehr,
Die gehn wie Wind und Wellen,
Gott weiß: wohin, woher. –«

25. September: Im Tagebuch erscheint häufiger »das schöne Philippinchen«, das heißt Philippine Böhm, die sich am *18. November 1805* in Johann Wodars' Stammbuch eintrug (Wächter 1918 107). U. a. mit ihrer plötzlichen Abreise hängt auch das »Ende des goldenen Zeitalters von 1806« zusammen, das sich Eichendorff notiert (HKA XI 1527.

9. Oktober: Kriegsmanifest des preußischen Königs gegen Napoleon.

10. Oktober: Prinz Louis Ferdinand von Preußen fällt im Gefecht bei Saalfeld.

14. Oktober: In der Schlacht bei Jena und Auerstedt besiegt Napoleon das preußisch-russische Heer.

16. Oktober: Eichendorff liest Zacharias Werners Drama ›Die Söhne des Tals‹.

17. Oktober: Halle wird nach schweren Straßenkämpfen von den Franzosen erobert (vgl. Kalender 1926 66 ff.).

19. Oktober: Die Universität Halle wird auf Befehl Napoleons geschlossen.

26. Oktober: »Abends verursachte die Nachricht von der

Niederlage der preuss. Armee großen Rumor in Lubowitz.« (HKA XI 157)

27. Oktober: Napoleon in Berlin. Jagdausflug der Familie Eichendorff nach Summin.

29. Oktober: Eichendorff notiert in sein Tagebuch: »Ich der Hahmann gegenüber, mit welcher ich leider zu stark schmollierte. ... Darauf allhier meine Wutsponsade mit der Mad. Hahmann auf dem Canapé.« (HKA XI 158)

30. Oktober: In Lubowitz trifft die Nachricht »von Halles traurigem Schicksal« ein. Eichendorff notiert erschüttert: »Schwarze Bangigkeit«.

November: Mit Ausnahme der schlesischen Städte sind alle preußischen Festungen zwischen Oder und Rhein in der Hand Napoleons.

7. November: Glogau von den Rheinbundtruppen des Prinzen Jérôme eingeschlossen.

10. November: In Lubowitz treffen Flüchtlinge ein.

11. November: Ausführliche Nachrichten von der Eroberung Halles und der Ausweisung der Studenten: »Letztere wanderten denn auch in Haufen von 3–400 auf einmal, alle zu Fuß u. sans Spieß aus, begleitet von dem Jammergeschrei der hallischen Philister, die bei ihrem Ausmarsche mehr weinten, als beim Einmarsche der Franzosen.« (HKA XI 161; vgl. auch Kalender 1926 70ff.)

17. November: In Ratibor trifft die Nachricht ein, daß die Festung »Breslau schon gesperrt sei«.

21. November: Napoleon verkündet in Berlin die Kontinentalsperre gegen England.

23. November: In Lubowitz trifft die »erschreckende« Nachricht ein, daß »die Franzosen schon in Gleiwitz seien«. Am folgenden Tag wird in Lubowitz das Silber und »die feinere Wäsche ... eingepackt«. (HKA XI 162)

10. Dezember: Die Brüder Eichendorff auf der Jagd im benachbarten Hammer. Zu den Klängen der Jagdhörner »aus fernem Hintergrunde unaufhörlicher Kanonendonner (wahrscheinlich aus Breslau)«. Die Jagd erscheint Eichendorff bei dieser Begleitmusik »heute bis zur Bangigkeit klein, untätig u. dumm«. (HKA XI 163)

Goethe rezensiert zustimmend den ersten Band von ›Des Knaben Wunderhorn‹, er schließt den ersten Teil des ›Faust‹ ab, beginnt den Briefwechsel mit Philipp Otto Runge. Bei der Plünderung Weimars durch französische Truppen bleibt Goethes Haus verschont. Zacharias Werner erringt mit dem Drama ›Martin Luther oder Die Weihe der Kraft‹ einen großen Publikumserfolg.

1807

2. Januar: In Lubowitz trifft die Nachricht ein, daß die schlesische Festung Cosel (nördlich von Ratibor) gesperrt wurde.

4. Januar: Ball im benachbarten Brzeznitz, an dem auch Benigna Sophie Hahmann teilnimmt.

6. Januar: Breslau kapituliert.

16. Januar: Die schlesische Festung Brieg, südlich von Breslau, kapituliert.

20. Januar: Die Reste der preußisch-schlesischen Armee sammeln sich in Ratibor.

23. Januar: Cosel wird von der bayerischen Armee belagert. In Lubowitz trifft ein bayerischer Requirierungsbefehl ein.

24. Januar: Die Bayern in Ratibor. Madame Hahmann ist nach Troppau geflüchtet.

29. Januar: Beginn der Kanonade bei Cosel, das bis zum Ende des Krieges nicht erobert wird. In Lubowitz treffen Sauvegarde-Briefe (für Lubowitz und Slawikau) des bayerischen Generals Deroy ein.

7. Februar: Die ersten bayerischen Soldaten in Lubowitz. Sie plündern in der Umgebung: »Panischer Schrecken. – Pfeifen in salvo.« (HKA XI 173)

20. Februar: Die Brüder Eichendorff lesen Jean Pauls ›Hesperus‹. Durch die Oderüberschwemmung ist Lubowitz wie eine »selige Insel getrennt von der übrigen Welt«. Die Nachricht von dem russisch-preußischen Erfolg in der (unentschiedenen) Schlacht bei Preußisch-Eylau (*7./8. Februar*) trifft in Lubowitz ein.

25. Februar: Die Brüder Eichendorff beobachten mit ihrer Mutter von der Slawikauer Windmühle aus durch ihren »Tubus« die Belagerung von Cosel.

9. März: Eichendorff notiert Gespräche mit Madame Hahmann: »Tiefer Ernst.«

17. März: In Lubowitz werden Pläne erörtert, die beiden Söhne zum Weiterstudium an die Universität Dorpat, im russischen Estland, zu schicken. Schon am

26. März aber ist die Entscheidung für Heidelberg gefallen. Der Paß dorthin wird bestellt.

April: Intensive Lektüre Jean Pauls: ›Hesperus‹ und ›Des Luftschiffers Gianozzos Seebuch‹.

1. Mai: Joseph von Eichendorff trägt in Madame Hahmanns Stammbuch ein Akrostichon ein (vgl. W I 138 f.). Im Tagebuch herrscht die Stimmung des Abschieds von der Lubowitzer »Jubelperiode« (HKA XI 186).

4.–17. Mai: Reise nach Heidelberg über Troppau, Brünn, Budweis, Linz, Regensburg [»... jetzt durch die Auflösung des Reichstages öde u. leer ...«], Nürnberg [Besichtigung der Kirchen, der Burg, von Dürerbildern: »Mit Ehrfurcht schritten wir über diesen (auch d. Tiecks Sternbald) klassischen Boden ...], Mergentheim.

17. Mai: Die Brüder schließen in Heidelberg die ersten Studentenbekanntschaften, darunter die mit Nikolaus Heinrich Julius (1783–1862), aus der sich eine lebenslange Freundschaft entwickelt.

18. Mai: Sie werden dem berühmten Juristen Anton Friedrich Justus Thibaut vorgestellt.

19. Mai: Joseph von Eichendorff wird an der Universität Heidelberg immatrikuliert. Die Brüder hospitieren bei Görres in dessen Vorlesung »über den Himmelsbau«. Görres wird als »blaß, jung, wildbewachsen, feuriges Auge, fast wie Steffens, aber monotonen Vortrag« beschrieben. Julius stellt sie Görres vor. Joseph von Eichendorff besichtigt die »seltne uralte Bibliothek« von Julius, dessen Bücher »zum Teil von Brentano« stammen. (HKA XI 197 f.)

23. Mai: In der Heidelberger Klinik wird durch den Anatomen Jakob Fidelis Ackermann der Hermaphrodit Carl Dönge den Studenten vorgeführt.

26. Mai: Privatissimum beim Kabinettsrat Kopp, Besichtigung seiner seltenen alten Urkunden.

Mai/Juni: Beim abendlichen Studentenstammtisch hört Eichendorff häufig den Ariost-, Tasso- und Calderonübersetzer Johann Diederich Gries (1775–1842). Dieser »verkehrte gern und viel mit den Studenten, die Abendtafel im Gasthofe ›Zum Prinzen Karl‹ war sein Katheder ...« (W I 936). Eichendorff besucht juristische Vorlesungen bei Thibaut und Kopp, die Ästhetik-Vorlesung von Görres, ein Kolleg bei Heinrich Voß jun. über Xenophons ›Anabasis‹; mit Voß verbindet Eichendorff die schwärmerische Verehrung Jean Pauls. Eichendorff lernt außerdem Italienisch und nimmt Gitarre-Stunden.

21. Juni: Im Tagebuch wird notiert: »Unter der Brücke in dem engen Tale Schlegels Almanach gelesen.« Es handelt sich vielleicht um den ›Musen-Almanach auf das Jahr 1802‹ herausgegeben von August Wilhelm Schlegel und Ludwig Tieck (HKA XI 360).

1. Juli: Die Brüder Eichendorff beziehen ein neues Quartier bei dem Bäckermeister Johann Jakob Foerster in der Mannheimer Vorstadt. Im Hause Foersters wohnte zeitweilig auch seine Schwester, die neunzehnjährige Katharina Barbara Foerster (aus Rohrbach), jenes geheimnisumwitterte »Käthchen von Rohrbach«, auf welches sich Eichendorffs Gedicht »In einem kühlen Grunde« beziehen soll. Die Umrisse dieser Romanze sind im Tagebuch nur noch schwach erkennbar.

6. Juli: Luise von Preußen demütigt sich in Tilsit vergeblich vor Napoleon, um mildere Friedensbedingungen für ihr Land zu erhalten.

9. Juli: In seinem Ästhetik-Kolleg deutet Joseph Görres die Kupferstiche von Philipp Otto Runges ›Vier Tageszeiten‹, die Runge *1806* auch Goethe zugesandt hatte. Eichendorff notiert aus dieser Deutung romantische Zentralworte: »Arabesken. Unendliche Deutung.« – Mit dem an diesem Tag in Tilsit geschlossenen Friedensvertrag zwischen Frankreich und Preußen wird Preußen im europäischen Mächtekonzert bis zur Bedeutungslosigkeit degradiert.

16. Juli: Bei einer Reise in das (französische) Speyer sehen die Brüder Eichendorff erstmals »den königlichen Rhein«.

18. September: Im abendlichen (letzten) Ästhetik-Kolleg von Görres lernen die Brüder Eichendorff dessen Schwager Franz von Lasaulx kennen. Eichendorff spricht mit Görres und Lasaulx über den Roman ›Clara du Plessis und Clairant‹ des Modeschriftstellers August Heinrich Lafontaine (1758–1831), den er »eben jetzt mit ungemeinem Intresse las«.

30. September: Der Freiherr vom Stein wird Erster Minister in Preußen. In Preußen beginnt, nach dem militärischen und moralischen Zusammenbruch des Staates, die Zeit der inneren Reformen.

5./6. Oktober: Die Brüder Eichendorff wandern nach Mannheim. Sehnsucht, zu den »blauen Vogesen« und »in das schimmernde Frankreich« zu reisen.

Oktober: Neben den juristischen Vorlesungen, dem Sprachenstudium und dem Gitarre-Spiel, hört Eichendorff eine vierstündige Philosophie-Vorlesung bei Joseph Görres: »Göttliches Collegium. Zahlreiches Auditorium.« Er steht täglich morgens um 5 Uhr auf und studiert bis 9 Uhr abwechselnd an einem Tag Jurisprudenz, am anderen Sprachen. Er übersetzt Goethes ›Wilhelm Meisters Lehrjahre‹ und dessen Schauspiel ›Die Geschwister‹ ins Italienische.

15. November: Eichendorff begegnet bei seinen Hallenser Bekannten Gerhard Friedrich Abraham Strauß und Heinrich Wilhelm Budde, die beide zu den Hörern von Görres zählen, zum ersten Mal dem Grafen Otto Heinrich von Loeben. Loeben, ein schwärmerischer Jünger des Novalis, hatte soeben seinen Roman ›Guido‹ vollendet; mit Strauß und Budde verbindet ihn ein »eleusischer Bund«; sie bilden »eine mystische liebereiche Loge« (Pissin, Loeben 67). In dieser Loge trägt Loeben den Dichternamen Isidorus Orientalis, Strauß den Namen Dionysius, Budde wird zunächst Johannes, dann Eugenius und schließlich Astralis genannt. Loeben notiert am *15. November* in sein Tagebuch: »Nachmittags bei Dionysius und Johannes, wo ich einen unendlich guten jungen Menschen, Baron Eichendorff aus Schlesien, fand, den ich zu beruhigen hoffe in seinem Kampf zwischen Poesie und Jurisprudenz.« (Kalender 1918 37; 1924 46)

22. November: Nach Eichendorffs Tagebuch erster Besuch des Grafen Loeben bei den Brüdern Eichendorff.

29. November: Loeben und Budde besuchen die Brüder Eichendorff; sie gehen abends gemeinsam zu Görres. Um diese Zeit liest Eichendorff – vermutlich erstmals – den ersten Band von ›Des Knaben Wunderhorn‹, dessen volksliedhafter Ton seine Lyrik – nachdem er sich dem Einfluß Loebens entzogen hatte – entscheidend bestimmt. (HKA XI, 360)

Goethe beginnt mit der Arbeit an dem Roman ›Wilhelm Meisters Wanderjahre‹. Bettine Brentano besucht ihn erstmals in Weimar. Jean Pauls ›Levana, ein Erziehbuch‹ und Görres' Untersuchung ›Die teutschen Volksbücher‹ erscheinen.

1808

Januar: Eichendorff notiert im Tagebuch: »Abends beim Bierbringen erste Küsse«. Diese Notiz wird auf seine Liebe zu Katharina Foerster bezogen (Aurora 1936 17). Auch die Einträge in den Monaten Februar und März, wie »Trauer eines fast gebrochenen Herzens«, »Große, große Händel wegen gemachter Entdeckungen«, etc., sollen sich auf Liebesschmerzen und Liebesärger im Hause von Käthchens Schwägerin, der Frau Bäckermeister Foerster in Heidelberg, beziehen.

4. Januar: Mit der Mitteilung des Gedichtes ›Sehnsucht‹ (»Selig, wer zur Kunst erlesen«, Pissin 28 f.) und einem Gespräch über Loebens »häusliches Gedicht in 7 Gesängen« ›Maria‹ beginnt der lebhafte poetische Austausch zwischen Eichendorff und Loeben. Aus Loebens Nachlaß lagen Pissin 61 Gedichte Josephs und 26 Gedichte Wilhelm von Eichendorffs vor (Pissin 164).

9. Januar: Eichendorff liest »Manuskripte von Isidorus« und notiert: »Wunderbar zogen sie mich in ihre innerste Mitte, u. die göttlichen Flammen schlugen über mir zusammen.« (HKA XI 222) Er dichtet Sonette an Loeben.

17. Januar: Eichendorff erhält Loebens Antwort-Sonette (Niggl I 22 f.). Mit diesen Gedichten reihen sich Eichendorff und seine Freunde ein in die von der Vossischen Partei in Heidelberg heftig bekämpfte »Sonettenwut und -glut« der Heidelberger Romantik.

2. Februar: Die Brüder Eichendorff begegnen mit Loeben auf einem Spaziergang Achim von Arnim, der seit Januar als Redakteur der romantischen Programmzeitschrift ›Zeitung für Einsiedler‹ in Heidelberg wohnt.

7. und 10. Februar: Im Tagebuch sind Liebeshändel mit Katharina Foerster (»K.«) verzeichnet.

14. Februar: Neue Begegnung mit Achim von Arnim und dessen Heidelberger Verleger Johann Georg Zimmer.

10. März: Aus der Tagebuch-Notiz: »Mappe in der Felsenkluft versteckt« schließt Pissin (Loeben 158), daß Eichendorff auf dem – gleichzeitig erwähnten – Spaziergang mit Loeben das Manuskript von dessen eben erschienenem Roman ›Guido‹ auf »diese Weise wieder der Natur« zurückgegeben hat, »als deren heilige Emanation Loeben sein Werk sah«.

19. März: Loeben verzeichnet in seinem Tagebuch: »Nachmittags der jüngere Eichendorff bei mir. ... Es ist heute sein Namenstag, Joseph; ich gab ihm den Namen Florens.« (Kalender 1918 39) Nach Pissin (Loeben 158) hat Loeben seinem Freund diesen Namen in Anlehnung an Florens, den »verkannten Kaisersohn des Volksbuches« vom Kaiser Octavianus, gegeben. Dieses Volksbuch hatte Loeben in Tiecks Bearbeitung am *17. März* von Katharina Görres bekommen und sogleich »mit Lust« gelesen. Am gleichen Tag schlägt Loeben Eichendorff vor, seine Gedichte in Georg Friedrich Asts Landshuter ›Zeitschrift für Wissenschaft und Kunst‹ zu veröffentlichen. In dessen Zeitschrift erscheinen sie noch 1808 (HKA XXII 108). – Für den gleichen Tag notiert Gerhard Friedrich Abraham Strauß in sein Tagebuch: »Lasen wir bei Michaelis Eichendorffs Aufsatz über Cervantes unter vielem Lachen. Eine Stelle ... kann ich mich nicht enthalten hier niederzuschreiben: ›Auf den höchsten Pyrenäen sitzt der Dichter und seine Tränen verdunsten in frohem Qualm zum Himmel hinauf, und Spanien vor ihm streckt sehnsüchtig die Fußsohlen heran nach dem Gemüte des liebenden Dichters.‹ So weit kann es Gedankenleerheit und ein aufmerksames Zuhören von Görres' Vorlesungen beim Menschen bringen.« (Kalender 1924 48)

2. April: Eichendorff trägt in Buddes Stammbuch zum Abschied ein Sonett ein (Pissin 5f.). – Budde und Strauß vermerken in ihren Tagebüchern einen Abschiedsabend bei den Brüdern Eichendorff: »Isidor und Eichendorffs hatten sich en Silhouette ausschneiden lassen und beschenkten uns mit ihrem Bilde.« (Kalender 1921 35; 1924 48)

3. April: Das Tagebuch vermerkt einen langen und herzlichen Abschied von Katharina Foerster, die »unerwarteterweise Heidelberg ganz« verläßt.

Die Tagebuchblätter zwischen dem *3. April 1808* und dem *7. [?] Oktober 1809* sind nicht erhalten. Sie enthielten wohl nicht nur Einträge über die Liebe des Dichters zu dem »Käthchen von Rohrbach«, sondern auch – etwa ab *Juni/Juli 1808* – über den Beginn seiner Liebe zu Luise von Larisch und schließlich – wie Dietmar Stutzer vermutet – auch über die desolate wirtschaftliche Lage der schlesischen Güter Adolf von Eichendorffs, die durch Mißwirtschaft, Krieg und Krisen vor dem Ruin standen.

4. April: Abschiedsbesuche bei den Heidelberger Freunden. Görres bittet die Brüder Eichendorff, in der »kaiserlichen Bibliothek« zu Paris die französische Ausgabe des Volksbuches von den Heymonskindern zu beschreiben und Proben daraus zu exzerpieren. Für die Erfüllung dieses Auftrages hat sich Görres öffentlich bedankt (Niggl I 28 f.).

5. April: Die Brüder Eichendorff reisen nach Paris, über Straßburg, Burgund, Lothringen, die Champagne. Bis Straßburg werden sie von Julius begleitet. Sie besichtigen dort das Münster, das »noch immer nach der alten Heimat hinüberschaut, an eine alte ungetilgte Schuld mahnend«. (Biographie 46).

April: In Paris Besichtigung des Louvre und der Bibliothek. Ausflüge in die Umgebung. »Heißhunger« nach »den alten treuen Klängen unserer Muttersprache« (Biographie 47; HKA XIII 26). Rückreise über Metz nach Heidelberg.

4. Mai: Ankunft in Heidelberg. Das Tagebuch soll vermerkt haben: »Hinter den letzten Höhen trat endlich auch das Amphitheater von Heidelberg hervor, alle Berge bis weit hinter Rohrbach wie beschneit von Blüte. Mit Entzücken eingefahren.« (Biographie 48)

6. Mai: Die Brüder Eichendorff liefern bei Görres ihre Pariser Arbeitsergebnisse ab. Vom Tag der Ankunft an tägliches Zusammensein mit Loeben.

12. Mai: Die Brüder Eichendorff reisen gemeinsam mit Loeben von Heidelberg ab. Der Reiseweg führt – nach Loebens Tagebuch (Pissin, Loeben 175) – über Frankfurt am Main, Aschaffenburg, durch den Spessart nach Würzburg und Nürnberg. Am

18. Mai trennen sich die Freunde in Nürnberg, Loeben reist über Bayreuth nach Dresden, die Brüder Eichendorff »auf Regensburg und Wien zu«.

Damit endet die Heidelberger Studienzeit der Brüder Eichendorff, deren Einflüsse für die Entwicklung des Dichters Joseph von Eichendorff folgenreicher gewesen sind als die Zeit in Halle. Seine Tagebücher weisen darauf hin, daß Heidelberg damals »eine typische Arbeitsuniversität« war (Aurora 1954 80), an der – nach Görres – das Studium getrieben wurde, »als ob es das ganze Jahr Karwoche wäre« (Aurora 1954 80). Brentano gar behauptet – freilich nicht ohne eigennützige Hintergedanken, da er nach Landshut strebt, – am *19. Juni 1808*, daß »an keinem gelehrten Orte vielleicht in Deutschland ... ein elendigerer Brotneid und eine so innerliche Erbitterung aller Lehrer untereinander« existiere als in Heidelberg, nirgendwo herrsche »ein so ganz unwissenschaftlicher gemeiner Geist unter den Studenten« (UL 380). – Die Tagebücher Eichendorffs nennen Vorlesungen u. a. bei den Juristen Anton Friedrich Justus Thibaut, Ulrich Friedrich Kopp, Georg Arnold Heise, Christoph Reinhard Martin und dem Klassischen Philologen Heinrich Voß. Testiert werden von Thibaut, Heise, Kopp, Martin und dem Prorektor Jakob Fidelis Ackermann (Anatom) »Vorlesungen über Institutionen des Römischen Rechts, Pandekten, Kriminalrecht, Kirchenrecht und Diplomatik«. Eichendorff nimmt Französisch- und Italienischunterricht, wobei die durch die Tagebücher bezeugte Lektüre Dantes, Petrarcas und Boccaccios in Zusammenhang mit dem Italienisch-Unterricht stehen dürfte.

Von den Universitätslehrern wirkt am stärksten Görres auf den jungen Dichter. Die Freunde mokieren sich schon im *März 1808* über den feurigen Görres-Jünger (Niggl I 21 f.), und Brentano schreibt *1810* aus Berlin an Görres: »Die Eichendorffs haben euch ungemein lieb und sind auch recht zarte Jungens; sie haben mir gesagt, daß sie eine zeitlang aus Liebe zu euch wie die Narren alles in eurem Stile geschrieben haben.« (Görres 80 f.)

Mai: Die Beschreibung der Donaufahrt im ersten Kapitel von ›Ahnung und Gegenwart‹ soll auf Eichendorffs Eindrücke während seiner Schiffsreise von Regensburg nach Wien zurückgehen. In Wien längerer Aufenthalt bis

Ende Juni. Görres hatte den Brüdern ein Empfehlungsschreiben an Leo von Seckendorff mitgegeben.

Juli: Anfang des Monates treffen die Brüder in Lubowitz ein (Biographie 48). Ihre Absicht ist, »den alternden Vater in der Bewirtschaftung seines Besitztums zu unterstützen, zumal es gerade damals einer kräftigeren Leitung besonders bedürftig zu werden begann«. (Biographie 48) Bis Jahresende – und lange darüber hinaus – gehen zwischen Loeben und den Brüdern Briefe und Gedichte hin und her.

11. November: Loeben sendet Eichendorffs Gedichte ›Die Zauberin im Walde‹ und ›Minnelied‹ (»Blaue Augen, blaue

Augen«) an Ast. Sie erscheinen im 4. Heft des 1. Bandes der ›Zeitschrift für Wissenschaft und Kunst‹.

1808 entsteht vermutlich, noch während der Heidelberger Studienzeit, der Roman-Entwurf ›Marien Sehnsucht‹ (GA II 988 f.), der »nicht nur Stellen aus den damaligen Tagebuchaufzeichnungen fast wörtlich wiederholt, vielmehr auch vieles aus den Gedichten dieser Zeit wie im Keim enthält« (Aurora 1958 19).

In Eichendorffs Lyrik dieser Zeit beginnt, nach der Trennung von Loeben und der Rückkehr nach Lubowitz, die Abwendung von Loebens Mystizismus und die stärkere Hinwendung zu volksliedhaften Vorlagen (›Des Knaben Wunderhorn‹). Vgl. etwa das Gedicht ›Mariä Sehnsucht‹ (»Es ging Maria in den Morgen hinein«), das – nach Joseph Nadler – *Ende 1808* entstanden sein soll.

1808 beginnt Eichendorff auch mit der Sammlung oberschlesischer Volksmärchen und Sagen, von der – aus den Jahren *1808–1810* – sieben Texte und Textfragmente erhalten sind (Aurora 1970/71 60–72). »Wie er die polnischen Märchen aufgeschrieben hat, weiß man nicht. Er hat sie wohl sogleich in den damaligen hochdeutschen Märchenstil eingeschmolzen.« (Stöcklein 81)

Schließlich beginnt der Autor *1808/09* auch mit der Niederschrift seiner ersten vollendeten Prosa-Arbeit ›Die Zauberei im Herbste‹, orientiert an Ludwig Tiecks ›Der getreue Eckart und der Tannenhäuser‹ und im Motiv des Venusberges vorausweisend auf die Erzählung ›Das Marmorbild‹.

Goethe in regem Verkehr mit den Romantikern (Zacharias Werner, Achim von Arnim, Henrik Steffens, Heinrich von Kleist). Band II und III von ›Des Knaben Wunderhorn‹ erscheinen. Goethes Aufführung von Kleists ›Der zerbrochene Krug‹ endet mit einem Mißerfolg. Auf dem Erfurter Fürstenkongreß werden Goethe und Wieland von Napoleon empfangen. – Beethoven schreibt die 5. und die 6. Symphonie. – In Spanien beginnt der die Romantiker begeisternde Aufstand gegen Napoleon.

1809

Erste Jahreshälfte: Verlobung mit Luise von Larisch. Reger Briefwechsel mit Loeben; die Freunde senden sich ihre Gedichte zu. An Loeben schreibt Eichendorff: »Alle diese Gedichte, wie meine ganze bisherige Poesie, könnten aber auch Sehnsucht überschrieben werden. ... Ich komme mir vor wie in einer alten dunklen Kirchc. Alle Fenster gehen nach Osten, draußen vor den Fenstern liegt Italia u. unzählige andere blitzende Gefilde in herrlicher Morgenpracht.« (Wächter 1921 197)

April: Beginn des österreichisch-französischen Krieges.

9. April: Aufstand der Tiroler gegen die mit Napoleon verbündeten Bayern.

28. April: Der Major Ferdinand von Schill beginnt, in der Hoffnung Preußens zaudernden König mitzureißen, seinen Zug gegen Napoleon. Die Zeitgenossen meinen, sein Auszug sei von Königin Luise finanziert.

31. Mai: Schill fällt im Straßenkampf in Stralsund. Elf seiner in Gefangenschaft geratenen Offiziere werden standrechtlich erschossen, seine gefangenen Soldaten werden zu französischen Galeerensklaven gemacht, Schills Kopf wird in das Leidener Naturalienkabinett gebracht.

12. Juli: Waffenstillstand zwischen Österreich und Frankreich.

13. August: Die Tiroler siegen in der Schlacht am Berg Isel.

September/Oktober: Aufenthalt der Brüder Eichendorff in Breslau.

8. Oktober: Clemens Wenzeslaus Fürst Metternich wird k. k. Staats- und Konferenzminister.

14. Oktober: Im Frieden von Schönbrunn wird Österreich zu einer Macht zweiten Ranges degradiert.

21. Oktober: Eichendorff lädt den Grafen Loeben zu einem Besuch in Breslau ein.

1. November: Eichendorff erhält einen Brief von Loeben, dessen »merkwürdiger Inhalt« seinen »plötzlichen Entschluß bestimmte, schleunigst Breslau zu verlassen u. nach Berlin abzureisen«. (HKA XI 232) Offenkundig lehnte Loeben eine Reise in das provinzielle Breslau schroff ab und schlug ein Treffen in Berlin vor. Loebens bedauernder Brief vom *8. November* erreicht Eichendorff nicht mehr in Breslau.

3. November: Zum Abschied läßt sich Joseph von Eichendorff für Luise von Larisch »von dem nicht ganz talentlosen Maler« Joseph Raabe in Breslau »en Miniature als schwarzer Ritter mit goldner Kette u. Stickerei« malen (HKA XI 233).

7. November: Im Tagebuch werden freundschaftliche Gespräche mit Bernhard Heinke über »Ökonomie, Heurat (Julie), Lubowitz, unsere Liebschaften, zukünftige Reise etc.« verzeichnet. Eichendorff ist demnach die schlechte ökonomische Lage seines Vaters völlig deutlich. In der Familie bestehen Pläne, ihn mit Julie Gräfin Hoverden, der Erbin und Nichte von Maria Anna Gräfin Hoverden (verheiratet mit Johann Friedrich von Eichendorff, Herr auf Tworkau und Schillersdorf) zu verheiraten. Eichendorff wäre damit Erbe von Johann Friedrich von Eichendorff geworden, die wirtschaftlichen Verhältnisse in seiner Familie hätten saniert werden können. Daß Eichendorff diese Ehe ausgeschlagen und – vor allem gegen den Willen der Mutter – (die arme) Luise von Larisch geheiratet hat, trug mit zum Totalverlust des Vermögens der Familie Adolf von Eichendorffs bei. Die Verarmung der Familie nimmt ab *1809* rapide zu, die Eltern Eichendorffs sind von dieser Zeit an nahezu »ohne Einkommen«; vor dem Bankrott schützt sie lediglich das *1807* erlassene Generalmoratorium (Stutzer 20, 31).

9.–20. November: Reise nach Berlin. Bis zum *18. November* auf einem Kohlenschiff auf der Oder. Am

19. November Ankunft in Frankfurt an der Oder, am

20. November Ankunft in Berlin.

21. November: Wie jeder längere Aufenthalt in einer fremden Stadt, beginnt auch dieser Berlin-Aufenthalt mit einem Theaterbesuch. Eichendorff sieht zum ersten Mal »vollkommne Schauspieler« und nennt vor allem Friederike Bethmann-Unzelmann, die von den Romantikern als die beste Schauspielerin Deutschlands gerühmt wird. (HKA XI 245)

28. November: Eichendorffs erster Besuch bei Adam Müller, der für Loeben schon seit *1806* ein »Leitstern« seines Lebens geworden ist (Baxa I 294).

3. Dezember: Joseph von Eichendorff erkrankt an einem schmerzhaften Nervenfieber, das den gesamten Berlin-Aufenthalt verdüstert.

11. Dezember: Wiedersehen mit dem Grafen Loeben in Berlin. Clemens Brentano persifliert das freundschaftliche Zusammenleben Loebens mit den Brüdern Eichendorff und Joseph von Eichendorffs Nervenfieber in einem Brief an Wilhelm Grimm von *Februar 1810*: »... sämtlich sehr gutmütige, etwas sehr übliche gute arme Schlucker, sie stecken in einer kleinen Stube, haben abwechselnd das Fieber, daß immer einer zu Haus bleibt, ich möchte schier fürchten, weil die drei Leute nur zwei Röcke haben.« (Steig, Grimm 86 f.)

12. Dezember: Mit Loeben bei Adam Müller.

14. Dezember: Die Brüder Eichendorff besuchen mit Loeben erstmals die öffentlichen Vorlesungen Johann Gottlieb Fichtes (»Die Wissenschaftslehre, in ihrem allgemeinen Umrisse«, Zusammenfassung gedruckt 1810) im Palais des Prinzen Heinrich.

15. Dezember: Anläßlich einer Abendeinladung bei Adam Müller lernt Eichendorff Heinrich von Kleist kennen.

19. Dezember: Eichendorff schreibt aus Berlin erstmals an seine Braut Luise von Larisch. Der gesamte Briefwechsel mit seiner Frau ist verschollen.

21. Dezember: Bei Adam Müller lernt Eichendorff dessen Cousine Sophia Friderica Sander (1759–1825) kennen, die Frau des Berliner Buchhändlers Daniel Sander, die einen literarischen Salon unterhält. Die Brüder Eichendorff verkehren in diesem Salon. Auch Franz Theremin (1780–1846), einen bekannten Berliner Prediger, lernt Eichendorff an diesem Abend bei Adam Müller kennen.

23. Dezember: König Friedrich Wilhelm III. und Königin Luise kehren aus Königsberg in ihre Residenzstadt Berlin zurück. Die Brüder Eichendorff sehen mit Loeben dem prächtigen Schauspiel des Einzugs zu.

24. Dezember: Neuer heftiger Fieberanfall Eichendorffs. Das Fieber macht den Aufenthalt in Berlin zu einer »fürchterlichen, verödeten, grausenhaften Leidensperiode« (HKA XI 254).

25. Dezember: Maria Eleonore von Kloch, Eichendorffs Großmutter, von ihm – vor allem wegen ihrer dezidiert geäußerten politischen Meinungen – mit der alten Zeit, dem ancien régime, identifiziert, stirbt in Lubowitz.

Geboren wird Felix Mendelssohn-Bartholdy. Joseph Haydn stirbt. – Goethes Roman ›Die Wahlverwandtschaften‹ erscheint; Goethe beginnt die Arbeit an ›Dichtung und Wahrheit‹.

1810

11. Januar: Adam Müller beginnt mit seinen öffentlichen Vorlesungen ›Über König Friedrich II. und die Natur, Würde und Bestimmung der Preußischen Monarchie‹. Die Brüder Eichendorff gehören zu seinen Hörern.

13. Januar: Loeben und Wilhelm von Eichendorff sind zu Gast bei Sanders, »Chamissos Abgang zu Ehren«. Drei Tage später macht Chamisso bei Loeben einen Abschiedsbesuch.

25. Januar: Im Hause von Adam Müller lernt Loeben Achim von Arnim kennen.

30. Januar: Loeben notiert in sein Tagebuch: »Nachmittags lange bei Eichendorffs. Florens seit einigen Tagen wieder sehr leidend, es ist trostlos.« (Kalender 1919 85)

1. Februar: Clemens Brentano erstmals auf Besuch bei Loeben und den Brüdern Eichendorff. (Eine frühere Bekanntschaft Joseph von Eichendorffs mit Clemens Brentano ist aus den Quellen nicht zu belegen.) Im Anschluß an diesen Besuch schickt Brentano dem kranken Eichendorff Bücher, darunter »2 Teile des herrl. Simplicissimi« (HKA XI 255), also Grimmelshausens Roman ›Simplicissimus‹; vermutlich die in Brentanos Versteigerungskatalog von *1819* angeführten Bände: ›Der Simplicissimus, dessen abentheuerlicher Lebenswandel, durch German Schleifheim von Sulsfort‹, 2 Teile, Nürnberg 1685.

14. Februar: Joseph von Eichendorff besucht erstmals nach seiner Krankheit wieder Loeben. Er ist weiter schonungsbedürftig und nimmt an dem regen Gesellschaftsleben seines Bruders und Loebens (im Salon Sander, bei Müller etc.) nicht teil.

28. Februar: Eine Aufführung von Zacharias Werners ›Martin Luther oder Die Weihe der Kraft‹ hinterläßt einen starken Eindruck auf Eichendorff.

1. März: Joseph von Eichendorff besucht (alleine) Achim von Arnim und Clemens Brentano in ihrer Berliner Wohnung bei Arnims Schulfreund Heinrich Pistor. – Nachmittags Besuch bei Adam Müller.

3. März: Die Brüder Eichendorff besuchen mit Brentano das Theater. Anschließend erzählt Brentano Joseph von Eichendorff »fast 2 Stunden lang in einem fort den Plan zu seinen Romanzen [vom Rosenkranz]« (HKA XI 258). Auf dem Heimweg, auf dem ihn Eichendorff noch ein Stück begleitet, erzählt Brentano auch von seinen Märchenplänen. In einem Brief an Brentano erinnert sich Eichendorff wenig später: »Die wenigen Stunden, die ich vor meiner Abreise von Berlin mit Ihnen zuzubringen das Glück hatte, werde ich niemals vergessen.« (HKA XII 249)

4. März: Nach einem tränenreichen Abschied von den Freunden verlassen die Brüder Eichendorff Berlin und reisen nach Lubowitz zurück. Nach einem kurzen Zwischenaufenthalt in Breslau kommen sie am

14. März in Lubowitz an. Reger Briefwechsel mit Loeben. Es sind nur wenige Briefe dieser einstmals reichen Korrespondenz erhalten. – Im Tagebuch werden in der Folgezeit, bis zur Abreise nach Wien, häufige Besuche bei Luise von Larisch verzeichnet.

5. April: Eichendorffs Tagebuch erwähnt »Projekte des Güterverkaufs«; die großen wirtschaftlichen Schwierigkeiten des väterlichen Besitzes sind dem Autor also bewußt.

8. April: Erstes Wiedersehen mit Benigna Sophie Hahmann, mit der Eichendorff nun wieder häufiger zusammentrifft: »... die schönsten Augen, – noch schöner geworden – ... (Gott behüte mich vor dem Verlieben!).« (HKA XI 265 f.) Erst ab *Juni 1810* taucht ihr Name in den Tagebüchern nicht mehr auf, dafür werden die Hinweise auf eine innige Verbindung mit Luise von Larisch häufiger.

Sommer: Die wirtschaftliche Lage der Familie Eichendorff wird immer bedrohlicher, vermutlich hängen die »tagelangen heftigen Krämpfe« der Mutter im *Mai* damit zusammen. Die gemeinsame Verwaltung der verschuldeten Güter durch Adolf von Eichendorff und seine Söhne wird beendet, man beschließt, daß Wilhelm und Joseph von Eichendorff in Wien ihre juristischen Studien beenden, um dann in den österreichischen Staatsdienst zu gehen. In einer Zeit, in der – nach Meinung des preußischen Königs Friedrich II. – »die jungen Edelleute wie die Schweine« erzogen wurden, ist der Entschluß der Eltern Eichendorffs, »ihren Söhnen eine langjährige und hochqualifizierte Ausbildung zu gewähren, als Ausnahmeentscheidung mit hohen Kosten entsprechend hoch zu bewerten«. (Stutzer 35)

Die Tagebuchblätter zwischen dem *20. Juni 1810 und Juli 1811* fehlen.

1810 entstanden zahlreiche Gedichte Eichendorffs (zusammengestellt bei Puličar 222–227), wobei die entscheidenden Stileinflüsse von Arnim (vor allem von seinem Roman ›Armut, Reichtum, Schuld und Buße der Gräfin Dolores‹; erschienen zur

Ostermesse *1810*) und Brentano ausgingen. Nach der Hinrichtung Andreas Hofers *(20. Februar 1810)* entstanden z. B. ›Der Tiroler Nachtwache‹ und ›An die Tiroler‹. Zum Abschied von Lubowitz sollen (um *Oktober 1810*) entstanden sein: ›Der Jäger Abschied‹ (»Wer hat dich du schöner Wald«), ›Abschied‹ (»O Täler weit, o Höhen«; in der ersten Fassung überschrieben: ›An den Hasengarten‹ [in Lubowitz] und beginnend »O schöner Grund, o Höhen«; vgl. Stöcklein 94 f. und 96), ›Die Hochzeitsnacht‹ (»Nachts durch die stille Runde«) u. a. Ob auch die bekannte Romanze ›Das zerbrochene Ringlein‹ (»In einem kühlen Grunde«) schon *1810* oder erst *1811* entstanden ist, ist umstritten. Jedenfalls hat man dem Lied schon zu Eichendorffs Lebzeiten »vielfach die Ehre angethan, es für ein Volkslied zu halten« (Kron 185).

Fünf Gedichte Eichendorffs erscheinen *1810* in Asts ›Zeitschrift für Wissenschaft und Kunst‹ (HKA XXII 108).

November: Nach einem Wiener Polizeibericht (Baxa I 813–815) kommen die Brüder Eichendorff im *November 1810* in Wien an. Sie bitten am

23. November die Wiener »Studien-Hof-Kommission« um Erlaubnis, »sich … österreichische juridische Zeugnisse durch Privat Fleiß« verschaffen und »aus sämtlichen hier vorgeschriebenen juridischen Fächern, in der Ordnung, jedoch nur in solchen Zwischenräumen Privat Prüfungen« machen zu dürfen, »welche ihnen eine hinlängliche Vorbereitung nötig machen wird« (HKA XII 6).

29. November: Joseph von Eichendorff wird als »juris privatim studiosus« an der Universität Wien immatrikuliert.

27. Dezember: Loeben sendet Wilhelm von Eichendorff ein Empfehlungsschreiben an Dorothea Schlegel und fordert die Brüder Eichendorff auf, Friedrich und Dorothea Schlegel bald zu besuchen. Sein Brief endet: »Eure Romane zu lesen und zu lieben bin ich sehr ungeduldig.« (HKA XIII 240) Daraus kann geschlossen werden, daß Joseph von Eichendorff seinen Roman ›Ahnung und Gegenwart‹ zu dieser Zeit schon konzipiert hatte. Ansgar Hillach vermutet eine erste Konzeption *1809* in Berlin, eine erste Niederschrift *1810* in Lubowitz (W I 38); der Zeitpunkt *1809* erscheint angesichts des jämmerlichen Gesundheitszustandes Eichendorffs in Berlin verfrüht.

Geboren werden Ferdinand Freiligrath, Frédéric Chopin, Robert Schumann. Es sterben die preußische Königin Luise und der Maler Philipp Otto Runge, mit dem sich soeben noch Clemens Brentano eine Zusammenarbeit erhofft hatte. – Goethes ›Farbenlehre‹ erscheint; Goethe veröffentlicht die ersten Kapitel von ›Wilhelm Meisters Wanderjahre‹. Madame de Staël's in Frankreich verbotene Schrift ›De l'Allemagne‹ erregt in Deutschland großes Aufsehen. In Wien wird Kleists ›Das Käthchen von Heilbronn‹ erstmals aufgeführt. Der erste Teil von Kleists gesammelten Erzählungen erscheint. Die Universität Berlin wird gegründet. – Die österreichische Kaisertochter Marie Louise wird mit Napoleon verheiratet. Der russische Zar kündigt das Kontinentalsystem auf. – Die Schnellpresse erobert den Kontinent; dies führt – zusammen mit anderen Faktoren – in der Folgezeit zu einer enormen Steigerung der Buchproduktion.

1811

Jahresanfang: Es ist anzunehmen, daß die Brüder Eichendorff Loebens Rat befolgt und sich schon bald bei Friedrich Schlegel und seiner Frau Dorothea eingeführt haben; auch Loebens Bruder Ferdinand, den Flügeladjutanten des Erzherzogs Karl, werden sie – auf Loebens Rat – um diese Zeit erstmals besucht haben. – Die rege Teilnahme am Theaterleben prägt auch den Wiener Aufenthalt. Besonders häufig besucht Eichendorff das Leopoldstädter Theater, von ihm nur »Kasperl« genannt.

26. April: Eichendorff wird das Bestehen der Semestralprüfung zum »Natur-, Privat-, Staats- und Völkerrecht« bestätigt. Ergebnis – wie bei allen künftigen Examina in Wien –: »Erste Klasse mit Vorzug«.

Juni: Eichendorff arbeitet »fleißig am Romane« [›Ahnung und Gegenwart‹]. Im *Juni* und *Juli* fast täglicher Verkehr mit Johann Friedrich von Eichendorff (Herr auf Tworkau und Schillersdorf) und dessen Familie (darunter der Ehekandidatin von Eichendorffs Mutter: Julie Gräfin Hoverden), die zu Besuch in Wien sind.

Juli: Die Arbeit an ›Ahnung und Gegenwart‹ schreitet fort.

3. Juli: Eichendorff vermerkt im Tagebuch: »Heute auch, Gott sei Dank, in höchster Not wieder über Erwarten viele Bancozettel von Hause bekommen!« (HKA XI 280)

20. Juli: Eichendorff wird das Bestehen der Semestralprüfung im Kriminalrecht bestätigt. (Bewertung: »Erste Klasse mit Vorzug«.) Er erhält – erstmals wieder nach 6 Monaten – einen Brief von Loeben. Dem Brief lagen vermutlich Gedichte von Loebens Freund Friedrich de la Motte Fouqué bei, die Fouqué mit einem Widmungsgedicht an »Florens« versieht. Dieses Widmungsgedicht (»Florens, blütentragend Reis«, Biographie 63 f.) bezieht sich auf Eichendorffs Gedicht ›An die Dichter‹ (»Wo treues Wollen, redlich Streben«); Eichendorff antwortet wenig später mit den Sonetten ›An Fouqué‹ (W I 135–137).

22. Juli: Johann Friedrich von Eichendorff schenkt den Brüdern, deren Geldmangel er kennt, zum Abschied 600 Gulden.

4. August: Die Brüder Eichendorff besuchen Friedrich und Dorothea Schlegel und lernen Dorotheas Sohn, den Maler Philipp Veit, kennen. Durch Karoline Pichler (Romanautorin, 1769–1843) erfahren sie vom Tod des Wiener Dichters Heinrich von Collin († *28. 7. 1811*). Aus der flüchtigen Tagebuchnotiz kann keine nähere Bekanntschaft mit Collin erschlossen werden. Durch Friedrich Schlegel erfahren sie von der Ankunft Adam Müllers, der seit Anfang August, in der Rolle eines Geheimagenten des preußischen Staatskanzlers Hardenberg (Baxa I 679), in Wien wohnt.

5. August: Die Brüder Eichendorff zu Besuch bei Adam Müller, der ihnen von Berlin erzählt: von der Hochzeit Achim von Arnims mit Bettine Brentano (*11. 3. 1811*), von der Gründung der »Christlich-deutschen Tischgesellschaft«, zu deren Mitgliedern, neben den Gründern Arnim und Müller, auch Kleist, Brentano, Savigny, Clausewitz, Zelter, Eichhorn, Reichardt, Fichte u. a. gehörten, von der Trauerfeier für Luise von Preußen. Müller gibt den Brüdern »Brentanos Schrift über die Philister und seine Ode auf den Tod der Königin mit« (HKA XI 285). Brentanos im Kreis der Berliner »Tischgesellschaft« erstmals vorgelesene Satire ›Der Philister vor, in und nach der Geschichte‹ (gedruckt *1811*) hat Eichendorff später als Quelle für sein satirisches Lustspiel ›Krieg den Philistern‹ verwendet. Ob mit der »Ode auf den Tod der Königin« Adam Müllers, Novalis' ›Glauben und Liebe‹ nachempfundene Schrift ›Zum Gedächtnis der verewigten Königin von Preußen‹ (A. Müllers vermischte Schriften ..., Wien 1812, S. 18–32.) oder nicht eher Brentanos ›Kantate auf den Tod Ihrer Königlichen Majestät Louise von Preußen‹ (in einer Abschrift) gemeint ist, kann nicht geklärt werden.

19. August: Eichendorff notiert ein »herrliches Gespräch« mit Adam Müller über den animalischen Magnetismus, eines der Zentralthemen der Romantik, Adam Müller durch Gotthilf Heinrich Schubert vertraut.

Ende August: Die Arbeit an ›Ahnung und Gegenwart‹ tritt vor den Examensvorbereitungen zurück.

3. September: Die wirtschaftliche Lage der Brüder Eichendorff wird prekär. Sie beginnen ein »abenteuerliches standhaftes Hungerleben«, um Geld für Bücher zu sparen und kaufen sich Friedrich Schlegels soeben im Druck erschienene Vorlesungen ›Über die neuere Geschichte‹.

9. September: Joseph von Eichendorff wird das Bestehen des Examens in »europäischer Staatenkunde« (Statistik) bestätigt. Das Ergebnis ist wieder: »Erste Klasse mit Vorzug«.

13. September: Die Brüder Eichendorff sehen den berühmten Kometen des Jahres *1811*, im Glauben des Volkes ein Vorbote des neuen, großen Krieges.

22. September: Die Brüder Eichendorff besuchen Ferdinand Grafen von Loeben und treffen dabei mit Erzherzog Karl zusammen.

27. September: Bei einer Soirée im Hause Adam Müllers sehen die Brüder Eichendorff Friedrich von Gentz, den »dicken erschrecklich galanten Ritter« (HKA XI 292).

29. September: Eichendorff notiert in sein Tagebuch: »Erschöpfung manchmal von Hunger u. Arbeit. Abends bei Licht immer fröhlich am Romane [›Ahnung und Gegenwart‹] gedichtet oder Schlegels Geschichte gelesen.« (HKA XI 293)

1. Oktober: Die Brüder beginnen wieder, Französisch-Unterricht zu nehmen.

10. Oktober: Joseph von Eichendorff wird das bestandene Examen in »europäischer und insbesondere österreichischer Staatskunde (Statistik II)« bestätigt. Ergebnis: »Erste Klasse mit Vorzug«.

23. Oktober: Zugleich mit einem Brief Loebens kommt dessen »Novelle Hesperos« an, die den Brüdern »lange Zeit alle Tage bei [ihrem] Brotmittagsmahle zum Dessert diente«. Es soll sich – nach Kosch (HKA XI 385) – um die Erzählung ›Die Wasserlilie‹ handeln (Nachlaß 94–108).

25. Oktober: Joseph von Eichendorff beginnt eine Liebschaft mit einer »Choristin« vom Theater an der Wien mit »schwarzen, langen Haaren«. Im

Dezember notiert er, daß er sie wöchentlich zweimal abends in ihrer Wohnung besucht.

3. November: Nach einem Besuch bei den Schlegels nimmt Eichendorff an einem Deklamatorium mit der – von Brentano verehrten – Burgschauspielerin Wilhelmine Korn teil.

24. November: Im Hause Adam Müllers hört Joseph von Eichendorff Friedrich Schlegels »sehr beißende« Äußerungen über Clemens Brentano und das asketische Leben des *1811* zum Katholizismus konvertierten Zacharias Werner. Die Brüder erhalten von Friedrich Schlegel die Ankündigung seiner – ab *1812* erscheinenden – Zeitschrift ›Deutsches Museum‹. Die Bekanntschaft mit Philipp Veit entwickelt sich zur Freundschaft.

8. Dezember: Im Hause Friedrich Schlegels erfährt Eichendorff die »schreckliche Geschichte von Kleist, der sich u. eine Frau erschossen. Schlegels große Gesinnung über dieses Unsittliche ...« (HKA XI 303) Vor allem im Kreise Adam Müllers in Wien hat Heinrich von Kleists Freitod (*21. 11. 1811*), durch seinen Abschiedsbrief an Sophie Müller, große Erregung verursacht (vgl. Baxa I 696–707). – In Wien kursieren bereits Kriegsgerüchte. Friedrich Schlegel äußert sich »über das Ehrenvolle der Preußen, wenn sie mit Rußland halten« (HKA XI 303).

9.–20. Dezember: In der Wiener Hofbibliothek exzerpiert Eichendorff für ein geplantes Drama ›Hermann und Thusnelda‹ (GA IV 1457–1466) Johann Jakob Maskou's ›Geschichte der Teutschen bis zum Abgang der merowinigischen Könige‹ (2 Bde. Leipzig 1726–37), setzt aber die Arbeit an dem – fragmentarisch hinterlassenen – Hermann-Drama zu Gunsten des Romans ›Ahnung und Gegenwart‹ (ab *20. November*) nicht mehr fort. Daß Eichendorff schon im Winter *1809/10* den Plan dieses Dramas gefaßt habe, ist eine Spekulation, die sein zurückgezogenes, von Krankheit und Schmerzen belastetes Leben in Berlin zu wenig berücksichtigt. Auch schließt der Entwurf zum Drama »in der Handschrift unmittelbar an die Auszüge aus ›Mascous Geschichte der Teutschen‹ an« (HKA III 543), woraus deutlich wird, daß das Drama in der patriotischen Unruhe Wiens, vor dem Rußlandfeldzug Napoleons, konzipiert wurde. Sichtbares Zeichen für den Ersatz des Dramenplanes durch den Roman ist das Gedicht ›Von der deutschen Jungfrau‹ (»Es stand ein Fräulein auf dem Schloß«), das, im Zusammenhang mit dem Hermann-Drama entstanden, dann in das letzte Kapitel von ›Ahnung und Gegenwart‹ eingefügt wurde (W II 284 f.).

Ab **20. Dezember:** Eichendorff liest Achim von Arnims Novellenzyklus ›Der Wintergarten‹ (erschienen *1809*).

Neben der Arbeit am Roman ›Ahnung und Gegenwart‹ und im Zusammenhang damit verfaßt Eichendorff *1811* zahlreiche Gedichte, darunter das bekannte ›Abendständchen‹ (»Schlafe, Liebchen, weil's auf Erden«), auf dessen Entwurfblatt sich die Notiz »Ein Gedicht an die Doppler« findet (HKA I, 2 726). Der Wiener Schauspielerin »Dem. Doppler« hat Eichendorff – nach Ausweis seiner Tagebücher – im *Herbst 1811* und im *Frühjahr 1812* verliebt – und vergeblich – nachgestellt. Die *1812* bis zum Verlassen Wiens *(1813)* vermutlich entstandenen Gedichte hat Puličar 228–234 zusammengestellt.

Geboren werden Napoleons Sohn (der oft verspottete »König von Rom«), Karl Gutzkow, Franz Liszt. Es stirbt Friedrich Nicolai, das Haupt der Berliner Aufklärung, von Eichendorff später als die Personifikation rationalistisch-aufklärerischen Geistes persifliert. – Sulpice Boisserée interessiert Goethe für die Restauration des Kölner Domes; Goethe liest mit zustimmendem Interesse Johann Peter Hebels 1811 erschienenes ›Schatzkästlein des rheinischen Hausfreundes‹. Der erste Teil von Goethes ›Dichtung und Wahrheit‹ erscheint. Friedrich de la Motte Fouqués Märchen ›Undine‹ erregt Aufsehen. – Die einschneidende Geldabwertung in Österreich (Februar) belegt den Staatsbankrott. Trotz dem Abschluß einer geheimen Militärkonvention mit Rußland (Oktober) unterwirft sich der preußische König schließlich den Forderungen Napoleons. Gneisenau, Clausewitz u. a. verlassen enttäuscht den preußischen Staatsdienst. Friedrich Ludwig Jahn, später Eichendorffs Bataillonskommandeur, eröffnet den ersten Turnplatz. – In Essen werden die Kruppwerke gegründet.

1812

6. Januar: Eichendorff notiert in sein Tagebuch: »Wieder einen herrlichen Brief von Louise. Unsere [der Brüder] beiderseitige Freude über ihre Bildung.« (HKA XI 304) Vermutlich antwortet in diesem – verschollenen – Brief Luise von Larisch mit ihren hübschen Versen »Wohl wird es oft so öde« (HKA I,2

744) auf Eichendorffs ihr *1811* zugesandtes Gedicht ›Das Flügelroß‹ (»Ich hab nicht viel hienieden«; W I 231–233).

19. Januar: Adam Müller zeigt den Brüdern Eichendorff das Manuskript seines Buches ›Die Fortschritte der Staatswirtschaft in England‹; er liest ihnen den Brief der Karoline de la Motte Fouqué über Kleists Tod vor (Baxa I 698 f.). Unterhaltung über den Barockprediger Abraham a Santa Clara. Der Lustspieldichter und österreichische Diplomat August von Steigentesch kritisiert Friedrich Schlegels ›Deutsches Museum‹. Für den Nachmittag dieses Tages notiert Eichendorff ein »Abenteuer mit der ältlichen hahmannischen Connaissance aus dem Bierhause ...« (HKA XI 305) Der Hinweis auf das Alter von Benigna Sophie Hahmann in dieser Notiz belegt die inzwischen zu ihr gewonnene Distanz.

26. Januar: Eichendorff schließt sich in seinem Urteil über Otto Heinrich Grafen von Loeben der harten Kritik Dorothea und Friedrich Schlegels an. Loebens Novelle ›Die Wasserlilie‹ wird von Dorothea Schlegel als »zu süß« abgelehnt. Sie zeigt den Brüdern Eichendorff einen Brief Loebens, der – nach Josephs Tagebuchnotiz – »wie eine Butterschnitte aufgeschmiert u. voll hoher Redensarten war« (HKA XI 306). Die Wiener Kritik an Loeben wird wegen des *1811* und *1812* in zwei Teilen erschienenen »Schäfer- und Ritterromanes« ›Arkadien‹, den Loeben später selbst verwarf, fast bösartig. Schlegel nennt den Roman gegenüber Eichendorff »Schafpoesie« (HKA XI 308), Loebens Gedichtzeile »O Minn', o Mai, o Minnemai« (aus diesem Roman) wird zu einem spöttisch gebrauchten »bon mot« (HKA XI 311). – Bei den Schlegels wird an diesem Tag auch über Theodor Körner – seit *1812* in Wien als Theaterdichter angestellt – gesprochen, den die Brüder Eichendorff »schon früher« in ihrem Stammlokal, dem ›Lothringer‹, kennengelernt hatten. Ein weiteres Gesprächsthema ist das *1811* gedruckte Schauspiel ›Golo und Genoveva‹ des Malers und Dichters Friedrich Müller (1749–1825), dessen Manuskript Ludwig Tieck zur Ausarbeitung seines Dramas ›Leben und Tod der heiligen Genoveva‹ *(1799)* »heimlich benutzt« haben soll (HKA XI 306).

2. Februar: Joseph von Eichendorff wird das Bestehen des Examens in »römischem Zivilrecht« bestätigt. Ergebnis: »Erste Klasse mit Vorzug«.

3. Februar: Im Hause Friedrich Schlegels – der selbst nicht anwesend ist – lernt Eichendorff Clemens Maria Hofbauer

(1751–1820) kennen, den später heiliggesprochenen Gründer des Redemptoristenordens, in dieser Zeit in Konflikt mit Wiens mißtrauischer Polizei.

10. Februar: Die Brüder Eichendorff erhalten von Otto Heinrich Graf von Loeben »endlich« ein Exemplar seines Schäferromanes ›Arkadien‹; das beigefügte Exemplar für Friedrich Schlegel geben sie am

13. Februar bei diesem ab, wobei Friedrich Schlegel derbe Scherze macht (HKA XI 308). An diesem Tag durchstöbert Eichendorff auch Schlegels Bibliothek und findet dabei August Wilhelm Schlegels ›Ehrenpforte und Triumphbogen für den Theaterpräsidenten von Kotzebue bei seiner gehofften Rückkehr ins Vaterland‹. – Bei Schlegel wird Philipp Veits Geburtstag gefeiert. Gäste sind außer den Brüdern Eichendorff u. a. Theodor Körner, der »durch dick u. dünn Lieder aus des Knaben Plunderhorn u. Burschenlieder singt und spielt« (HKA XI 309), und der Maler Ferdinand Olivier. Das Fest endet mit einem »viva l'Espagna«, das Schlegel nach dem »himmlischen Cadixer Fadango«, den Körner gespielt hat, ausbringt, also mit einem Trinkspruch gegen Napoleon, da soeben die Nachrichten von den Siegen der Spanier und Engländer über die Franzosen in Wien eintreffen (Wellington erobert am *19. Januar* Ciudad-Rodrigo und wird zum Herzog von Ciudad-Rodrigo ernannt). Aus der Wiener Spanienbegeisterung ist dann Entstehung und Triumph von Beethovens opus 91 ›Wellingtons Sieg oder Die Schlacht bei Vittoria‹ *(Dezember 1813)* zu erklären, das wiederum auf die Romantiker stark gewirkt hat.

14. Februar: Philipp Veit erzählt Eichendorff von dem »ewig widersprechenden spitzköpfigten, heidnischen Minister« Wilhelm von Humboldt, den er gerade porträtiert.

23. Februar: Bei Adam Müller lernt Eichendorff Kleists und Brentanos Freund, den späteren preußischen General und Ministerpräsidenten Ernst von Pfuel (1779–1866) kennen. – Ob Eichendorff bei Müller um diese Zeit oder später auch dessen häufigsten Besucher (Baxa I 715) Joseph Anton Pilat (1782–1865), den Privatsekretär Metternichs und Redakteur des ›Österreichischen Beobachters‹ *(seit 1811)*, kennengelernt hat (Biographie 60), ist nicht zu belegen, aber wahrscheinlich.

26. Februar: Die Brüder erhalten die fröhliche Nachricht, daß sie von einem Verwandten ihrer Mutter (Franz Leopold Freiherr von Kloch) 60000 Taler geerbt hätten. Am

29. Februar werden sie von ihrer »reichen Erbschaft wieder abgesetzt« (HKA XI 311), da man ihnen mitteilt, daß die Erbschaft nur 11000 Taler betrage, im *Winter 1812* endlich wird klar, daß die Erbschaft 12000 Taler umfaßt, die im *Frühjahr 1813* ausgezahlt werden sollen. Diese Erbschaft ermöglicht es Eichendorff dann, relativ früh, gegen den heftigen Widerstand der Mutter, Luise von Larisch zu heiraten und die bitteren Jahre des Referendariats – ohne Gehalt – zu überstehen (vgl. Stutzer 35 f.).

27. Februar: Die Brüder Eichendorff besuchen Friedrich Schlegels Vorlesungen über die ›Geschichte der alten und neuen Literatur‹, die nun bis zum *30. April* zweimal wöchentlich stattfinden. Diese öffentlichen Vorträge (»12 Gulden Einlösungs Scheine das Billet«; HKA XI 310) finden vor einem großen und vornehmen Publikum statt: »Vorn Kreis von Damen, Fürstin Lichtenstein mit ihren Prinzessinnen, Lignovsky etc. 29 Fürsten. Unten großes Gedränge von Equipagen, wie auf einem Balle.« (HKA XI 310)

29. Februar: Um diese Zeit liest Eichendorff Justinus Kerners ›Poetischen Almanach für 1812‹, in dem Gedichte Loebens erscheinen, und Loebens Roman ›Arkadien‹.

5. März: Mit dem Eintrag dieses Tages enden die erhalten gebliebenen Tagebuchblätter Eichendorffs. Die Tagebücher sollen bis *1816/17* fortgeführt worden sein, doch lagen – im Gegensatz zu den von den Erben verursachten Pietäts- und Prüderielücken *1808/09* und *1810/11* – die Aufzeichnungen aus der Zeit der Freiheitskriege schon Hermann von Eichendorff nicht mehr vor (vgl. Wächter 1923 235).

6. März: Joseph von Eichendorff wird das Bestehen des Examens »ex jure ecclesiastico universo« bestätigt. Ergebnis: »prima classis eminenter« (Niggl II 1300).

15. Mai: Dem Vorbild Schlegels folgend hält Adam Müller bis *11. Juni*, wöchentlich dreimal, öffentliche Vorträge über die ›Beredsamkeit und ihr Verhältnis zur Poesie‹. Seine Vorträge, an denen die Brüder Eichendorff mit Sicherheit teilnehmen, werden »mit großem Beifall« aufgenommen, sein Publikum ist nicht so zahlreich und glänzend wie das Friedrich Schlegels, »aber der Erzherzog Maximilian war da und Graf Stadion, dann noch eine seltene Erscheinung bei solcher Angelegenheit war Prince de Ligne« (Baxa I 725). Die Vorlesungen werden von der Wiener Polizei – zum Unwillen Metternichs – zwar als »nicht unmittelbar anstößig« bezeichnet, doch könnten sie »der geheimen Tendenz nach so gedeutet werden ..., weil öfter Digressionen vorkamen, die auf die Unterjochung Teutschlands und die gegenwärtige Umgestaltung Europas hinzielten«. (Baxa I 728)

24. Juni: Die Große Armee Napoleons überschreitet den Niemen. Der Krieg Napoleons mit Rußland beginnt.

Juli: Die Brüder Eichendorff reisen zum Besuch nach Lubowitz. Dort vollendet Joseph von Eichendorff noch vor dem *14. September* seinen Roman ›Ahnung und Gegenwart‹. Er schreibt *1814* an Fouqué: »Ich hatte denselben vollendet, ehe noch die Franzosen in Moskau waren, ...« (HKA XII 8) Diese Datierung erscheint auch dadurch gestützt, daß Eichendorff im *September* wieder nach Wien zurückreist.

14. September: Die Franzosen in Moskau.

30. September: Joseph von Eichendorff wird das Bestehen des Examens in »österreichischem Privatrecht« bestätigt. Ergebnis: »Erste Klasse mit Vorzug«. Da die Brüder Eichendorff bis zu ihrer Trennung im *April 1813* alles gemeinsam unternommen haben und auch ihre Examina jeweils kurz hintereinander ablegten, kann aus diesem Datum geschlossen werden, daß der Bericht des Polizeioberdirektors Siber aus Wien, wonach Wilhelm von Eichendorff im *Juli 1812* nach Lubowitz gereist und im *November 1812* wieder nach Wien zurückgekehrt sei, ungenau ist (Baxa I 814).

September/Oktober: Nach einer letzten Überarbeitung übergibt Eichendorff das Manuskript seines Romanes Friedrich und Dorothea Schlegel. Der »Beifall dieser beiden Vortrefflichen« überrascht und entzückt ihn. Sie ermuntern ihn zum Druck, von Dorothea Schlegels Hand »rühren zu diesem Endzwecke die vielen Korrekturen« in dem – verschollenen Manuskript her (HKA XII 8). Auch der Titel ›Ahnung und Gegenwart‹ soll von ihr stammen.

19. Oktober: Die Große Armee beginnt den Rückzug aus Rußland, der mit ihrer völligen Vernichtung endet.

3. November: Otto Heinrich Graf von Loeben schreibt Eichendorff, er habe »ein Gelübde getan, die Berliner Sammlung Gedichte, und das für Isidorus ebenso beschämende Arkadien feierlich zu verbrennen ...« (HKA XIII 10). Er bittet Wilhelm und Joseph von Eichendorff, und durch sie auch Friedrich Schlegel, um Beiträge zu Georg August Goldmanns kurzlebiger ›Zeitschrift für Poesie‹. Zugleich sendet er eigene Gedichte für Friedrich Schlegels ›Deutsches Museum‹.

Ende November: Adam Müller nimmt die Brüder Eichendorff, die von ihren Eltern kein Geld mehr bekommen können, in sein von Erzherzog Maximilian finanziertes und Maximilianeum genanntes Erziehungsinstitut auf. Als Lehrer an diesem – durch Intrigen vorzeitig geschlossenen – Institut sollen neben den Eichendorffs auch Clemens Maria Hofbauer, Friedrich Schlegel und der Wiener Literat Joseph Ludwig Stoll wirken. Im »Gräflich Karolyschen Gartenpalais« auf der Wieden »wohnen, speisen etc.« die Brüder Eichendorff nun »sehr bequem, gut und unerhört wohlfeil«. Dort lernen sie wohl auch den Maler Friedrich August von Klinkowström (1778–1835) kennen, der ebenfalls in Adam Müllers Erziehungsinstitut angestellt werden sollte. – Um Geld zu verdienen, versuchen Wilhelm ein Trauerspiel und ein Lustspiel und Joseph von Eichendorff ›Ahnung und Gegenwart‹ – mit Friedrich Schlegels Hilfe – zu drucken. (Aurora 1929 59 f.) Alle diese Bemühungen scheitern.

3. Dezember: Napoleons Bulletin deutet die Vernichtung der Großen Armee an.

27. Dezember: Eichendorff berichtet Loeben von Schlegels Ablehnung der für das ›Deutsche Museum‹ eingesandten Gedichte. Er antwortet auf ein Sonett Loebens mit dem Sonett ›An Isidorus‹ (»Wie heil'ge Quellen von den Felsen springen«; Aurora 1929 60 f.).

30. Dezember: General Yorck schließt mit den Russen die »Konvention von Tauroggen« über die Neutralisierung der preußischen Truppen in Napoleons Armee.

Zwischen *1812* und *1816* soll eventuell Eichendorffs dramatisches Fragment ›Eginhard und Emma‹ entstanden sein (GA IV 1467–1473). Unter den – nicht in ›Ahnung und Gegenwart‹ enthaltenen – Gedichten dieses Jahres ist das Sonett an Luise von Larisch hervorzuheben: ›Zum Abschied. An L. 1812‹ (»Wenn vom Gebirg der Quell kommt hell geschossen«; Pissin 102 f.).

Der erste Band der ›Kinder- und Hausmärchen‹ der Brüder Grimm erscheint. Goethe veröffentlicht den zweiten Teil von ›Dichtung und Wahrheit‹. Bei den Romantikern erweckt Goethe als der »Sänger des Kontinentalsystems« Befremden (Baxa I 734). Beethoven schreibt die 7. und die 8. Symphonie. – Die »Maschinenstürmer« in England machen die sozialen Folgen der Industrialisierung bewußt.

Die Freiheitskriege (1813–1815)

1813

Jahresbeginn: Die nationale Begeisterung – vor allem der studentischen Jugend – in den deutschen Staaten wird u. a. durch die Lieder und Flugschriften Theodor Körners und Ernst Moritz Arndts geschürt.

22. Januar: König Friedrich Wilhelm III. entzieht sich dem französischen Machtbereich und geht nach Breslau. Die dort in der Folgezeit gegründeten Freikorps erhalten Zuzug aus allen Teilen Deutschlands.

27./28. Februar: Bündnis Preußens mit Rußland.

10. März: Am Geburtstag der preußischen Königin Luise stiftet Friedrich Wilhelm III. den Orden des Eisernen Kreuzes.

15. März: Der Zar in Breslau. Kriegserklärung Preußens an Frankreich.

17. März: Der preußische König erläßt den Aufruf »An mein Volk«.

21. März: Otto Heinrich Graf von Loeben bittet um die Zusendung von ›Ahnung und Gegenwart‹ und der Dramen Wilhelm von Eichendorffs. Er teilt mit, daß sich Fouqué freiwillig zum Kriegsdienst gemeldet habe: »Man hat der neuesten Poesie lächerlich genug vorgeworfen, daß sie das Jagdhorn in infinitum bewege. Nun mag das Horn etwas Poesie in Bewegung bringen.« (HKA XIII 14)

5. April: Joseph von Eichendorff verläßt mit seinem Freund Philipp Veit Wien, um sich »in Breslau als freiwilliger Jäger im Lützowschen Corps anwerben« zu lassen (Aurora 1929 62). Damit vollzieht Eichendorff – trotz den gelegentlichen späteren Wiedersehen – die entscheidende Trennung von seinem Bruder Wilhelm, dem unzertrennlichen Gefährten der Kindheit, der Jugend- und der Studienzeit. Diese Abreise ist Eichendorffs, ihm selbst noch nicht bewußter Abschied von der Jugend. Er schreibt (vielleicht um diese Zeit) das Gedicht ›An meinen Bruder 1813‹ (»Steig aufwärts, Morgenstunde!«), dessen vorletzte Strophe er auch in einem Brief an Loeben am *8. April 1814* zitiert:

»Auf einem Fels geboren,
Verteilen kühler rauschend sich zwei Quellen,

Die eigne Bahn zu schwellen.
Doch wie sie fern einander auch verloren:
Es treffen echte Brüder
Im ew'gen Meere doch zusammen wieder.« (W I 158)

Eichendorff sendet das Gedicht, das im Erstdruck (in Fouqués ›Frauentaschenbuch‹ für *1818*) überschrieben ist: ›An W. Zum Abschiede. Im Jahre 1813‹, an seinen Bruder Wilhelm »mit der Bitte um Übersendung einer Abschrift nebst etwaigen Verbesserungsvorschlägen«. Wilhelm schickt – zusammen mit eigenen Gedichten und Josephs Gedicht ›An die Freunde‹ (»Der Jugend Glanz«) – eine Abschrift des Gedichtes an Joseph zurück und schreibt darunter: »Das Unterstrichene sind meiner Wenigkeit unmaßgebliche Verbesserungsvorschläge. D. 22. Julius 1814.« (Aurora 1954 22)

10. April: Eichendorff und Veit kommen in Breslau an.

12. April: Veit wohnt in Breslau bei einem Schulfreund Eichendorffs, Eichendorff selbst bei dem mit seinen Eltern bekannten Kaufmann Lorenz Salice. Das Lützowsche Freikorps ist bereits ausmarschiert, Veit und Eichendorff, seit

18. April »in völliger schwarzer Uniform«, reisen ihm am

19. April über Dresden und Meissen nach; sie erreichen das Freikorps am

29. April in Grimma bei Leipzig. Eichendorff wird der 5. Kompanie des 3. Bataillons als freiwilliger Jäger zugeteilt. Das 3. Bataillon steht unter Führung des Volontäroffiziers Friedrich Ludwig Jahn (1778–1852, als »Turnvater« bekanntgeworden). Jahn war, wie Körner und andere in Napoleons Machtbereich beheimatete Offiziere des Freikorps, im ›Moniteur‹ geächtet worden. Napoleon soll von den »brigands noirs« gesprochen haben. – Aus Geldmangel hat sich Eichendorff zur Infanterie, nicht zur Kavallerie gemeldet, Philipp Veit schloß sich ihm aus Freundschaft an.

Mai: Luise von Larisch schreibt das Gedicht »In der schönsten Blütezeit« (Nowack 134).

Mai/Juni: Das 3. Bataillon des Lützowschen Freikorps streift im Spreewald im Rücken der Franzosen und wird langsam bis Berlin zurückgedrängt: »Hier von *allen* befreundeten Truppen, selbst von dem größten Teile unseres Korps getrennt und verlassen, ohne Geld, Reiterei und Kanonen, trieb sich unser Bataillon ... bei Tag und Nacht in Wäldern und Sümpfen umher, mit

Hunger und unbeschreiblichem Elend unaufhörlich kämpfend.« (Aurora 1929 62) Zu einem Gefecht kommt es nicht, lediglich zu einem »tolldreisten« Biwak im Angesicht eines tausendfach überlegenen Gegners bei Lübben in der Niederlausitz.

Ende Mai: In dem Almanach ›Deutscher Dichterwald von Justinus Kerner, Fouqué, Uhland und andern‹ erscheinen Eichendorffs, mit »Florens« gezeichnete Gedichte ›Lied‹ (»In einem kühlen Grunde«, unter dem Titel ›Das zerbrochene Ringlein‹ bekannt geworden; zum Schicksal der von Loeben an Kerner gesandten Handschrift vgl. Biographie 62 f.) und ›Heimkehr‹ (»Sind's die Häuser, sind's die Gassen?«, späterer Titel: ›Jahrmarkt‹).

7. Juni: Der am *4. Juni* vereinbarte Waffenstillstand tritt in Kraft (bis *10. August*). Das 3. Bataillon vereinigt sich in Havelberg mit den anderen Teilen der Lützower Infanterie und »kantoniert ... in dem Dorfe Schönhausen an der Elbe, Tangermünde gegenüber. In diesem Abgrunde von Untätigkeit und langer Weile fingen wir bald an, über unser Schicksal nachzusinnen und zu grübeln ... Am meisten aber schmerzte uns, ... daß unser *ganzes* Korps bis zum Waffenstillstande nicht zum Schuß gekommen ...« (Aurora 1929 63) – Wahrscheinlich um diese Zeit lernt Eichendorff Jakob Riedl (1791–1840), den ehemaligen Mitkämpfer Andreas Hofers und Joseph Speckbachers, kennen. Riedl ist als Premierleutnant Führer der Tiroler Jägerkompanie im Lützower Freikorps. Die Eingliederung der Tiroler Schützen in das Freikorps ist ein neuer Beweis dafür, daß die Lützower nicht nur von den im Korps dienenden Freiwilligen, sondern auch von den Regierenden als »Poesie« betrachtet wurden, denen man entscheidende Waffentaten nicht zutraute. Riedl notiert um diese Zeit: »Heute lernte ich den Lützower Jäger Freiherrn von Eichendorff kennen – ein lieber Kamerad, der aber nach seiner träumerischen, sanften Art für das rauhe Kriegshandwerk nicht geschaffen scheint.« (Wächter 1918 22)

17. Juni: Die Kavallerie der Lützower wird, während des Waffenstillstandes, von französischen und württembergischen Truppen überfallen und erleidet starke Verluste. Theodor Körner wird schwer verwundet. Der Satz, den der französische General Fournier Major von Lützow bei diesem Überfall zugerufen haben soll, verbreitet sich in Windeseile: »L'armistice pour tout le monde, excepté pour vous.« Die schwächliche Behandlung dieser Waffenstillstandsverletzung durch die preußische

Regierung ist Veit und Eichendorff Beweis für ihren Eindruck, daß das Lützower Korps »unverdienterweise den anderen Truppen nachgesetzt« wird (Aurora 1929 63).

26. Juni: Joseph von Eichendorff geht – ohne seinen Freund Philipp Veit – »mit Urlaub auf vierzehn Tage nach Berlin« (Niggl I 50 f.; Kalender 1917 48). Veit gibt ihm einen Empfehlungsbrief an seinen Vater mit.

28. Juni: Scharnhorst stirbt an einer Verwundung.

14. Juli: Veit und Eichendorff erreicht von Fouqué eine Einladung, ins Hauptquartier der preußischen Armee nach Schlesien zu kommen. Sie erhalten ihren Abschied aus dem Lützower Freikorps »in ungewöhnlich schmeichelhaften Ausdrücken« und begeben sich zunächst nach Berlin. – Nach dem

20. Juli: Eichendorff reist in Begleitung von Friedrich Karl von Savigny nach Breslau. Savigny reist nach Prag weiter; er war in Berlin wegen seines Widerstandes gegen die Aufhebung des Landsturmes denunziert worden. Am

29. Juli jedenfalls meldet Philipp Veit Eichendorffs Anwesenheit in Breslau (Kalender 1917 49).

August: Eichendorff trifft sich in Neisse einige Tage mit seinen Eltern und eilt dann der preußischen Armee nach Böhmen nach.

10. August: Ende des Waffenstillstands.

11. August: Österreichische Kriegserklärung an Napoleon.

Mitte/Ende August: Eichendorff trifft auf dem Weg zur Armee seinen Freund Philipp Veit, der – nachdem sein Gönner Fouqué nicht zum Generalstab gekommen war, und auch Eichendorffs und Veits Bekannter, Jakob Salomon Bartholdy (1779–1825), den Freunden keine Offiziersstelle verschaffen konnte – »sich ein Pferd und die Uniform der Fouquéschen brandenburg. Kurassier-Jäger geschafft« und dieser Truppe nachreiste, um »als gemeiner Jäger fortzudienen« (Aurora 1929 63). Eichendorff, der kein Geld hat, um sich Pferd und Uniform zu besorgen, kann mit Veit nicht bei den »Kurassier-Jägern« bleiben. Er reist nach Prag, um sich als Offizier bei der österreichischen Landwehr zu bewerben; von dort geht er, als Offiziersbewerber abgelehnt, mit seinem letzten Geld, »nicht ohne tiefen Groll und Zorn im Herzen«, wieder zurück nach Lubowitz.

26. August: Theodor Körner fällt bei Gadebusch.

September: Auf der Reise zur Armee Blüchers trifft Eichendorff seinen »Oncle, Graf Hoverden«, durch dessen Vermittlung er als Offiziersanwärter zum 17., später 2., schlesischen Landwehr-Infantrie-Regiment nach Glatz gesandt wird.

7. Oktober: Eichendorff wird »zum wirklichen Lieutenant von der Armee« ernannt und erhält den Befehl, bei dem Landwehrregiment einzutreten, bei dem er steht. Seine Hoffnung, ja seine mündlich und schriftlich gemachte Bedingung, »in einem Regimente angestellt zu werden, das entweder bereits vor dem Feinde stände, oder doch unverzüglich dahin abgehen sollte« (Aurora 1929 65), wird damit nicht erfüllt. – Er lernt den Maler und Zeichenlehrer Carl Albert Eugen Schaeffer (1780–1866) kennen.

16.–19. Oktober: Völkerschlacht bei Leipzig.

Oktober bis Dezember: Eichendorff tut Garnisonsdienst in Glatz. Seine Versuche, mit Gneisenaus Hilfe zu den kämpfenden Truppen zu kommen, scheitern.

November: Adam Müller holt Wilhelm von Eichendorff zur Tiroler Landeskommission nach Trient.

22. Dezember: Das 2. schlesische Landwehrregiment wird nach Torgau an der Elbe verlegt.

Neujahrsnacht: Blüchers Armee überschreitet den Rhein.

Geboren werden Georg Büchner, Friedrich Hebbel, Sören Kierkegaard, Giuseppe Verdi, Richard Wagner. In Weimar stirbt Christoph Martin Wieland. – Friedrich de la Motte Fouqué und seine Frau besuchen Goethe. Goethe beginnt mit der Ausarbeitung der ›Italienischen Reise‹. Der dritte Teil von ›Dichtung und Wahrheit‹ und der erste Band von E. T. A. Hoffmanns ›Phantasiestücken in Callots Manier‹ erscheinen.

1814

14. Januar: Die französische Besatzung von Torgau ergibt sich der Belagerungsarmee des Generals Tauentzien. Kurz nach der Kapitulation erreicht das 2. schlesische Landwehr-Infantrie-Regiment die Stadt und wird zu ihrer Besatzung bestimmt. »Ein gefährliches, ansteckendes Lazarettfieber hatte unter der französischen Besatzung gewütet. Wir hatten nicht nur eine Menge Tote zu begraben, sondern auch selbst bedeutende Verluste.« (Wächter 1923 232) Bis

Ende Mai tut Eichendorff Garnisonsdienst in Torgau. In diese Zeit soll ein – folgenloses – Duell mit einem Regimentskameraden fallen, »das durch eine zwar witzige, aber drastische Bemerkung über das Betragen dieses vom Regiment sehr ungern gesehenen Offiziers veranlaßt worden war«. (Biographie 80)

März: Eichendorff verfaßt eine von sämtlichen Offizieren des Regiments unterschriebene Bittschrift an den König, »das Regiment ablösen und zur Armee ins Feld berufen zu wollen«. (Wächter 1923 233) Das Gesuch wird nicht beantwortet.

6. März: Wilhelm von Eichendorff berichtet in einem umfangreichen Brief, an dem er 14 Tage schreibt, den Eltern von seinen Abenteuern als Kurier zwischen Tirol, der Schweiz und dem Hauptquartier des österreichischen Kaisers in Frankreich. Der Vater sendet Joseph eine Abschrift dieses Briefes.

9. März: Die gegen Napoleon verbündeten Mächte schließen den Vertrag von Chaumont zur Fortführung des Krieges.

31. März: Der Zar von Rußland und der König von Preußen ziehen in das eroberte Paris ein.

2. April: Eichendorffs Gedicht ›An die Freunde‹ (»Es löste Gott das lang verhaltne Brausen«) entsteht in einer ersten Fassung (Faksimile: Aurora 1964; Text: ebd. 10f.).

6. April: Abdankung Napoleons in Fontainebleau. Die Bourbonen kehren nach Frankreich zurück. Napoleon geht nach Elba.

8. April: Joseph von Eichendorff berichtet Otto Heinrich Graf von Loeben von seinen unglücklichen Kriegsabenteuern: »Hart und höchst verdrießlich bleibt es immer, bei so gutem Willen und ungeheueren Opfern an Geld, Gesundheit und kostbarer Zeit sich so weniger Taten erfreuen zu dürfen.« (Aurora 1929 65) Philipp Veit hat in der Zwischenzeit Fouqué so viel von Eichendorffs Roman erzählt, daß ihm dieser durch Veit hat sagen lassen, er möge ihm »den Roman nach beendigtem Kriege … nach Nennhausen zuschicken, wo er versuchen wolle, einen Verleger dafür zu finden« (Aurora 1929 71).

9. April: Wilhelm von Eichendorff schreibt aus Trient an seinen Bruder Joseph nach Torgau. Er berichtet u. a. davon, daß die Bühnenbearbeitung von Clemens Brentanos ›Ponce de Leon‹ (unter dem Titel: ›Valeria oder Vaterlist‹) bei der Uraufführung am Burgtheater in Wien (*18. Februar 1814*) ausgepfiffen worden ist.

11. Mai: Joseph von Eichendorff bittet seinen Bruder Wilhelm, ihm eine Stelle im österreichischen Zivildienst zu verschaffen.

Ende Mai: Eichendorff erhält Urlaub und geht zusammen mit Carl Albert Schaeffer nach Lubowitz.

30. Mai: In Paris wird der Friedensvertrag unterzeichnet und die Eröffnung des Wiener Kongresses beschlossen.

10. Juni: Eichendorff bedankt sich bei Carl Albert Schaeffer für die Übersendung von dessen *1810* erschienener Tragödie ›Timoleon‹. Gegen die aufklärerische Idee einer »allgemeinen Normal-Universal-Kunst« verteidigt er den Gedanken einer Nationalkunst: »Jene göttliche Idee, die allen Künsten gemein, jenes Stück Himmel in der Menschenbrust wird vielmehr nur durch die *Eigentümlichkeit* der Nation, zu welcher der Künstler gehört, ein besonderes, ein wahrhaftes Kunstwerk, und ist sodann Eins mit dem Vaterlande, ein Gegenstand der Vaterlandsliebe.« (Kalender 1915 27) Sein Roman befindet sich nicht, wie der Brief glauben macht, bei Fouqué, sondern wohl erst bei dem »hiesigen Geschwindschreiber zu schneller Abschrift« (Aurora 1929 70). – Durch ständige Krankmeldungen gelingt es Eichendorff, seinen Urlaub vom Regiment immer wieder zu verlängern.

27. Juni: Wilhelm von Eichendorff wird »Konzeptspraktikant« beim Kreisamt in Lienz (Tirol).

28. Juni: Adolf von Eichendorff bietet seine Güter Slawikau, Summin, Gurek, Radoschau und Lubowitz zum Verkauf an. Er gibt seine Schulden mit 300000 Reichstalern an. »Lubowitz allein zu verkaufen, darauf können wir uns itzo nicht einlassen, entweder die Slawikauer Güter, daß wir durch die 300000 Rtl. die ganzen Schulden bezahlen, als aber die ganzen Güter.« (Aurora 1958 116) Die Verhandlungen führen zu keinem Erfolg.

Mitte Juli: Wilhelm von Eichendorff berichtet in einem tagebuchartigen Brief, der erst nach dem *10. August* in Lubowitz eintrifft, von seinen Lebens- und Liebesabenteuern: »Die Poesie in Versen hat sich seit 3/4 Jahren von mir getrennt.« (HKA XIII 53)

10. August: Eichendorff berichtet Loeben, daß er die Lubowitzer Einsamkeit benutze, »um die Bibel zu lesen, und [seine] Begebenheiten als Jäger im Lützowschen Korps, die nun in der Erinnerung kräftiger hervortreten, ganz einfach aufzuschreiben«. Als Lützowscher Jäger habe er »keine Zeit, als Offizier aber vor Wut und Mißmut keine Lust« gehabt zu dichten. (Aurora 1929 69) Im Zusammenhang mit den – verschollenen – Aufzeichnungen entstehen vermutlich Gedichte, wie ›An die Lützowschen Jäger‹ (»Wunderliche Spießgesellen«), ›Soldatenlied‹ (»Was zieht da für schreckliches Sausen«), aber auch ›Nachruf an meinen Bruder‹ (»Ach, daß auch wir schliefen!«). – Um diese Zeit reicht Eichendorff auch seinen Abschied von der Armee ein. Die bedrohliche finanzielle Lage der Eichendorffschen Güter nötigt ihn nicht nur zu vermehrter Eile bei einer Stellensuche, sondern auch zu größeren Anstrengungen bei der Drucklegung seines Romanes; er schreibt jedoch an Loeben: »... ich kann mein poetisches Talent nicht als so entschieden und mir und der Welt genügend betrachten, um mich zu einer Ausschließung von aller anderen tüchtigen Arbeit zu berechtigen.« (Aurora 1929 68)

20. August: Eichendorff lädt Carl Albert Schaeffer, der auf dem Weg zum Regiment ist, nach Lubowitz ein. Schaeffer bleibt bis *Dezember* bei Eichendorff; es sind »die Honigmonde« ihrer Freundschaft, sie verbringen »auf einem Zimmer zusammen wohnend, unbekümmert um alle Welthändel, teils in geistiger, wissenschaftlicher Beschäftigung, teils in geselligen Vergnügungen arkadische Tage« (Wächter 1923 233).

22. August: Loeben bittet Eichendorff, ihm die Handschrift von ›Ahnung und Gegenwart‹ zu senden, er werde sie an Fouqué weiterbefördern.

30. September: Der Wiener Kongreß wird eröffnet.

1. Oktober: Eichendorff verfaßt den Begleitbrief an Friedrich de la Motte Fouqué zur Übersendung des Manuskriptes von ›Ahnung und Gegenwart‹. Dem Brief ist zu entnehmen, daß Eichendorff das Manuskript des Romanes, seit er es von Friedrich und Dorothea Schlegel zurückbekommen hatte, nicht mehr weiter überarbeitete. Fouqué erhält den Roman »wörtlich so, wie er damals niedergeschrieben wurde« (HKA XII 9).

3. Oktober: Eichendorff sendet das Manuskript des Romanes, zusammen mit seinem Brief an Fouqué, an Otto Heinrich Graf von Loeben und bittet den Freund, das Manuskript nach beendeter Lektüre an Fouqué weiterzuleiten. Da die Abschrift des »Geschwindschreibers« nicht brauchbar ist, sendet er das ursprüngliche Manuskript mit den darin enthaltenen Korrekturen Dorothea Schlegels. Nach seiner eigenen Einschätzung des Romans, gegenüber Loeben, ist er »von aller mystischen Romantik eben so weit entfernt, als die Zeit, in welcher er handelt, von jener alten wunderbaren Welt, in die sich Dein [Loebens] Gemüt jetzt wahrscheinlich am liebsten versenkt«. (Aurora 1929 70)

12. Oktober: Eichendorffs Brief und das Manuskript treffen bei Loeben ein. Er notiert in sein Tagebuch: »Florens' Roman ist eine Romanze des Frühlings, der ewig währt.« (Pissin, Loeben 291)

20. Oktober: Loeben schreibt Eichendorff einen langen Brief über ›Ahnung und Gegenwart‹, den Eichendorff mit Randbemerkungen und Notizen versieht (HKA XIII 58–66). Loeben rechnet den Freund zur »Tieckschen Schule, von der Arnim und Brentano ausgegangen«; er rühmt im gleichen Brief Clemens Brentanos Roman ›Godwi‹ und legt Gedichte der Helmina von Chézy (1783–1856) bei.

22. Oktober: Loeben sendet Eichendorffs Roman an Fouqué.

26. November: Friedrich und Karoline de la Motte Fouqué bestätigen, nach der Lektüre des Romans, Eichendorff seinen Empfang. Friedrich de la Motte Fouqué bittet Eichendorff, für den Roman ein Vorwort zu schreiben, um dessen Entstehungsgeschichte kurz zu charakterisieren. Dadurch entfallen die Zueignungs-Stanzen ›An die Freunde‹ (»Der Jugend Glanz, der Sehnsucht irre Weisen«), die später im Gedichtanhang zur Edition des ›Taugenichts‹ und des ›Marmorbildes‹ *(1826)* gedruckt werden. Schon Franz Uhlendorff warnte vor der – sich bis in die neuesten Ausgaben und Kommentare durchziehenden – Verwechslung der beiden von Eichendorff ›An die Freunde‹ überschriebenen Gedichte (»Der Jugend Glanz« und »Es löste Gott«). *Nur* das Gedicht »Es löste Gott das lang verhaltne Brausen«, nicht auch »Der Jugend Glanz«, ist in den ›Hesperiden‹ *(1816)* erschienen. Nur die Stanzen »Der Jugend Glanz« waren als Zueignung für ›Ahnung und Gegenwart‹ vorgesehen. »Eine von der Hand Wilhelm von Eichendorffs hergestellte Abschrift des Gedichts ›Der Jugend Glanz ...‹, die von Wilhelm vor dem *22. Juli 1814* angefertigt worden ist ..., trug ursprünglich die Überschrift: ›Ahnung und Gegenwart. Ein Roman. Zueignung an die Freunde‹. Später hat dann Joseph von Eichendorff, offenbar als er sich entschloß, die Zueignung durch ein Vorwort zu ersetzen, diese Worte vom Anfang bis einschließlich ›Zueignung‹ gestrichen und das kleingeschriebene ›an‹ in ›An‹ geändert, so daß nur die jetzige Überschrift ›An die Freunde‹ blieb.« (Aurora 1957 114)

Zugleich schlägt Fouqué vor, Eichendorff solle sich »auf dem Titelblatte statt Florens ... lieber Joseph Freiherr von Eichendorff nennen«. Das »pseudonyme Spiel« scheine ihm »der Mündigkeit und Kraft« seiner Poesie nicht mehr zuzusagen. Im übrigen werde er sofort mit dem Verleger des Frauentaschenbuches (Johann Leonhard Schrag in Nürnberg) wegen eines Druckes verhandeln. – Er bittet Eichendorff um Beiträge für das ›Frauentaschenbuch‹.

November/Dezember: Auf einem Blatt, welches Eichendorffs eigenhändige Abschrift von Fouqués Brief vom *26. 11.* enthält, entwirft der Dichter das Vorwort zu ›Ahnung und Gegenwart‹ (Faksimile: Aurora 1954) und eine – dann nicht ausgeführte – ›Novelle für das Frauentaschenbuch‹ (GA II 987).

2. Dezember: Eichendorff erhält seine Entlassung aus der Armee.

13. Dezember: In Carl Albert Schaeffers Stammbuch trägt er zum Abschied das Gedicht ein: »In verhängnisschweren Stunden« (›In C.S. ... Stammbuch. Dezember 1814‹; Faksimile: Kalender 1915 nach 24).

Mitte Dezember: Eichendorff reist nach Berlin, um seine »nach den neuesten Gesetzen« erworbenen Ansprüche als freiwilliger Jäger geltend zu machen und eine Anstellung bei der Regierung in Potsdam zu suchen. Da er aber »anderthalb Jahre lang ohne Gehalt und Diäten dienen« müßte (HKA XII 13), zerschlagen sich zunächst diese Hoffnungen. Einem um diese Zeit entstandenen Briefentwurf an Luise von Larisch (Kalender 1915 30f.) ist der heftige Widerstand der Eltern gegen die geplante und bald drängende Verbindung mit Luise zu entnehmen: »Du hast recht gehabt. Meine Mutter hat cabaliert und, was mehr, mein Vater hat gebeten, und so hoffe ich auf Deine Nachsicht, wenn ich noch bis Mittwoch geblieben bin ...« – In Berlin trifft er seinen Freund Philipp Veit wieder, lernt durch diesen Philipps Vater, Simon Veit, und die Familien Joseph und Abraham Mendelssohn kennen (Dorothea Schlegels Brüder, die »kritischsten Menschen Europas«, vor denen *1815* seine junge Frau glänzend besteht [HKA XII 19]). Von Abraham Mendelssohn wird das aufschlußreiche bon mot überliefert, er sei so lange der Sohn seines Vaters (Moses Mendelssohn) gewesen, bis er der Vater seines Sohnes (Felix Mendelssohn-Bartholdy) geworden sei; er ist mit einer Schwester von Eichendorffs Wiener Bekannten Salomon Bartholdy verheiratet. – Durch Philipp Veit soll um diese Zeit Eichendorffs Bekanntschaft mit Tieck vermittelt worden sein.

25. Dezember: Eichendorff sendet Fouqué sieben Gedichte für das ›Frauentaschenbuch‹ (*1815* erschienen; vgl. HKA XXII 108f.) und das erbetene Vorwort zu ›Ahnung und Gegenwart‹, das Fouqué dann für sein eigenes, am *6. Januar 1815* unterzeichnetes Vorwort des Romans verwendet. Er akzeptiert Fouqués Vorschlag und zeichnet in Zukunft alle Veröffentlichungen mit seinem »*wirklichen* Namen« (Aurora 1929 75).

30. Dezember: Adolf von Eichendorff beantragt gegen die drohende Zwangsvollstreckung seiner Schulden eine spezielle Verlängerung des mit dem *30. Dezember 1814* auslaufenden preußischen Generalmoratoriums.

Neben den schon genannten Gedichten entstehen *1814* im »arkadischen« Lubowitz wohl noch eine größere Zahl weiterer Gedichte, darunter: ›Treue‹ (»Frisch auf, mein Herz! wie heiß auch das Gedränge«), ›Der Poet‹ (»Bin ich fern ihr: schau ich nieder«), ›Trennung‹ I (»Denkst du noch jenes Abends, still vor Sehnen«). – Auch der Märchen-Entwurf ›Die Wanderschaft‹ (GA II 992f.) wird auf die Zeit zwischen *1814* und *1818* datiert.

Johann Gottlieb Fichte und August Wilhelm Iffland sterben. – Goethe arbeitet am ›West-östlichen Divan‹. Es erscheinen die Bände 2 und 3 von E.T.A. Hoffmanns ›Phantasiestücken in Callots Manier‹ und Adelbert von Chamissos ›Peter Schlemihls wundersame Geschichte‹. Da Fouqué Chamissos ›Peter Schlemihl‹ herausgegeben hat, möchte er – zunächst – nicht auch noch als Herausgeber von Eichendorffs Roman auftreten.

1815

28. Januar: Eichendorff bittet Philipp Veit, ihm aus Wien seine Universitätszeugnisse und seine Gedichte, die er in Adam

Müllers Erziehungsinstitut zurückgelassen hat, nach Lubowitz zu senden. Er hofft, eventuell durch Vermittlung Friedrich Schlegels oder Bartholdys eine Anstellung bei einem der Diplomaten des Wiener Kongresses zu finden.

4. Februar: E. T. A. Hoffmann notiert für diesen Tag ein gemeinsames Essen mit Eichendorff, Fouqué, Chamisso, Julius Eduard Hitzig (1780–1849) und Karl Wilhelm Salice-Contessa (1777–1825). Zu Eichendorffs Bekannten in Berlin zählten in dieser Zeit auch die Familie Savignys und die des Geheimen Oberregierungsrates Uhden, dessen Stelle sich Eichendorff *1835* vergeblich erhofft.

1. März: Napoleon landet in Frankreich.

Anfang März: Eichendorff wird auf Empfehlung »des herrlichen Gneisenau«, mit dem ihn Fouqué bekannt gemacht hat, als Expedient beim Kriegsministerium in Berlin (mit einem Gehalt von 600 Reichstalern) angestellt. Er bittet seine Eltern um deren Zustimmung zur Hochzeit mit Luise von Larisch.

13. März: Napoleon wird geächtet.

20. März: Napoleon zieht in Paris ein.

25. März: Preußen, Österreich, England und Rußland erneuern ihr Bündnis gegen Napoleon. – Eichendorff teilt Schaeffer die für April geplante Hochzeit mit Luise von Larisch mit: »Ich sehe ordentlich Deinen ironischen Glückwunsch auf Deinen Lippen schweben!« (Kalender 1915 33)

Ende März: Zur Ostermesse erscheint ›Ahnung und Gegenwart‹ bei Johann Leonhard Schrag in Nürnberg. Eichendorff soll erst im *Juli* durch Gneisenau davon erfahren haben. Das erste Exemplar des Romans sieht er jedenfalls auf dem Rückweg aus Frankreich in die Heimat im *Januar 1816*; er dankt am *29. Januar 1816* in einem Brief aus Berlin Fouqué, daß er – für Eichendorff überraschend – nun doch das Vorwort unterzeichnet und so den Roman herausgegeben hat. Das Honorar (30 Friedrichsd'or) und die Freiexemplare werden im *Herbst 1815* vom Verleger nach Schlesien gesandt; Fouqué erhält sein Widmungsexemplar durch einen Irrtum erst im *Juni 1816*.

7. April: Eichendorff heiratet in Breslau (in der St. Vinzenz-Kirche) Luise von Larisch und geht anschließend mit seiner Frau wieder nach Berlin zurück. Die Eltern Eichendorffs sollen an der Trauung nicht teilgenommen haben.

9. April: Wilhelm von Eichendorff wird »Gubernialkonzipist« in Innsbruck.

22. April: Eichendorff erleidet »noch einmal einen Anfall von Patriotismus« (HKA XII 15) und reist zu Blüchers Armee nach Lüttich ab.

29. April: Johann Friedrich von Eichendorff stirbt in Schillersdorf. Damit geht das Wirtschaftsrecht in Sedlnitz auf Adolf von Eichendorff über.

4. Mai: Eichendorff trifft in Blüchers Hauptquartier in Lüttich ein. »Es hatte hier soeben der blutige Aufstand der unter Blüchers Kommando stehenden sächsischen Regimenter stattgefunden. Die Spuren dieses Ereignisses waren in der Stadt noch überall sichtbar.« (Biographie 87)

7. Mai: Zum Mittagessen bei Gneisenau. Eichendorff lernt den damaligen Major im Generalstab und späteren Generaladjutanten des preußischen Königs Karl Joseph von der Gröben (1788–1876) kennen.

10. Mai: Eichendorff notiert in sein Tagebuch: »Spazierritt abends an der Maas. Souper im Sanssoucis, wo Offiziere mit Huren tanzen etc. In der Nacht Alarm.« (Kalender 1919 55)

11. Mai: Eichendorff wird nach Aachen und an den Rhein kommandiert, wo die Landwehrregimenter der neuen preußischen Provinzen rekrutiert werden.

15. Mai: In Aachen erlebt er die Huldigungsfeier der Stadt für den preußischen König.

17. Mai: Eichendorff sieht Joseph Görres in Aachen wieder (Kalender 1919 56).

19. Mai: Eichendorff notiert: »Auf dem Paradeplatze unsere Bestimmung erhalten.« Er wird »Lieutenant« im 1. Bataillon des 2. Rheinischen Landwehr-Infantrie-Regiments und stellt in den folgenden Wochen seine Kompanie in verschiedenen Orten (Neuß, Krefeld) der Rheinprovinz zusammen.

[**Anfang/Mitte Juni:** Aus den sehr flüchtigen und lückenhaft entzifferten Tagebuchnotizen des Jahres *1815* kann eventuell geschlossen werden, daß Eichendorff sich *Anfang Juni* einige Tage in Lubowitz aufgehalten hat und dann über Wien *(12. Juni)* wieder zu seinem Regiment zurückgekehrt ist. Wahrscheinlicher ist, daß sich diese Notizen des Tagebuch-Entwurfes auf ein anderes Jahr beziehen.]

16. Juni: Sieg Napoleons über die Preußen bei Ligny.

18. Juni: In der Schlacht bei Waterloo wird Napoleon geschlagen. Am Tag nach der Schlacht erst soll Eichendorffs Regiment die Hauptarmee erreicht haben. Es wird sofort in

Gneisenaus energische Verfolgung des sich auflösenden französischen Heeres einbezogen (Biographie 88).

22. Juni: Napoleon dankt erneut ab.

3. Juli: Kapitulation von Paris.

7. Juli: Unter den Truppen Blüchers rückt Eichendorffs Regiment in Paris ein. Eichendorff wird als Ordonnanzoffizier einige Zeit zu Gneisenau kommandiert.

15. Juli: Napoleon ergibt sich den Engländern und wird als Kriegsgefangener nach St. Helena gebracht.

August bis Dezember: Eichendorff teilt in der Umgebung von Paris (»gänzlich verschlagen von allen Freunden und literarischen Nachrichten aus dem Vaterlande« HKA XII 15) das Besatzungsleben der Rheinischen Landwehr. Es wird »fürchterlich exerziert, zu Compiègne, Noyon und Ham in der Picardie tüchtig gegessen und getrunken« (HKA XII 15).

30. August: Eichendorffs Sohn Hermann Joseph wird in Berlin geboren († 1900).

9. September: In ›Friedensblätter. Eine Zeitschrift für Leben, Literatur und Kunst‹ (Wien) erscheint unter dem Titel ›Klage‹ Eichendorffs Gedicht »Du warst so herrlich anzuschau'n«, das *1814* entstanden ist. Unter dem Titel ›Die weinende Braut‹ hatte es Loeben für den nicht erschienenen zweiten Band der ›Hesperiden‹ vorgesehen; (vgl. HKA I,2 786; XXII 109; Kommentar I 79).

26. September: Der Zar von Rußland, der Kaiser von Österreich und der König von Preußen schließen die »Heilige Allianz«. Auch wenn das – unter dem Einfluß mystizistischer Gedanken (Barbara Juliane von Krüdener, Johann Heinrich Jung-Stilling, Franz von Baader) stehende – Manifest des Zaren von Metternich geglättet und überarbeitet wurde, weist es doch auf den neuen, von den Romantikern in Berlin, Wien und München aufgegriffenen und verbreiteten, religiösen Geist der Zeit.

Ende September: Zur Herbstmesse erscheinen in Fouqués ›Frauentaschenbuch‹ für das Jahr *1816* jene sieben Gedichte, die Eichendorff dem Herausgeber schon am *25. Dezember 1814* zugesandt hatte (vgl. HKA XXII 108 f.). Nach

Mitte Oktober: Eichendorff besucht in Paris Carl Albert Schaeffer und andere Freunde der schlesischen Landwehr, die seit *14. Oktober* dort »neu epiquiert« werden (Der Wächter 1923 234). Er spricht bei diesem Besuch auch mit Johann Albrecht Friedrich Eichhorn, der mit der Rückführung der von den Franzosen requirierten preußischen Kulturgüter beschäftigt ist, über seine »künftige Anstellung« im preußischen Staatsdienst.

26. Oktober: In einem Brief aus Ham bittet Eichendorff Johann Albrecht Friedrich Eichhorn (1779–1856) um die Vermittlung einer Stelle als Subalternbeamter: »Da ich … verheiratet und Vater bin und mein Vermögen durchaus nicht hinreicht, um mit meiner Familie noch längere Zeit auf eigene Kosten zu leben, so ist es mir unmöglich, nunmehr in die gewöhnliche juristische Laufbahn einzutreten und vielleicht jahrelang ohne Gehalt zu arbeiten.« (Pörnbacher 13)

20. November: Der zweite Pariser Frieden wird unterzeichnet.

November/Dezember: Luise von Eichendorff (geb. von Larisch) kehrt um diese Zeit aus Berlin nach Schlesien zurück.

30. Dezember: Der Antrag auf Spezialverlängerung des Moratoriums, den Adolf von Eichendorff *1814* gestellt hatte, wird vom Oberlandesgericht abgelehnt. Adolf von Eichendorff legt Berufung zum Kammergericht in Berlin ein.

Geboren werden Otto von Bismarck, Emanuel Geibel, Johann Jakob Bachofen. Es stirbt Matthias Claudius, dessen Werk Eichendorff die ersten poetischen Eindrücke verdankte, und Franz Mesmer, der Entdecker des animalischen Magnetismus. – Die erste Gedichtsammlung Ludwig Uhlands erscheint. In Fouqués ›Frauentaschenbuch‹ für das Jahr 1816 erscheint E. T. A. Hoffmanns Erzählung ›Die Fermate‹. – In den Wirtschaftskrisen der Nachkriegszeit wird die soziale Not der durch die Industrialisierung überflüssig werdenden Handwerksgesellen erkennbar.

Die »gewöhnliche juristische Laufbahn«: Referendar, Assessor, Regierungsrat in Breslau, Danzig, Berlin und Königsberg (1816–1830)

1816

Januar: Eichendorff kehrt mit »unbestimmtem Urlaub« nach Deutschland zurück und geht zunächst nach Berlin, von dort

Ende Januar/Anfang Februar zurück nach Schlesien.

16. Januar: Das Oberlandesgericht verfügt eine Wirtschaftsaufsicht über die Betriebsführung der Güter Adolf von Eichendorffs und ordnet eine Visitation an.

20. März: Eichendorff teilt aus Pogrzebin, dem Gut seiner Schwiegereltern, Loeben seine Heirat mit.

30. März: Loeben schreibt Eichendorff, daß er von dessen ihm »so freundlich gegebenen Gedichten ... im Laufe dieses Sommers Gebrauch machen« werde (HKA XIII 70).

3. Mai: Loeben teilt Eichendorff mit, daß er in seinen, nun ›Die Hesperiden‹ genannten Almanach außer Gedichten Josephs auch zwei Gedichte Wilhelm von Eichendorffs aufnehmen wird: »Von Dir erscheint im ersten Bande, dessen Druck um Johannis beginnt, *Lustfahrt* (ich nenne es mit Deiner Erlaubnis: Das geflügelte Roß [= ›Das Flügelroß‹. »Ich hab nicht viel hienieden«]), *Trinklied* [= ›Götterdämmerung‹ I. »Was klingt mir so heiter«], *Liedchen* (Euch, Wolken, beneid ich [= ›Leid und Lust‹]), *Herbstliedchen* (Herbstnebel ziehn über den Weiher [= im Almanach unter dem Titel ›Herbstklage‹; Text: GA IV 1477]), *An eine junge Tänzerin* [= ›An eine Tänzerin‹. »Kastagnetten lustig schwingen«], *An die Freunde* (Stanzen [= »Es löste Gott das lang verhaltne Brausen«]).« (HKA XIII 72)

Juni: Eichendorff bewirbt sich um eine Anstellung als Referendar bei der Regierung in Breslau und zieht nach Breslau um. Am

15. Juni sendet er Fouqué – schon aus Breslau – das Widmungsexemplar von ›Ahnung und Gegenwart‹ und »wieder einige Gedichte für das nächste Frauentaschenbuch« (HKA XII 17). Von diesen Gedichten erscheint im ›Frauentaschenbuch‹ für das Jahr *1817* – wahrscheinlich zur *Herbstmesse 1816* –

nur das Gedicht ›Liedchen‹ (»Wie jauchzt meine Seele«; späterer Titel: ›Glück‹), »die übrigen blieben wohl für den nächsten Jahrgang zurück« (HKA I, 2 741).

2. Juli: Eichendorff wird mitgeteilt, daß er sich auf das Eintrittsexamen in den Staatsdienst vorzubereiten habe.

18. Juli: Er schreibt an Carl Albert Schaeffer über seine angestrengte Examensvorbereitung: »Ich glaube im Grunde, ich habe einen dummen Streich gemacht, der sich leicht mit meinem Durchfallen in der nicht leichten Prüfung garstig enden kann. Denn ich habe wenig Zeit, wenig Lust, wenig Kenntnisse, wenig Geld, wenig Protektion, wenig connaissances, liaisons, savoir vivre und andern solchen Teufelsdreck, und wenn mich meine brave Frau nicht noch stark, frisch und frei erhielt, wär' ich längst schon fortgelaufen.« (Kalender 1915 35)

September: Zur Herbstmesse erscheinen in Otto Heinrich Graf von Loebens Almanach ›Die Hesperiden. Blüten und Früchte aus der Heimat der Poesie und des Gemüts‹ sechs Gedichte Eichendorffs (s. oben zum *3. Mai 1816*).

28. November: Eichendorff bittet das Präsidium der Königlichen Regierung zu Breslau um einen Prüfungstermin. Er wird auf den

9. Dezember festgesetzt. In der Prüfung werden ihm »eine gute Beurteilungskraft und in der Lehre vom Recht gute, in der Staats- und Finanzwissenschaft aber mittelmäßige Kenntnisse« bestätigt (Pörnbacher 15).

24. Dezember: Nachdem er zum »Referendarius bei der hiesigen Königl. Regierung Friedrich Wilhelm III. bestellet worden«, leistet Eichendorff in Breslau seinen Diensteid (Faksimile: Pörnbacher, Titelbild).

Welches die »größeren dramatischen Arbeiten« sind, von denen Eichendorff am *15. Juni 1816* Fouqué berichtet, läßt sich aus dem bisher bekannt gewordenen Quellenmaterial nicht mehr erschließen. Gegen Ende des Jahres hat er schon mit der Ausarbeitung der Novelle ›Das Marmorbild‹ begonnen, die noch vor dem *15. März 1817* abgeschlossen wird. Außerhalb von Prosatexten entstehen in diesem Jahr nur wenige Gedichte, darunter aber das bekannte, erst postum veröffentlichte Gedicht: ›An Luise. 1816‹, das auf das vermutlich erst *1817/18* entstandene Novellen-Fragment ›Das Wiedersehen‹ vorausweist:

»Ich wollt' in Liedern oft dich preisen,
Die wunderstille Güte,
Wie du ein halbverwildertes Gemüte
Dir liebend hegst und heilst auf tausend süße Weisen,
Des Mannes Unruh und verworrnem Leben
Durch Tränen lächelnd bis zum Tod ergeben.
[...]« (GA I 240 f.)

Das Zeitalter der Metternichschen Restauration kündigt sich mit Macht an. Karl Ludwig von Hallers epochemachendes Werk ›Restauration der Staatswissenschaft‹ beginnt zu erscheinen; Görres' ›Rheinischer Merkur‹ wird verboten; die Erweckungsbewegung breitet sich aus. – Die Frankfurter Bundesversammlung wird eröffnet.

1817

15. März: Eichendorff sendet Fouqué »einige Lieder« für das ›Frauentaschenbuch‹. Die fertige Novelle für das Taschenbuch, die er eben absenden wollte, stellt er wegen des von Fouqué angedeuteten Platzmangels im nächsten Jahrgang noch zurück. Mit dieser Novelle ist ›Das Marmorbild‹ gemeint. Eichendorff teilt Fouqué mit, er habe »einige kleine Geschichten geschrieben und Größeres angefangen« (HKA XII 19 f.).

10. April: Fouqué sagt zu, nach Möglichkeit alle Gedichte Eichendorffs zur »Ausschmückung [seines] nächsten Frauentaschenbuches« zu benutzen. Er bittet, ihm die fertige Novelle »gleich« zuzusenden und wünscht »Glück auf« zu der Anstellung als Referendar: »So wie Sie die Sache betrachten, halte ich mich überzeugt, daß dieses Verhältnis für Ihre Poesie bei weitem mehr förderlich als hinderlich sein wird, ...« (HKA XIII 74 f.)

8. Mai: Da durch die unmittelbar bevorstehende Geburt des zweiten Kindes die familiären Sorgen wieder drückender werden und soeben Friedrich Karl von Savigny zum Mitglied des preußischen Staatsrates ernannt worden war, bittet Eichendorff Savigny um Unterstützung bei seiner eventuellen Bewerbung »als Lehrer und zwar der Geschichte« an einer Universität »in den neuaquirierten Provinzen am Rheine etc.«. Er beruft sich darauf, daß er von Adam Müller, bei dessen Plan eines Erziehungsinstitutes, zum »Lehrer der deutschen Staats-Geschichte« vorgesehen war (Aurora 1958 71). Eichendorffs Wunsch läßt sich, seiner Konfession wegen, nicht verwirklichen (Pörnbacher 16), auf den Bonner Lehrstuhl für Geschichte, den er wohl angestrebt hat, wird Ernst Moritz Arndt berufen.

9. Mai: Eichendorffs Tochter Marie *Therese* Alexandrine wird in Breslau geboren († 1884).

August bis Oktober: Eichendorff ist »zwei Monate« (Pörnbacher 17) auf Urlaub in Lubowitz. In Lubowitz Wiedersehen mit seinem Bruder Wilhelm. – Um diese Zeit ist vermutlich Eichendorffs umfangreiches Novellen-Fragment ›Das Wiedersehen‹ begonnen worden, eine stark autobiographisch getönte Erzählung, wo im Bild der Freunde Ludwig und Leonhardt das Verhältnis der Brüder Wilhelm und Joseph von Eichendorff zueinander gestaltet ist (Erstdruck des Textes: Aurora 1965 11–20).

September: Zur Herbstmesse erscheinen in Fouqués ›Frauentaschenbuch‹ für das Jahr *1818* sieben Gedichte Eichendorffs (vgl. HKA XXII 109).

15. Oktober: Wilhelm von Eichendorff berichtet aus Lubowitz seinem Bruder über die »Geschehnisse« seit ihrer Trennung am *9. Oktober* in Rheinischdorf. In diesem Brief herrscht, ähnlich wie in Eichendorffs Fragment ›Das Wiedersehen‹, die Stimmung des bedrohten Idylls. Der Brief endet: »Lebe wohl lieber, lieber Joseph, und grüße mir meine geliebte Schwägerin, und das kleine Reschen. Ich sitze im Tafelzimmer am Gartenfenster und schreibe; der Papa schlummert recht sanft am Mittelfenster; die Uhr guckert, und es ist ganz still und heimlich.« (HKA XIII 78)

2. Dezember: Eichendorff sendet das ›Marmorbild‹ an Fouqué. Im Begleitbrief weist er auf die Quelle der Erzählung: ›Die seltzahme Lucenser-Gespenst‹ aus E. G. Happels ›Größeste Denkwürdigkeiten der Welt oder sogenannte relationes curiosae‹ (1687). Er schreibt: er habe »in vorliegendem Märchen versucht, [sich] in die Vergangenheit und in einen fremden Himmelsstrich zu flüchten, und betrachte dasselbe als einen Spaziergang in amtsfreien Stunden ins Freie hinaus« (HKA XII 21).

30. Dezember: Eichendorff hat erfahren, daß er »unter den von der Königl. Regierung zu Oppeln dem hohen Ministerio des Innern vorgeschlagenen 3 Kandidaten des Landrats-Posten für den neuen Kreis von Rybnik mit aufgeführt« wird. Er reicht bei dem preußischen Innenminister Friedrich von Schuckmann »ein Gesuch um diesen Posten« ein und bittet Savigny, dieses Gesuch durch seine »einflußreiche Fürsprache« zu unterstützen (Aurora 1958 72). Auch diese Hoffnung zerschlägt sich; vermutlich war Eichendorffs Hinweis, daß sein Vater im Kreis Rybnik »mit zwei Gütern ... angesessen« sei, angesichts der Verschuldung dieser Güter, seinem Gesuch nicht günstig.

31. Dezember: Friedrich de la Motte Fouqué bestätigt Eichendorff den Empfang des »lieblich blühenden und glühenden Novellenmärchens«. Wie schon bei ›Ahnung und Gegenwart‹, wo er sich dann aber der Autorität Dorothea Schlegels beugte – und in den Text nicht eingriff, in dem ihm »die Sinnlichkeit allzu dreist an manchen Stellen durch« des Dichters »Blumengänge« zu schauen schien –, so sucht er auch jetzt »zwei Stellen zu mildern, wo die Farben allzu dreist erglühten, um nach [seiner] Überzeugung vor Jungfrauenaugen treten zu können«. (HKA XII 67 und 78) Die beiden Stellen können nicht mehr erschlossen werden.

Im Jahre *1817* hat Eichendorff auch die Arbeit an seiner bekanntesten Erzählung ›Aus dem Leben eines Taugenichts‹ begonnen. (Die dem sogenannten »Ur-Taugenichts«, dem Fragment ›Der neue Troubadour. Zwei Kapitel aus dem Leben eines armen Taugenichts‹ [GA IV 1491–1511], vermutlich vorausgehende Fassung ist in einer Abschrift erhalten und soll demnächst von Karl Konrad Polheim in der Aurora-Buchreihe gedruckt werden.) Hilda Schulhof (HKA I, 2 640) schließt aus einer handschriftlichen Notiz Eichendorffs: »Jetzt früh immer, wie ich gerade Lust habe, mein Marmorbild abschreiben und den Taugenichts beendigen!«, daß ein großer Teil der Erzählung schon vor dem *15. März 1817* vollendet war. Wenn aber die genannte Abschrift des ›Marmorbildes‹ erst in der Zeit zwischen der Aufforderung Fouqués *(10. April)* und der Absendung des Novellenmärchens *(2. Dezember)* entstanden ist, so könnte die Arbeit am ›Taugenichts‹ auch auf die zweite Hälfte des Jahres *1817* datiert werden. Es scheint mir jedenfalls sicher, daß ›Das Marmorbild‹ und die ersten Kapitel der Erzählung ›Aus dem Leben eines Taugenichts‹ noch vor dem

Fragment ›Das Wiedersehen‹ fertiggestellt worden sind. – In ›Die Sonette der Deutschen. Hrsg. von Friedrich Raßmann. In drei Teilen. Braunschweig 1817‹ erscheint nicht nur ein Nachdruck von Eichendorffs Sonettenpaar ›Abschied und Wiedersehen‹ (HKA XXII 109), sondern auch eine erste biographische Notiz über den Autor, die sein altes Pseudonym »Florens« lüftet (Niggl I 92). – *1817/18* lernt Eichendorff den Geschichtsschreiber Friedrich von Raumer (1781–1873) kennen, seit *1811* Professor der Staatswissenschaften an der Universität Breslau, seit *1819* in Berlin (vgl. Biographie 92).

Theodor Storm wird geboren. – In F. W. Gubitz' ›Gaben der Milde. Zweites Bändchen. ... Für die Bücherverlosung zum Vorteil hülfloser Krieger‹ erscheinen Gedichte Goethes aus dem ›West-östlichen Divan‹ und Clemens Brentanos ›Geschichte von dem braven Kasperl und dem schönen Annerl‹. Der erste Band von Achim von Arnims ›Die Kronenwächter‹ erscheint. Zur Jahreswende gibt Friedrich Förster den Almanach ›Die Sängerfahrt‹, eine Anthologie der Berliner Romantiker, heraus. – Das Wartburgfest der deutschen Burschenschaften, das unvermutet revolutionäre Energien freisetzt, erschreckt die Politiker der Restauration.

1818

27. April: Eichendorffs Vater, Adolf von Eichendorff, stirbt in Lubowitz. Die Brüder Wilhelm und Joseph von Eichendorff erben damit das österreichische Lehensgut Sedlnitz. Joseph von Eichendorff wird von der Erbengemeinschaft mit der Wirtschaftsführung beauftragt: zu dieser gehören u. a. seine Mutter, sein Bruder und auch seine Onkel Vincenz und Rudolf von Eichendorff. Dietmar Stutzer bescheinigt Joseph von Eichendorff bei der Betriebsführung von Sedlnitz einen beachtlichen Erfolg, obwohl er sich »ständig mit wirklichkeitsfernen Geldforderungen der Miteigentümer auseinandersetzen« mußte und in die Zeit seiner Wirtschaftsführung die »Aufhebung der bäuerlichen Dienste in Österreich und der Eintritt der Landwirtschaft ins technische Zeitalter« fielen (Stutzer 84). Der »gesamte [jährliche] Reinertrag von Sedlnitz bis in die dreißiger Jahre des 19. Jahrhunderts ... [entsprach] dem Beamtengehalt des Dichters im preußischen Staatsdienst«. (Stutzer 95)

21. Mai: Karoline von Eichendorff dankt Carl Albert Schaeffer für seine Anteilnahme am Tode ihres Mannes und betont sehr auffällig dessen, durch den Konkurs wohl in Mißkredit geratene Rechtschaffenheit: »Ich verlor alles an ihm, an dem Rechtschaffenen. Gott segne seine Asche und gebe mir Trost ...« (Kalender 1915 44)

September: Zur Herbstmesse erscheint in Fouqués ›Frauentaschenbuch‹ für das Jahr *1819* Eichendorffs Erzählung ›Das Marmorbild‹, das von der Kritik relativ stärker beachtet wird als der – während des Krieges erschienene – Roman ›Ahnung und Gegenwart‹. Sie wird mit Fouqués Märchen ›Undine‹ verglichen, doch bleiben die Symbolstruktur der Erzählung und die Detail-Allegorien unverstanden. Die rationalistische Kritik rügt Eichendorffs – allerdings wenig historischen – Symbolismus als »hirnlos«, als eine Dichtung ohne »Gedanken«, das heißt als zu wenig realitätsorientiert (Niggl I 93–95). [Paralipomena zum ›Marmorbild‹ GA IV 1479–1489. Berichtigung der Anordnung dieser Paralipomena: Kommentar I 197f.]

7. Oktober: Eichendorff ersucht, unter Beifügung der geforderten »Spezial-Atteste«, das Oberpräsidium der Königlichen Regierung in Breslau um das »Zeugnis der Reife zum großen Examen, um sich damit bei der Königlichen Ober-Examinations-Kommission zu melden« (HKA XIII 79). Die 11 »Spezial-Atteste« der Räte, bei denen Eichendorff als Referendar gearbeitet hatte, bescheinigen ihm die Ausbildung in »ökonomischen Angelegenheiten, Steuersachen, Militärsachen, Kassen- und Rechnungs-Sachen, Innere Landeshoheit-Angelegenheiten (Sicherheit, Ordnung, Polizei, Landwirtschaft, Kommunal- und Judensachen) und schließlich Forstsachen« (Pörnbacher 17 und 85f.).

24. Oktober: Eichendorff erhält das »nachgesuchte Zeugnis der Reife zum großen Examen«.

3. November: Er bewirbt sich bei der Königlichen Ober-Examinations-Kommission zu Berlin um die Zulassung »zu dem höhern Examen« (HKA XIII 79).

7. Dezember: Die Ober-Examinations-Kommission teilt Eichendorff die Zulassung zur Prüfung mit. Die Regierung in Liegnitz wird gleichzeitig ersucht, ihm »Aufgaben und Akten zu den vorschriftsmäßigen Probearbeiten über Gegenstände der Staatswirtschaft, der Polizei und des Rechts zu übersenden«. Als allgemeines Thema wird ihm die Beantwortung der Frage aufgegeben: »Was für Nachteile und Vorteile hat der katholische Religionsteil in Deutschland von der Aufhebung der Landeshoheit der Bischöfe und Äbte desgleichen von der Entziehung des Stifts- und Klosterguts mit Wahrscheinlichkeit zu erwarten?« (HKA XIII 79f.)

Karl Marx wird geboren. Joachim Heinrich Campe stirbt. – Goethe beginnt sich von der Romantik zu lösen. In Weimar wird Franz Grillparzers ›Sappho‹ aufgeführt. – Die ›Allgemeine deutsche Burschenschaft‹ wird gegründet.

1819

30. Januar: Joseph von Eichendorff wird zum Landrat des – Ratibor und Rybnik benachbarten – Kreises Pleß vorgeschlagen. Karoline von Eichendorff bittet den in Pleß wohnenden Freund ihres Sohnes, Carl Albert Schaeffer, ihr zu raten, an wen sie sich wenden solle, »um für den guten Joseph Stimmen zu sammeln. Ich würde ja gerne zu Fuß von einem Stand zum andern gehen, um ihm dazu zu helfen ...« (Kalender 1915 44) Die Vorfreude der Mutter war verfrüht, auch diese Aussicht zerschlägt sich.

19. April: Eichendorffs Sohn Rudolf Joseph Julius wird in Breslau geboren († 1891).

29. April: Das Oberlandesgericht beschließt die Eröffnung des Liquidationsverfahrens über das Eichendorffsche Vermögen. Die unter Zwangsverwaltung stehenden Güter sind zur Versteigerung freigegeben. *1823* wird Lubowitz, *1824* Radoschau und *1831* Slawikau zwangsversteigert. Das österreichische Sedlnitz gehört als Besitztum anderen Rechts (Lehensgut) nicht zur Konkursmasse. Bemerkenswert ist, daß Karoline von Eichendorff noch vor der Zwangsversteigerung, mit der ihr eigenen Energie, den zu Slawikau gehörenden Summiner Forst hatte devastieren lassen, um durch den Verkauf des Holzes ihre Privatschulden zu decken: »Es kann nicht einmal davon geredet werden, daß die Baronin Eichendorff formal gegen das Gesetz verstoßen habe, wiewohl sie die erste in Oberschlesien sein dürfte, die diese Lücke im Gesetz so für sich auszunutzen gewußt hat. Es ist nun einmal die herrschende Rechtsmeinung, daß nur der Boden den Gläubigern haftet und das Holz verkauft werden kann, wohin man will. Es ist aber kein Zweifel, daß die Baronin Eichendorff den Realgläubigern Schaden zufügen wollte, und andere werden ihr folgen.« (Aus einer amtlichen Stellungnahme vom *7. Juli 1824*; Stutzer 126)

16. Juni: Eichendorff liefert seine Probearbeiten bei der Ober-Examinations-Kommission ab.

30. Juni: Die Prüfungskommission bestätigt den Empfang von vier Probearbeiten und entbindet ihn von der Anfertigung einer fünften Arbeit.

11. September: Der Termin von Eichendorffs mündlicher Assessoren-Prüfung wird auf den *16. Oktober* festgesetzt. Prüfungsort ist das Königliche Schloß in Berlin (Lokal des Staatsrats).

15. Oktober: Der Vortragende Rat im preußischen Kultusministerium Johann Heinrich Schmedding (1774–1846) verfaßt das Gutachten über Eichendorffs allgemeine Probearbeit: »Diese Abhandlung, in der sich Geist, Adel der Gesinnung und Tiefe historischer Forschung mit einer blühenden sich überall gleich bleibenden Rede vereinigen, legt von der allgemein wissenschaftlichen Bildung ihres Verfassers ein ebenso rühmliches Zeugnis ab als sie zu den angenehmsten Erwartungen in betreff künftiger Leistungen berechtigt. ...« (HKA XII 264) Die konstatierte »zu große Vorliebe« des Verfassers für den Gegenstand sei seinem »Scharfsinn« nicht hinderlich gewesen.

Eichendorff hat das Thema der allgemeinen Probearbeit »mit gutem Grund nur für eine Art von heimlicher Fußangel« gehalten (HKA XII 30), es gleichwohl »mit besonderem Fleiß und mit aller hier nötigen Freimütigkeit und Rücksichtslosigkeit« ausgeführt (HKA XII 30). In der Tat mußte er als Katholik die ihm gestellte Aufgabe für besonders schwierig empfinden, nachdem sich sogar katholische Staaten, wie Bayern und Österreich, »an dem allgemeinen Beutezug« beteiligten und *1810* die Säkularisation auch auf Schlesien ausgedehnt worden war (Schnabel 209/210 20). Durch die Säkularisation aber waren bedeutsame politische Umwälzungen herbeigeführt, die hierarchische Organisation der Kirche aufgelöst, die katholischen Universitäten aufgehoben oder in paritätische Hochschulen umgewandelt worden. Mit dieser Auflösung kirchlicher Macht- und Organisationsstrukturen kontrastierte der neue religiöse Geist des Volkes. So schien der protestantischen preußischen Regierung, die sich in den neu gewonnenen katholischen Provinzen an Rhein, Mosel und in Westfalen besonderen konfessionellen Schwierigkeiten gegenübersah, die Bearbeitung des Säkularisationsthemas durch einen Schlesier, der einerseits lange genug preußischer Untertan war, andererseits die Folgen der Säkularisation seit *1810* in unmittelbarer Nähe beobachten konnte, besonders aufschlußreich.

Zwar ist die ursprüngliche Fassung der Examensarbeit nicht mehr erhalten und die in der HKA (X 143–195) unter dem Titel ›Über die Folgen von der Aufhebung der Landeshoheit der Bischöfe und der Klöster in Deutschland‹ gedruckte Abhandlung eine Bearbeitung aus der Zeit um *1844/45*, doch sind auch aus ihr die von Eichendorff behandelten Grundprobleme der Säkularisation und der religiösen Erneuerung zu erkennen: z. B. die Kritik des Frühkapitalismus, die Grundsatzlosigkeit der Konfiskation des Kirchengutes, die Ideologisierung des mechanistisch-bürokratischen Machtanspruches, die rationalistische Nivellierung des katholischen Teiles der Bevölkerung – »sie werden weniger müßige Geistliche, aber mehr faule Soldaten haben« (HKA X, 174 f.) –, die Trennung von Kirche und Staat etc.; für den zweiten Teil der gestellten Frage: die schädlichen Folgen vor allem der Aufhebung der Frauenklöster, die – nach den Napoleonischen Kriegen – neu erwachende Wallfahrtsbewegung, der Wiederaufbau einer kirchlichen Wissenschaft, die Beseelung der Wissenschaft mit religiösem Geist.

Diese Arbeit war – im »Jahrzehnt der Konkordate« (Schnabel 209/210 63) – nicht nur mutig, sondern hochaktuell, nachdem die Konvention zwischen Preußen und der Kurie erst *1821* geschlossen wurde; sie hat ihre Aktualität über Jahrzehnte hin nicht eingebüßt und konnte so von Eichendorff noch nach seiner Pensionierung für eine eventuelle Publikation neu bearbeitet werden.

16. Oktober: Schmedding bescheinigt für die Ober-Examinations-Kommission Eichendorff die Eignung »zur Verwaltung einer Ratsstelle bei einem Regierungs-Collegio«. Er hat »in der heute mit ihm angestellten Prüfung eine gute Beurteilung, gute allgemeine Bildung und gute Kenntnis der Gesetze und Verfassung an den Tag gelegt«. (HKA XIII 263)

4. November: Das Präsidium der Königlichen Regierung in Breslau teilt Eichendorff mit, daß man sich wegen einer Anstellung beim Innen- und Finanzministerium für ihn »verwendet« habe.

24. November: Eichendorff wird »zum Assessor bei der Königlichen Regierung zu Breslau« ernannt. Die Bewilligung von Diäten aber wird »vorderhand noch ausgesetzt« (HKA XIII 82). Die Anstellungsmitteilung ist von Wilhelm von Humboldt, vom Innenminister Schuckmann und vom Finanzminister Klewitz unterzeichnet.

24. Dezember: Eichendorff wird in seinen Dienst bei der Königlichen Regierung in Breslau eingeführt. Die Bewilligung von Tagegeldern (Diäten) wird auch auf weitere, von der Breslauer Regierung befürwortete Gesuche hin abgelehnt. In einer dieser Befürwortungen heißt es, »man müsse Eichendorff ... auch deshalb entgegenkommen, weil er katholischer Konfession sei«, »die Katholiken aber noch immer in dem obwohl sehr unbegründeten Argwohn stehen, als wenn ihre Konfessions-Verwandten bloß nur deshalb gegen andre zurückgesetzt würden« (Pörnbacher 20).

31. Dezember: Eichendorff lernt den Bühnendichter und Schauspieler Karl von Holtei (1798–1880) kennen, der soeben in Breslau debütiert hatte.

In diesem Jahr soll Wilhelm von Eichendorff dem Bruder seine Absage an die Poesie übersandt haben:

»Bruder, an die alten Zeiten,
An die längstversunkne Welt,
Mahnt Dein Brief und schneidend gleiten
Seine Worte, ernst gestellt,
Tief mit der Erinn'rung Schmerzen
Zu dem einsam stillen Herzen,
Fern und einsam hingestellt
Zwischen den beeisten Klippen,
Sehn' ich mich mit heißen Lippen
Nach dem Strom der alten Welt.
Wenig ist zurückgeblieben
Von des Sängers alten Trieben,
Von dem heimatlichen Port.
Nur noch ein'ge Liebeswunden
Aus den lauen Sommerstunden
Bluten sanft und heimlich fort.
[...]« (Biographie 100f.)

Geboren werden Theodor Fontane, Gottfried Keller, Clara Schumann. Blücher stirbt. August von Kotzebue wird von dem fanatisierten Studenten Karl Ludwig Sand ermordet. – Die »Karlsbader Beschlüsse« – Höhepunkt des Systems Metternich in Europa – leiten die erste Demagogenverfolgung ein, die Eichendorff u. a. im ›Taugenichts‹ verspottet (ter Haar). Die Universitäten, die Presse und die Landtage werden scharf überwacht. Die Macht der Bürokratie nimmt überhand. – Goethes ›West-östlicher Divan‹ erscheint. In Weimar wird Grillparzers Trauerspiel ›Die Ahnfrau‹ aufgeführt. E. T. A. Hoffmanns ›Die Serapionsbrüder‹ Bd. 1 und 2 erscheinen.

1820

15. März: Clemens Maria Hofbauer stirbt in Wien. Adam Müller verfaßt den Nachruf: »Hohe und Niedere, Gelehrte und Unmündige beklagen den Verlust ihres Vaters und Führers, und die Entferntesten selbst die ihn nur dem Namen nach gekannt, empfinden bei der Nachricht von seinem Tode, daß eine starke Stütze des Glaubens und der Religion, also des Vaterlandes, gesunken ist.« (Baxa II 316) In Wien hatte sich – unter Hofbauers Einfluß – wie in den anderen Städten Europas der neue, religiöse Geist durchgesetzt. Der Prediger Hofbauer wurde *1814/15* und wieder seit *1819* von dem wortgewaltigen Zacharias Werner (1768–1823) unterstützt: »... und die abgelebten Ungläubigen und die Wüstlinge und die Witzbolde – die Lacher und Gaffer an den Straßenecken, die wahrlich nicht in die Kirche gekommen, sich zu erbauen – hörten ihn und schienen versteinert – und das Volk von Wien brach in lautes Weinen aus und verließ den Tempel, den es so lebenslustig besucht, mit zerknirschtem Herzen und rotgeweinten Augen.« Es soll in Wien nach 1814 so weit gekommen sein, daß – einem Wort Dorothea Schlegels zufolge – »die Gebildeten sich am Abend fragen, in welche Predigt sie gehen, wie man sich sonst nach dem Theater fragte« (Puličar 328).

23. März: Ein erneutes Gesuch der Breslauer Regierung, Eichendorff ein Gehalt zu gewähren, wird am

4. April abgelehnt.

12. Mai: Eichendorff kommt mit seiner Familie zu Besuch in Wien an. Er trifft dort seinen Bruder Wilhelm und wird am

16. Mai von Adam Müller für den *19. Mai* – zusammen mit seiner Frau – eingeladen. Müller ist seit *1815* Generalkonsul des österreichischen Kaisers in Sachsen (Leipzig). – Nach Hermann von Eichendorff (Biographie 101) soll Eichendorff auch »die Komiker Raimund und Hasenhut auf den Wunsch seiner Breslauer Landsleute für ein Gastspiel auf der dortigen Bühne« gewonnen haben. Ein Aufenthalt von Ferdinand Raimund oder Anton Hasenhut (1766–1841; Wiener Volksschauspieler, der durch die Figur des »Thaddädl« weithin bekannt geworden ist) in Breslau ist aber anderweitig nicht zu belegen.

20. Mai: Rückreise der Familie Eichendorff nach Breslau. Wilhelm von Eichendorff bleibt noch – in regem Verkehr mit Adam Müller und dem verhaßten Wiener Polizeidirektor Joseph Graf von Sedlnitzky (1788–1855) – einige Tage in Wien und reist dann nach Innsbruck zurück. Der Wiener Dichter Ignaz Franz Castelli (1781–1862) will seinen Haß gegen Sedlnitzky, den Präsidenten der obersten Polizei- und Zensurhofstelle, dadurch Ausdruck gegeben haben, daß er von seinen beiden Hunden den einen Sedl und den anderen Nitzky taufte und sie immer zusammen herbeirief (Baxa II 369).

20. Juli: Joseph von Eichendorff teilt dem Oberpräsidenten der Provinz Westpreußen Heinrich Theodor von Schön (1773–1856) mit, daß ihm der preußische Minister für die geistlichen, die Unterrichts- und Medizinalangelegenheiten, Karl Freiherr von Stein zum Altenstein (1770–1840), »die interimistische Verwaltung des durch den Abgang des Konsistorial-Rats v. Mathy zu Danzig erledigten Posten eines katholischen Kirchen- und Schul-Rats aufzutragen geruht hat« (HKA XII 22). Der Zeitpunkt des Dienstantrittes ist noch nicht bestimmt und verschiebt sich in der Folgezeit in Parallele zur Verzögerung des Abschlusses der Konvention zwischen Preußen und der Kurie.

Herbst: Eichendorff »zur Erledigung von Privatangelegenheiten« in Berlin (Pörnbacher 21). [Ob er am

14. Oktober vorübergehend zum Hilfsarbeiter beim preußischen Unterrichtsministerium ernannt wurde, ist unsicher, da nur durch die »Annalen« (Biographie 247) belegt und durch Lüdicke nicht bestätigt.]

22. Dezember: Altenstein weist Eichendorff an, »die mit dem erledigten Amte eines katholischen Konsistorial- und Schulrats verbundenen Geschäfte, die Kirchen- und Schulangelegenheiten dieser Konfession betreffend, bei dem Königlichen Oberpräsidium, wie auch Konsistorium der Provinz Westpreußen und der ersten Abteilung der Regierung zu Danzig zu versehen«. Vom Tag seiner Abreise nach Danzig an wird ihm ein Tagegeld von 2 Reichstalern gewährt. Altenstein sendet Eichendorff in eine Provinz, »die des Lichts der Erkenntnis und der Erwärmung für alles Gute teilweise noch sehr bedürftig ist«, er erwartet von ihm, daß »die Freiheit der Gewissen, die Verfassungen, Rechte und Güter der Kirchen, Schulen und Bildungsanstalten nicht verletzt, vielmehr nach Möglichkeit geschützt und erhalten und dadurch wahre Menschenbildung, religiöser Sinn, gute Zucht und Ordnung, Vaterlandsliebe und Verträglichkeit gehandhabt und gefördert« werden (HKA XIII 84 f.).

Friedrich Engels wird geboren. – Wilhelm Müllers Liedzyklus ›Die schöne Müllerin‹ und E. T. A. Hoffmanns ›Die Serapionsbrüder‹ Bd. 3 erscheinen. Goethe arbeitet an der ›Campagne in Frankreich und Belagerung von Mainz‹. Ernst Moritz Arndt wird – im Zuge der »Demagogenverfolgung« – seines Bonner Lehrstuhles enthoben. – Die Konferenz von Troppau beschließt – unter Metternichs Einfluß – ein von Preußen, Österreich und Rußland unterzeichnetes Protokoll über die vorgesehene Interventionspolitik, wonach von Revolutionen betroffene Staaten notfalls mit Waffengewalt »in den Schoß der großen Allianz zurückzuführen« seien.

1821

3. Januar: Eichendorff wird vom Präsidium der Königlichen Regierung in Breslau freundlich verabschiedet (HKA XIII 85; Eichendorffs eigener Abschiedsbrief an die Breslauer Regierung: Pörnbacher 21).

6. Januar: Eichendorffs Tochter Agnes Clara Augusta wird in Berlin geboren.

20. Januar: Heinrich Theodor von Schön beantwortet erst jetzt den Brief Eichendorffs vom *20. Juli 1820,* da ihm »im offiziellen Wege bis daher noch keine Mitteilung« über Eichendorffs Ernennung gemacht worden war. Er bittet nun um Mitteilung des Abreisetages Eichendorffs aus Breslau.

21. Januar: Dienstantrittsreise Eichendorffs nach Danzig. (Das Datum ist unsicher, da nur in Biographie 247 belegt).

31. Januar: Eine Kabinettsorder Friedrich Wilhelms III. an Altenstein genehmigt die beantragte Anstellung Eichendorffs in Danzig (»zur einstweiligen Verwaltung der ... seit längerer Zeit erledigten Stelle eines katholisch geistlichen Rats«, HKA XII 260). Auch der beantragte Diätensatz (2 Reichstaler) wird bewilligt, das Residuum der Stelle, aus welcher Eichendorff besoldet wird, solle »als Ersparnis aber der Kasse verbleiben«.

Altenstein hatte Eichendorff auf Grund von dessen allgemeiner Probearbeit zum Assessorenexamen, durch die er erst auf ihn aufmerksam geworden ist, dem König empfohlen als einen »Mann vom besten Rufe und feiner, auch wissenschaftlich gediegener Bildung. Seiner Pflicht als Vaterlandsverteidiger hat er in den letzten Feldzügen auf eine ehrenvolle Weise genug getan. Er ist katholisch und hält die Gebräuche seiner Kirche ohne Schwärmerei und beengende Unduldsamkeit.« (Pörnbacher 22)

1. März: Schön teilt der Danziger Regierung Eichendorffs Anstellung mit.

6. März: Altenstein teilt Schön den Erlaß der Kabinettsorder vom *31. Januar* mit. Er übersendet zur Einsichtnahme Eichendorffs Probearbeit zum allgemeinen Thema.

10. März: Schön dankt Altenstein, daß dieser ihm in Eichendorff »einen so unterrichteten, klarsehenden und wie ich schon fast glaube, guten Mann zum Gehülfen« zugewiesen habe. Er bittet, ihn bei beiden Regierungen seiner Provinz, in Danzig und Marienwerder, mit Sitz und Stimme im Regierungskollegium einsetzen zu dürfen.

29. März: Altenstein genehmigt – bis zur Besetzung des Ratspostens in Marienwerder – die provisorische Verwaltung dieser Stelle durch Eichendorff »mit Ersatz der Reisekosten und billigem Diätensatz« (HKA XII 261).

8. April: Schön weist die Danziger und die Marienwerder Regierungen an, Eichendorff in seine Geschäfte einzuführen. Er dekretiert, Eichendorff kein »festes Dezernat, das beständige Gegenwart erfordere, zu übertragen, sondern ihn im Bedarfsfalle immer zum Korreferenten zu ernennen« (HKA XII 261). Damit beginnt Eichendorffs ständiges Reiseleben (zunächst zwischen Danzig und Marienwerder), von dem der

Fürst-Bischof von Ermland, Joseph Prinz von Hohenzollern-Hechingen, am *28. Januar 1823* meint: »... ohnehin ist der Mann mit Arbeiten überhäuft und oft leider abwesend, da er der beständige Reisegefährte des Herrn von Schön ist.« (HKA XIII 268)

1. Mai: Eichendorff wird in Danzig in seine Amtsgeschäfte eingeführt. Das Einladungsschreiben vom *30. April* ist von Georg Heinrich Ludwig Nicolovius (1767–1839) unterzeichnet, mit dem Eichendorff später in der Berliner Mittwochsgesellschaft wieder zusammentrifft. – Wilhelm von Eichendorff heiratet in Innsbruck die um 11 Jahre jüngere Julie Fischnaler.

10. Mai: Eichendorff wird vom Regierungs-Präsidium in Marienwerder angewiesen, am *22. oder am 29. Mai* zur Einführung in seine Amtsgeschäfte nach Marienwerder zu kommen. Regierungspräsident in Marienwerder ist der preußische Staatsrat Theodor Gottlieb von Hippel (1775–1843), der für Friedrich Wilhelm III. den Aufruf ›An mein Volk‹ (1813) verfaßt hatte.

16. Juli: Durch die Bulle ›De salute animarum‹ werden die Verhältnisse der katholischen Kirche in Preußen neu geregelt. Joseph Wilhelm Prinz von Hohenzollern-Hechingen, der Fürstbischof von Ermland, wird zum Executor der Bulle ernannt.

31. Juli: Eichendorff leitet als Kommissar die Wahl des Dompropstes Ignaz von Matthy – seines Amtsvorgängers in Danzig – zum Bischof von Kulm. Die Wahl muß eines Formfehlers wegen nochmals wiederholt werden.

19. August: Schön bittet Altenstein, Eichendorff »mit dem Charakter eines Regierungsrates als katholischen Rat beim Oberpräsidio und mit dem damit verbundenen etatsmäßigen Gehalt von 1200 rt. förmlich« anzustellen (HKA XIII 265).

August: Der Kasseler Maler und Dichter Ludwig Sigismund Ruhl (1794–1887) bittet Achim von Arnim, einen Brief an den – nicht nur für Ruhl – verschollenen Eichendorff zu besorgen: »Dieser beiliegende Brief an Eichendorff möchte gern durch Sie an ihn gelangen, so wie ich ja ihn selbst durch Sie habe kennen gelernt, ich weiß weder seinen Wohnort noch seine Titel ...« (Steig, Arnim 495)

5. September: Eichendorff wird – mit dem beantragten Gehalt – durch eine Königliche Kabinettsorder zum Regierungsrat für die Bearbeitung der katholisch-geistlichen und Schulangelegenheiten bei dem Oberpräsidium und der Kirchen- und Schulkommission in Danzig ernannt.

12.–18. September: Eichendorff nimmt – vermutlich – an der Konferenz in Oliva über die Neuregelung der katholisch-kirchlichen Verhältnisse in Preußen – im Anschluß an die Bulle ›De salute animarum‹ – teil. Päpstlicher Bevollmächtigter bei diesen Verhandlungen ist der Fürstbischof von Ermland, Joseph Prinz von Hohenzollern, preußischer Zivilkommissar der Geheime Oberregierungsrat Johann Heinrich Schmedding.

26. September: Altenstein teilt Schön Eichendorffs Ernennung zum Regierungsrat mit. Am gleichen Tag wird die Bestallungs-Urkunde ausgefertigt (Faksimile der Urkunde: Stöcklein 124).

2. Oktober: Schön teilt Eichendorff seine Ernennung mit. Die Bestallung und die Anweisung des Gehaltes verzögern sich bis zur Unterschrift des Königs unter die Urkunde.

6. Oktober: Eichendorff bedankt sich bei Schön für die Ernennung: »Wahrlich, Euer Exzellenz geneigte Anerkennung meines redlichen Strebens und meiner geringen Kräfte ist mir bei diesem für mich so glücklichen Ereignis das Freudigste und mein liebster Lohn! ... unschätzbar ist mir das Glück, unter Euer Exzellenz Befehlen und das Ganze klar erfassender und begeisternder Leitung an das Werk gehen zu können.« (HKA XII 24) – Auch wenn der Floskelstil dieses Amtsbriefes zunächst wenig besagt, so ist doch die gelegentlich apostrophierte Herzlichkeit des Verhältnisses zwischen Schön und Eichendorff einseitig. Der in Litauen geborene Heinrich Theodor von Schön verwaltete seine Provinz musterhaft, mit dem Vernunftstolz des Kantianers, »überzeugt von der Unfehlbarkeit seiner Grundsätze«, aber auch mit der Genauigkeit und der Gewaltsamkeit des baltischen Temperaments. In Theodor von Schön setzte sich über die Zeit der preußischen Reformen hinaus – er war enger Mitarbeiter des Freiherrn vom Stein – der Geist der preußischen Justizaufklärung fort; seine Arbeit vollzog sich »noch in den Formen des aufgeklärten Absolutismus«, die »leitenden Gedanken waren Staatshoheit und Wohlfahrt«. In seiner Provinz soll Schön gewaltet haben »fast wie ein Vizekönig ... Zunächst war er selber der Herr und lebte mit dem Militärbefehlshaber und mit dem Adel auf gespanntem Fuß. Der Regierung in Berlin sagte er freimütig die Meinung, in Reden und Gesprächen wagte er viel, aber man verzieh ihm ob seiner Leistungen. ...Dieser Oberpräsident war ›ein Satrap, der nach oben mit Ungnade und nach unten mit Freiheit spielte‹ ...« (Schnabel 206 95) An der Herzlichkeit von Schöns Gefühlen für Eichendorff kann man – nach seinen privaten Äußerungen über ihn – kaum zweifeln; auch der Versuch, Eichendorffs interimistische Beschäftigung in Berlin zu einer dauernden Anstellung zu machen, scheint eher von dem Wunsch diktiert, Eichendorff den von ihm ersehnten Wirkungskreis zu verschaffen, als von dem Gedanken, einen unbequemen Beamten loszuwerden. Die von Eichendorff empfundene starke weltanschauliche und politische Differenz hat Schön nicht wahrgenommen. Eichendorff notiert in den dreißiger Jahren: »Wie töricht, den subalternen dummen Verstand über den ganzen Menschen zu setzen (wie Schön). Da wird denn freilich aus dem ganzen Leben ein ordentliches, gutes, langweiliges Bureau ...«; und in den zwanziger Jahren schon: »Ein Weltlustspiel ganz kurz bloß worin alle Producte der neuen Zeit vorkommen und sich durcheinanderzanken komisch, nämlich alt behagliche Philister und Kotzebueaner – Weltbürger, Kantianer, Umwälzer, Zerstörer (Schön). ...« (Aurora 1954 33)

19. Oktober: Eichendorff nimmt als Protokollführer an einer Konferenz von Johann Heinrich Schmedding mit dem Fürstbischof von Ermland und dem Bischof von Kulm teil.

21. Dezember: Schön teilt der Danziger Regierung Eichendorffs Ernennung zum Regierungsrat mit. Das bewilligte Gehalt von 1200 Reichstalern wird rückwirkend.

Geboren werden Charles Baudelaire, Dostojewskij, Flaubert. Napoleon stirbt auf St. Helena. – Ludwig Tieck ediert Kleists ›Hinterlassene Schriften‹. Kleists ›Prinz Friedrich von Homburg‹ wird erstmals aufgeführt. Das erste Heft von Wilhelm Müllers ›Lieder der Griechen‹ leitet den literarischen deutschen Philhellenismus ein. E. T. A. Hoffmanns ›Die Serapionsbrüder‹ Bd. 4 erscheint. Goethe lernt in Marienbad Ulrike von Levetzow kennen. Karl Maria von Webers Oper ›Der Freischütz‹ wird in Berlin erstmals aufgeführt und beginnt ihren Siegeszug durch die Welt. Die Freischützmelodien werden in Berlin zu Gassenhauern. – Fürst Metternich wird österreichischer Haus-, Hof- und Staatskanzler. Der griechische Aufstand gegen die Türken beginnt.

1822

9. Januar: Eichendorff beantwortet den durch Arnim übermittelten Brief von Ludwig Sigismund Ruhl: »Mir läßt mein Amt jetzt leider nicht viel Muße zum Dichten, es ist schwer, zweien Herren zu dienen. Doch die Zeit gibt immer mehr Fertigkeit, und die größere Fertigkeit dann wieder mehr Zeit, und so hoffe ich mich wohl noch leidlich einzurichten.« (HKA XII 24) Aus diesem Brief geht auch hervor, daß Eichendorff Goethes seit *1816* erscheinende Zeitschrift ›Über Kunst und Altertum‹ liest.

5. April: Eichendorffs Tochter Agnes Clara stirbt. – Wilhelm von Eichendorff wird zum Kreiskommissär in Rovereto ernannt.

15. April: Eichendorffs Mutter, Karoline von Eichendorff, stirbt in Lubowitz.

20. Mai: Der Fürstbischof von Ermland, Joseph Prinz von Hohenzollern, grüßt Johann Heinrich Schmedding in Berlin von Eichendorff, mit dem er »recht oft« zusammen sei (HKA XIII 267f.). Joseph von Hohenzollern (1776–1836) sucht in Eichendorff einen Verbündeten gegen den staatskirchlich gesinnten Theodor von Schön, an dessen Widerstand alle seine Versuche zur Neuordnung des katholischen Lebens in Westpreußen scheitern. Clemens Brentano hofft im *April 1823*, daß »Gott den Hohenzollern, der in Ermeland, wo er zu sehr als Prophet im Vaterland sehr gelähmt und beistandslos ist, nach Köln setzte ... jetzt steht der Mann auf offener protestantischer Heide, wie ein Kopf ohne Rumpf, vom Sturm hin- und hergerollt, sehr schwermütig und betrübt«. (Brentano, Schriften IX 32)

20. Juni: Der preußische Kronprinz (der spätere Friedrich Wilhelm IV.) hält Tafel »in dem großen Rempter des Marienburger Ritterschlosses« (HKA I, 2 714). Eichendorff hat dazu auf Wunsch Theodor von Schöns das Gedicht ›Der Liedsprecher‹ verfaßt (W I 169–171), das von dem Gymnasiallehrer Theodor Kniewel im Kostüm eines mittelalterlichen Liedsprechers vorgetragen wird: »Da weckte Trompetenklang von der Empore manche große Erinnerung, die hier verkannt und verschüttet seit Jahrhunderten geschlummert, da leuchtete ringsumher die sonnenhelle Landschaft durch die hohen, wieder freigewordenen Fenster herauf, im Hofe wimmelte es wieder bunt und jauchzend, wie in Meister Winrichs großen Tagen. Auch ein Liedsprecher in der alten Tracht hatte sich aus Danzig eingefunden und begrüßte während der Tafel den hohen Herrn mit einem Liede zur Zither, das der Kronprinz, den frisch gefüllten Becher erhebend, mit einem Trinkspruch erwiderte.« (HKA X 112) Der Besuch des Kronprinzen in dem wiederhergestellten Remter der Marienburg verdeutlicht das Interesse Preußens an der nach den Freiheitskriegen aufbrechenden Denkmalsbewegung. Die Marienburg, Festung des Deutschen Ordens, war in den Jahren vor der Renovierung als Magazin benutzt worden und wurde auf Betreiben Theodor von Schöns in den Jahren *1817–1842* vollständig restauriert; Eichendorff schreibt *1843* die Geschichte dieser Wiederherstellung (HKA X 3–121). Die Restaurierung der Marienburg ist gleichsam das östliche Pendant zur Restaurierung und Vollendung des Kölner Domes, die in Angriff genommen wurde, als Eichendorff seine Schrift ›Die Wiederherstellung des Schlosses der deutschen Ordensritter zu Marienburg‹ schrieb. Der Gedanke dieser Restauration enthält nationalistische, aber auch romantische Elemente, da diese Renovationen literarisch ihre Parallele etwa in der Volksliedbewegung (in der durch Achim von Arnim und Clemens Brentano vollzogenen Restauration alter Lieder) haben. Die Marienburg ist ein nach Osten weisendes preußisches Denkmal geworden, wie der Kölner Dom ein nach Westen weisendes deutsches Nationaldenkmal wurde. Das eminent politische Interesse an der Restaurierung der alten Burg belegt auch ein Besuch der Gattin des Zaren (Elisabeth von Baden) in den Jahren zwischen *1822* und *1824*, zu dem Eichendorff das Gedicht »Will Lust die Tor' erschließen« (W I 172 f.) verfaßt.

26. Juni: Schön rühmt in einem Brief an den preußischen Staatsrat Friedrich August Stägemann (1763–1840) Eichendorffs Gedicht ›Der Liedsprecher‹ (Stägemann III 98).

Sommer: Für diese Zeit ist durch Hoffmann von Fallerslebens Autobiographie ›Mein Leben. Aufzeichnungen und Erinnerungen‹ (Hannover 1868, Bd. I 198) ein Aufenthalt Eichendorffs in Berlin belegt. Hoffmann von Fallersleben lernt Eichendorff im Hause Chamissos kennen: »Ich ging nachher noch mit Eichendorff eine Zeitlang spazieren in den langen stillen Straßen Berlins, wir unterhielten uns viel über Poesie und Philisterei.« Diese Erinnerung ist ein zusätzlicher Beleg für Hermann von Eichendorffs Mitteilung, daß Eichendorffs »dramatisches Märchen in fünf Abenteuern, ›Krieg den Philistern‹, das er noch während der Referendarszeit in Breslau begonnen haben soll, schon *1822* abgeschlossen wurde (Biographie 111). Im Umkreis dieser geistvollen, an Tieck und Brentano orientierten Satire, welche die für Eichendorffs Werk so typische Scheidung von poetischen und philiströsen Menschen vollzieht, satirisch das poetische Philistertum, den grassierenden biedermeierlichen Dilettantismus, ebenso beschreibt, wie das politische Philistertum, entstehen Gedichte, wie ›Der neue Rattenfänger‹ (»Juchheisa! und ich führ den Zug«) und ›Hermanns Enkel‹ (»Altdeutsch! – Altdeutsch? – Nun, das ist«). Die in dieser Zeit bei Eichendorff besonders ausgeprägte Satire modischer »Vaterländerei« wird vermutlich auch durch die Renovierungsfeiern auf der Marienburg erweckt.

Herbst: Vermutlich im Anschluß an die dramatische Satire nimmt Eichendorff auch die Arbeit am ›Taugenichts‹ wieder auf, so daß schon von der Entstehungszeit der Erzählung her ihre satirischen Züge verständlich werden. Da im 8. Kapitel des ›Taugenichts‹ vom »seligen Hoffmann« die Rede ist, kann dieses Kapitel nicht vor dem *25. Juni 1822*, dem Todestage E. T. A. Hoffmanns, geschrieben sein (vgl. Kommentar I 147). Das Zitat aus dem ›Freischütz‹ im 10. Kapitel aber weist auf Eichendorffs Berlinaufenthalt *1822* oder *1823*, nachdem sich Heinrich Heine (›Briefe aus Berlin‹) schon im *März 1822* in Berlin durch dieses Lied (»Wir winden dir den Jungfernkranz«) »von morgens früh bis spät in die Nacht verfolgt« fühlt.

26. November – 13. Dezember: In den Nummern 95–98 und 100 der Danziger Zeitschrift ›Der Ährenleser auf dem Felde der Geschichte, Literatur und Kunst‹ erscheinen ›Einige Szenen aus dem noch ungedruckten Lustspiel: Liebe versteht keinen Spaß von Jos. Freiherrn v. Eichendorff‹ (eine erste Fassung des Lustspiels ›Die Freier‹; vermutlich schon *1816* entstanden oder entworfen).

Goethes ›Campagne in Frankreich‹ und ›Belagerung von Mainz‹ erscheinen.

1823

9. Januar: In Nr. 8 der ›Abendzeitung‹ (hrsg. von C. G. Th. Winkler = Theodor Hell) erscheint, mit einer erläuternden Notiz, Eichendorffs Gedicht ›Der Liedsprecher‹ (HKA I, 2 714).

31. Januar – 11. Februar: In den Nummern 18–24 der ›Deutschen Blätter für Poesie, Literatur, Kunst und Theater‹, herausgegeben von Eichendorffs Breslauer Bekannten Karl Schall (Lustspieldichter und Theaterdirektor, 1780–1833) und Karl von Holtei, erscheinen ›Einige Szenen aus Krieg den Philistern! dramatisches Märchen von Joseph Freiherrn v. Eichendorff‹.

7. April: Fürstbischof Joseph Prinz von Hohenzollern teilt Heinrich Schmülling, Gymnasialdirektor in Braunsberg, Eichendorffs ›Kirchenlied‹ (»O Maria, meine Liebe!«) mit. »Herr von Eichendorff ... hat es auf meine Bitte gedichtet. Herr von Eichendorff ist einer der geist- und gemütvollsten Menschen, die ich kenne, dabei ein treuer, eifriger katholischer Christ und ein ausgezeichneter Dichter, er ist mein Freund und mein bester Umgang allhier, er hat mir bei der Regierung schon manches glücklich durchfechten helfen.« (HKA XIII 267) Lehrer in Braunsberg ist u. a. Karl Biester, Eichendorffs Freund seit der gemeinsamen Zeit bei den Lützower Jägern, der Sohn des Berliner (rationalistischen) Publizisten Johann Erich Biester.

24. April: Joseph Prinz von Hohenzollern teilt Johann Heinrich Schmedding Eichendorffs ›Kirchenlied‹ mit: »Schon wird es im lieben Ermlande nach einer sehr lieblichen Weise von Tausenden gesungen.« (HKA XIII 267) – Da in Nr. 20 der ›Deutschen Blätter‹ *(4. Februar 1823)* zugleich mit einer Fortsetzung von Eichendorffs ›Krieg den Philistern!‹ ein Gedicht von Willibald Alexis gedruckt worden war, wird Alexis auf den Teildruck des »dramatischen Märchens« aufmerksam und bespricht ihn im ›Literarischen Konversations-Blatt‹: »... die Perle des ersten Quartals ist das eben so charakteristische, als witzige und von wahrer Poesie zeugende, dramatische Märchen des Freiherrn von Eichendorff, Krieg den Philistern, betitelt. Technische Vollendung bei übersprudelndem Humor und dabei doch kein überflüssiges Wort.« (Niggl I 103)

26. August: Eichendorff wird zur Vertretung von Schmedding, der als Zivilkommissar für die Durchführung der Bulle

›De salute animarum‹ in die preußischen Westprovinzen reist, als Hilfsarbeiter an das Kultusministerium nach Berlin berufen. Schön schreibt an Altenstein: »... wenn ich befragt wäre, wer gerufen werden könne? so würde ich auch den Baron v. Eichendorff haben nennen müssen, denn ich weiß keinen Würdigern.« (HKA XIII 266)

6. September: Abreise Eichendorffs von Danzig nach Berlin, von wo er erst gegen Jahresende wieder zurückkehrt. Vom Tag der Abreise an werden ihm für die Dauer der Beschäftigung in Berlin Diäten »von 5 Reichstalern täglich« bewilligt (HKA XIII 87). – In Berlin verkehrt Eichendorff u. a. mit Willibald Alexis, Friedrich von Raumer, Julius Eduard Hitzig, Adelbert von Chamisso.

26. September bis 7. Oktober 1823: In den Nummern 152 bis 158 der ›Deutschen Blätter für Poesie, Literatur, Kunst und Theater‹ (Breslau) erscheint ›Ein [das erste] Kapitel aus dem Leben eines Taugenichts‹.

Oktober: Wilhelm von Eichendorff wird zum Wirklichen Gubernial- und Präsidialsekretär in Innsbruck ernannt.

13. Oktober: Eichendorff informiert Altenstein über die »katholische Geistlichkeit an der hiesigen [Berliner] St.-Hedwigs-Kirche«. Er ist damit – vermutlich – sowohl in die Überlegungen des Kultusministeriums zur Neubesetzung der Stelle des Propstes von St. Hedwig einbezogen (Propst Ambrosius Taube, Beichtvater Clemens Brentanos, ist *1823* gestorben), als auch in die Vorbereitungen zur geistlichen Betreuung der künftigen Gattin des preußischen Kronprinzen, der (katholischen) Prinzessin Elisabeth von Bayern (vgl. Aurora 1960 66–69).

10. November: Altenstein dankt Eichendorff für dessen »mit so vieler Sachkenntnis und Offenheit gefälligst mitgeteilten Ansichten« über die »Verbesserung des katholischen Kirchenwesens in Westpreußen« (HKA XIII 88). (Dieses Gutachten über die ›Angelegenheit der Stifter und Klöster im Departement der Regierung zu Danzig‹, das »die außerordentliche Roheit des Klerus« in Westpreußen hervorhebt, und die noch bestehenden, möglichst bald zu Gunsten der Pfarrgemeinden aufzulösenden, Klöster als »barbarische Schlupfwinkel der Trägheit und Unwissenheit« bezeichnet, wird inhaltlich referiert von Pörnbacher 74, auszugsweise zitiert von Stöcklein 149 f.).

23. November: Eichendorffs Onkel, Vincenz von Eichendorff, stirbt in Lubowitz. Schloß und Gut Lubowitz werden *1823* zwangsversteigert.

29. November: Der preußische Kronprinz, der spätere Friedrich Wilhelm IV., heiratet Elisabeth Prinzessin von Bayern.

8. Dezember: Altenstein kündigt Schön die Rückkehr Eichendorffs nach Danzig an: »Für das mir durch Überlassung des Herrn von Eichendorff gebrachte Opfer sage ich Ew. Exzellenz umso lebhafteren Dank, da derselbe dem Zweck seiner Hierherberufung ganz genügt und mir durch seine musterhafte Tätigkeit und Art zu arbeiten und sich zu benehmen, sehr teuer geworden ist.« (HKA XIII 266, korrigiert durch Pörnbacher 27 und 89)

Dezember: Vermutlich um Weihnachten, nicht schon zur Herbstmesse, erscheint Eichendorffs dramatische Satire ›Krieg den Philistern!‹ bei Ferdinand Dümmler in Berlin.

Das Jahr *1823* bedeutet für die literarische Öffentlichkeit die Wiederbegegnung mit dem seit *1818* verschollenen Dichter Joseph von Eichendorff, der nun mit Drama, Erzählung und Lyrik vor das Publikum tritt. Für die vom Archidiakonus Kniewel gestiftete Danziger Liedertafel dichtete Eichendorff *1823 oder 1824* drei seiner ›Tafellieder‹, nämlich »Gleich wie Echo frohen Liedern«, das häufig gesungene »Viel Essen macht viel breiter« und »Auf feur'gem Rosse kommt Bacchus daher« (W I 110–113, 114 f.; HKA I, 2 675 ff.). Auch eine Reihe von ›Sprüchen‹ datiert Uhlendorff in die Danziger Jahre (Aurora 1955 56 f.), dies vor allem deshalb, weil auf der Rückseite des Blattes, auf der diese ›Sprüche‹ aufgezeichnet sind, sich von Eichendorffs Hand die Bemerkung findet: »Parodie von Göthes Lied ›Kennst Du das Land, wo die Kartoffeln blühn?‹ p. (auf Westpreußen angewendet).«

Zacharias Werner stirbt. – Goethe schreibt die Marienbader Elegie. Er vollendet die ›Zahmen Xenien‹. Beethoven komponiert die 9. Symphonie. Franz Schubert vertont Wilhelm Müllers Zyklus ›Die schöne Müllerin‹. – Lord Byron kämpft auf der Seite der Griechen im griechischen Unabhängigkeitskrieg.

1824

13. Januar: Georg Heinrich Nicolovius rät Julius Eduard Hitzig, das von Eichendorff für Schmedding bestimmte Exemplar von ›Krieg den Philistern!‹ diesem auch tatsächlich zu übergeben: »Er hat viel Sinn für Witz und geistreichen Spott, und kann daher wohl eine Freude an dem überraschend reichhaltigen Werke haben und den Verfasser von neuen Seiten liebgewinnen.« (HKA XIII 88)

16. Januar: Hitzig teilt Eichendorff mit, daß er die ihm übergebenen Freiexemplare von ›Krieg den Philistern!‹ weitergeleitet habe (darunter auch die Exemplare für Nicolovius und Schmedding).

Januar/Februar: In einer Zeit literarischer Windstille wird Eichendorffs ›Krieg den Philistern!‹ überraschend häufig und positiv besprochen (vgl. Niggl I 105–126).

11. März: Schön läßt Eichendorff sagen, daß sein »Philisterkrieg« auch in Marienwerder Anklang gefunden habe, »aber die rechte Wärme dafür wäre nicht da. Das mag die Philisterei hier selbst machen.« (HKA XIII 274)

17. März: Einem Brief des Ermländer Fürstbischofs ist zu entnehmen, daß Eichendorff »kürzlich an einem bedenklichen Blutauswurf gelitten« hat (HKA XIII 268).

13. April: Durch königliche Kabinettsorder werden die Oberpräsidien von Ost- und Westpreußen vereinigt und das Oberpräsidium der neuen Provinz Preußen Theodor von Schön übergeben. Sitz des Oberpräsidiums ist Königsberg.

22. April: Eichendorff dankt Willibald Alexis für die Zusendung seiner Novellen (gemeint sind wohl die *1823* erschienenen Erzählungen ›Die Schlacht bei Torgau‹ und ›Der Schatz der Tempelherren‹), er verspricht eine Rezension im Danziger ›Ährenleser‹, der jedoch schon *1824* sein Erscheinen einstellt. Alexis hatte versucht, Eichendorff zu einer Parodie des Berliner Theaterlebens zu bewegen, zumal des Kampfes zwischen »Deutschen« und »Welschen« um Gasparo Luigi Spontinis pompös inszenierte Oper ›Olympia‹, den schon Heinrich Heine *1822* mit spitzer Feder beschrieben hatte (›Briefe aus Berlin‹. Zweiter Brief). Eichendorffs resignierende Antwort verdeutlicht die Kulturferne der Danziger Provinz. Im gleichen Brief dankt Eichendorff für die freundliche Besprechung des »Philisterkrieges«, der auch in Westpreußen mit der Partei der Alt-Tieckianer, zu der er doch selbst gehöre, in ein Handgemenge geraten sei: »Das ist in der Tat spaßhaft. Es konnte mir doch natürlicherweise niemals in den Sinn kommen, mit Tieck zu rivalisieren. Aber warum sollte mich sein Zerbino abhalten, es auf meine eigene Hand lustig zu finden, daß die Welt seitdem eben nicht sonderlich gescheiter geworden ist.« (Wächter 1931 115) Alexis' und Raumers Lob des ›Taugenichts‹ gibt offenkundig den Anreiz, die Erzählung zu vollenden. Eichendorff erkundigt sich auch nach Friedrich von Raumers ›Geschichte der Hohenstaufen‹, ein erster Hinweis auf den Plan seines Trauerspiels ›Ezelin von Romano‹.

5. Juni: Eine königliche Kabinettsorder bestimmt, daß Eichendorff als Oberpräsidialrat »dem p. von Schön nach Königsberg folge und ihm dafür eine Gehaltszulage von 300 rt. jährlich aus dem Dispositionsfonds des Oberpräsidii gezahlt werde« (Pörnbacher 28).

9. Juli: Eichendorff mit Theodor von Schön auf der Reise nach Königsberg, über Marienburg und Marienwerder.

15. Juli: Theodor von Schön schreibt an seine Frau: »Da sitze ich nun auf dem alten wüsten Schlosse, [in Königsberg] ... Eichendorff findet nur die Aussicht furchtbar, und H. p. Peters nannte die obere Turmstube schauderhaft. B. Eichendorff wohnt in der unteren Turmstube ...« (HKA XIII 274)

19. Juli: Theodor von Schön schreibt aus Königsberg an seine Frau: »Eichendorff sagt: Danzig wird hier nicht so bald sein. Er sitzt noch in seinem Turme ...« (HKA XIII, 274)

3. August: Eichendorff mit Theodor von Schön und dem Königsberger Historiker Johannes Voigt (1786–1863), »der mit uns die Reise bis Marienburg macht« (HKA XIII 275), in Gumbinnen. Voigts ›Geschichte Marienburgs‹ erscheint 1824 in Königsberg.

Um 10. August: Theodor von Schön besucht zusammen mit Joseph von Eichendorff und Johannes Voigt – auf der Rückreise von Ost- nach Westpreußen – Joseph Prinz von Hohenzollern in Schmolainen.

2. September: Joseph Prinz von Hohenzollern bittet Eichendorff, Theodor von Schön zu bestimmen, über die »Errichtung eines katholischen Pfarrsystems in Marienwerder« positiv zu urteilen (HKA XIII 89). Er sorgt sich um Schöns Imprimatur für das neue »Diözesan-Religions-Handbuch« und äußert sich »mit Schmerz und Schrecken« über Schöns »überall geflissentlich laut« ausgesprochene Maxime: »Die Religion gehöret *nicht* in die Schule.« Schöns Haltung gegenüber dem Katholizismus in seiner Provinz beginnt sich in dieser Zeit zu versteifen. Den Höhepunkt seiner Kampagne gegen Jesuitismus, Kryptokatholizismus und Proselytenmacherei bildet die von ihm dem König mitgeteilte Entdeckung eines »Agenten der katholischen Kirche« *(21. Mai 1826)* durch den er von der Existenz eines alle evangelischen Länder überziehenden Netzes »von heimlichen Katholiken« erfahren haben will. Als die sonderbare Angelegenheit in Berlin niedergeschlagen wird, intensiviert Schön die Kampagne durch eine Verdächtigung gegen Nicolovius, von dem er behauptet, er sei heimlich zum katholischen Glauben übergetreten. Dies führt schließlich am *11. Juni 1827* zu einer – von Schön nicht akzeptierten – Rüge des Königs (vgl. Schön III 88ff. und V 156ff.). Schöns Kampagne gegen den Katholizismus in seiner Provinz hatte offenkundig auch Rückwirkungen auf sein Verhältnis zu Eichendorff. Eine gewisse Entfremdung konnte nicht ausbleiben.

8. September: Rudolf von Eichendorff, der Onkel des Dichters, moniert aus Wien »das halbjährige Plusquantum von 200 fl. Wiener Währung« der Lehens-Rente des Gutes Sedlnitz, das ihm seit dem Todestag seines Bruders Vincenz zukomme (HKA XIII 25f.).

23. September: Die Familie Eichendorff zieht von Danzig nach Königsberg um; die Danziger Zeitschrift ›Der Ährenleser‹ druckt am

28. September ein Abschiedssonett für Eichendorff (Niggl I 126f.). Eichendorff verfaßt zum Abschied, für die Danziger Liedertafel, das Gedicht ›Zum Abschied‹ (»Horcht! die Stunde hat geschlagen«, W I 113). Welche Bedeutung Eichendorff den Liedertafeln und Singvereinen zumaß, geht aus einer Denkschrift hervor, die er Ende der zwanziger Jahre für die Errichtung einer Normalmusikschule in Danzig verfaßt: »Es erscheint ... hochwichtig, insbesondere die Tonkunst auf jenen Standpunkt zu erheben, wo sie nicht etwa bloß einzelnen frivolen Affekten schmeichelt oder als Virtuosität das Ohr des sogenannten Kenners kitzelt, sondern das Gemüt mit jener tiefen, ernsten, heiligen Gewalt erfüllt und erfrischt, welche dem ganzen Leben eine höhere Bedeutung gibt. Diese Aufgabe wurde ehedem von der Kirchenmusik gelöst. Sie ist aber mit allen dazu vorbereitenden Anstalten während der nicht fernliegenden, dem Großen und Ernsten abgewendeten Zeit, in oberflächlichem Dilettantismus fast gänzlich untergegangen. Erst den großen Ereignissen der letzten Zeit war es vorbehalten, den Sinn, wie im Leben so in der Kunst, wieder auf das Würdige zu wenden. Mehrere achtungswerte, von der Erhabenheit der Musik durchdrungene Tonkünstler und gleichgesinnte Musikliebhaber erkannten das Bedürfnis, und so entstanden einerseits Singvereine, die sich der ernsteren Kirchenmusik wieder widmeten, andererseits wurde der Gesangsunterricht in allen Schulen eingeführt. ...« (Aurora 1958 81 f.)

Kurz vor seiner Abreise aus Danzig soll sich Eichendorff entschlossen haben, August Ludwig Busch (1804–1855), später Direktor des Königsberger Observatoriums, als Hauslehrer seiner Söhne mit nach Königsberg zu nehmen, um ihm so das Studium der Astronomie bei dem berühmten Königsberger Astronomen Friedrich Wilhelm Bessel zu ermöglichen. Noch *1854* erinnert sich Busch der ersten Begegnung mit Eichendorff in dessen Landhaus in Silberhammer bei Danzig: »Diesen Augenblick werde ich stets als den Wendepunkt der glücklichsten Art meines Lebens betrachten ...« (HKA XIII 199)

8. Oktober: Eichendorff, »seit einigen Wochen von Danzig nach Königsberg versetzt«, berichtet seinem Onkel Rudolf in Wien, daß er den Pächter des Lehensgutes Sedlnitz angewiesen habe, Rudolf von Eichendorff »vom Todestage des Oncle Vinzenz ab 1500 Gulden W[iener] W[ährung] prompt und ohne Abzug zu zahlen« (HKA XII 25 f.). Er erklärt, wie wenig später auch sein Bruder Wilhelm, »von Sedlnitz in [seinem] ganzen Leben auch noch nicht *einen* Groschen gehabt« zu haben.

14. Oktober: In der ›Spenerschen Zeitung‹ in Berlin erscheint Julius Eduard Hitzigs »Vorschlag« zur Stiftung eines Vereines von »Freunden der Poesie«, die sich »wöchentlich einmal, vorläufig in den Winterabenden, in einem dazu zu bestimmenden Lokal ... versammeln, sich gegenseitig das neueste aus der poetischen Literatur durch Vorlesung einzelner Gedichte aus neuen Sammlungen, dramatischer Werke von nicht zu großem Umfange usw. zur Kenntnis ... bringen, und, nach den Lesestunden, bei einer Mahlzeit darüber ... besprechen oder auch nicht ... besprechen«. (Liederbüchlein 1827 VI). Der Verein, die spätere Mittwochsgesellschaft, deren Mitglied Eichendorff werden sollte, wird am

26. Oktober gestiftet und tritt am

3. November erstmals zusammen.

Mit der Versetzung nach Königsberg *1824* wird Eichendorff noch weiter von Berlin, dem lebendigen Kulturzentrum Preußens, entfernt. Sein Hinweis, daß er nun »nahe der Schneelinie« lebe (Biographie 117), bezieht sich ebenso auf das geistige wie auf das geographische Klima im Lande Kants.

Über seine Amtsgeschäfte in Königsberg unterrichtet der Aufsatz von Christian Herbst (Oberpräsidialrat Joseph von Eichendorff, Aurora 1958 75 ff.; vgl. auch Hans-Jürgen Belke, Die preußische Regierung zu Königsberg 1808–1850, Köln und Berlin 1976). Zu seinen Freunden und Bekannten sollen in Königsberg gezählt haben: der Astronom Friedrich Wilhelm Bessel (1784–1846), der Historiker Johannes Voigt, die Brüder Rudolf von Auerswald (1795–1866; später Oberbürgermeister in Königsberg, 1848 Oberpräsident der Provinz Preußen und preußischer Staatsminister) und Alfred von Auerswald (1797–1870; 1848 kurze Zeit preußischer Innenminister), der Schriftsteller und Literarhistoriker August Hagen (1797–1880; 1825 außerordentlicher, 1831 ordentlicher Professor für Kunst- und Literaturgeschichte an der Universität Königsberg) und der Kunstschriftsteller und Kunsthistoriker Karl Schnaase (1798–1875; 1826 Assessor in Königsberg, 1829 Rat beim Oberlandesgericht in Marienwerder). Der Philosoph Karl Rosenkranz gehörte wohl kaum zu Eichendorffs engerem Bekanntenkreis in Königsberg (wie Biographie 117 behauptet), da er erst *1833* nach Königsberg berufen wurde. »Mit einem Teile der Genannten und andern Gleichgesinnten hatte Eichendorff ein sogenanntes Lesekränzchen gebildet, das sich wöchentlich einmal abends versammelte und wo alle bedeutenderen Erscheinungen der Literatur gemeinschaftlich gelesen und besprochen wurden.« (Biographie 118) Eichendorff wird während der Königsberger Jahre u. a. in die Königsberger Liedertafel, die Königliche Deutsche Gesellschaft zu Königsberg (vgl. Niggl I 181 ff.) und in die Berliner Gesellschaft für deutsche und ausländische Literatur aufgenommen (Biographie 118).

Goethe rezensiert Friedrich von Raumers ›Geschichte der Hohenstaufen und ihrer Zeit‹. In Wien wird Ferdinand Raimunds Zauberspiel ›Der Diamant des Geisterkönigs‹ aufgeführt. In Griechenland stirbt Lord Byron.

1825

Januar: Wilhelm von Eichendorff wird in Innsbruck Zensor der »literären Blätter und Journale« (Aurora 1966 13).

12. Januar: Theodor von Schön sammelt in Berlin Material für Johannes Voigts ›Geschichte Preußens von den ältesten Zeiten bis zum Untergange der Herrschaft des Deutschen Ordens‹ (1827–1839, 9 Bde.). Er läßt »durch Baron Eichendorff dem Professor Voigt wissen, daß wir eine Menge wichtiger Schriften über die preußische Geschichte von Rom« bekommen (HKA XIII 275).

2. Februar: Aus Eichendorffs vielfältiger, amtlicher Tätigkeit in Königsberg ist (mit dem Datum des *2. 2. 1825*) ein Brief über die Versorgung eines Spediteurs erhalten (Jb FDH 1972 436).

15. März: Eichendorff erhält sein Dimissionspatent als Sekondeleutnant (Biographie 248).

3. April: Otto Heinrich Graf von Loeben stirbt in Dresden. Er hat sich noch wenige Wochen vor seinem Tod bei Justinus Kerner einer magnetischen Heilkur unterzogen. Nach Kerners Meinung war Loebens Todeskrankheit »eine völlig ausgebildete im Gehirn fixierte Epilepsie, die ihn besonders bei nicht wachem Gehirne nachts im Schlaf befällt, und in der er dann stundenlang ohne irgend einen Funken von Bewußtsein mit blutigem Schaum vor dem Munde röchelnd liegt« (Pissin, Loeben 304).

4. Mai: In Nr. 71 der Berliner Zeitschrift ›Der Gesellschafter oder Blätter für Geist und Herz‹, herausgegeben von Friedrich Wilhelm Gubitz, erscheint Eichendorffs ›Trinklied‹ (»Viel Essen macht viel breiter«), das mit einer populären Melodie rasch verbreitet wurde. Vor allem Theodor von Schön scheint sich als Propagandist des Liedes betätigt zu haben (vgl. HKA XIII 275), in dem er selbst und Eduard Heinrich von Flottwell (1786–1865, 1816 Oberpräsidialrat in Danzig, 1825 Regierungspräsident in Marienwerder, 1830 Oberpräsident der Provinz Posen, später preußischer Finanzminister und kurzfristig Innenminister) dargestellt sein sollen: »... Flottwell hat ein großes Talent in der Gestaltung eines Gedankens, und auch wohl in dessen Ausführung, er kann mit Leichtigkeit sich Ideen aneignen, er ist aber nicht ideenreich, wie schon Eichendorff in seinem Gedicht: In die Höh', ihn (Flottwell) und mich darstellt ...« (HKA XIII 289) Unter dem von Schön konsequent verwendeten Titel ›In die Höh. Tafellied‹ erscheint das Gedicht dann im Anhang zum ›Taugenichts‹ *1826*.

1. Mai: Willibald Alexis lädt Eichendorff »zur Teilnahme an der von der Mittwochsgesellschaft herauszugebenden Zeitschrift« ein.

30. Mai: Eichendorff gratuliert Willibald Alexis zu seinem Entschluß, als freier Schriftsteller zu leben. Der Roman ›Waldmor‹ *(1824)* habe ihn und »Gleichgesinnte hoch erfreut«. Die Einladung zur Zeitschrift der Mittwochsgesellschaft muß er aus Mangel an passenden Texten vorläufig ausschlagen. Nur den »Taugenichts, dessen erstes Kapitel Ihnen zu meiner Freude gefallen, lasse ich vielleicht einmal in die Welt wandern« (Aurora 1957 nach 80). Er dankt Alexis für »die beabsichtigte Erneuerung des Kampfes für den Philisterkrieg« und für seine Bemühung um die Beschaffung von Raumers ›Geschichte der Hohenstaufen‹, die er »endlich vollständig ... so spät erhalten habe«. Er lebe »den hergebrachten Schlendrian fort. Die Versetzung nach Königsberg hat nichts verändert als daß ich mehr Gehalt und mehr Geschäfte habe, also fortwährend der alte Kampf zwischen Muse und Muße.« (Faksimile des Briefes: Aurora 1957 nach 80)

8. Oktober: Durch einen Königsberger Freund übersendet Eichendorff Julius Eduard Hitzig das Manuskript jener ersten Sammlung von Erzählungen und Gedichten, die unter dem Titel ›Aus dem Leben eines Taugenichts und das Marmorbild. Zwei Novellen, nebst einem Anhange von Liedern und Romanzen von Joseph Freiherrn von Eichendorff‹ *1826* erscheint. Im Begleitbrief erwähnt er, daß er – für diese zweite Auflage – ›Das Marmorbild‹ »nicht wieder habe abschreiben lassen«. Er schlägt vor, das ganze in »*einem* Bändchen mit dem Kollektiv-Titel ›Novellen, Lieder u. Romanzen‹ in folgender Ordnung« abzudrucken:

»1. Inhaltsverzeichnis,

2. Das Marmorbild, aus dem Fr[auen]Taschenb[uch] v. 1819,

3. Die erste Abteilung der Gedichte,

4. Der Taugenichts, u.

5. Die zweite Abteilung der Gedichte.«

Die endgültige Anordnung der Sammlung unterscheidet sich von diesem Vorschlag insofern, als die Gedichte – in zwei Abteilungen – auf den Druck des ›Taugenichts‹ und des ›Marmorbildes‹ folgen. Da Eichendorff »Abänderungen in der Reihenfolge« Hitzig überlassen hat, wird die endgültige Textfolge wohl von diesem stammen. (Zur Intention von Eichendorffs Textanordnung vgl. ter Haar). Er bittet, das Manuskript wieder Dümmler, dem Verleger seines ›Krieg den Philistern!‹, anzubieten.

14. Oktober: Im Auftrag Theodor von Schöns schreibt Eichendorff aus Gumbinnen an den preußischen Kultusminister Altenstein über die »noch fehlenden Malereien im Saale der Königl. Familie zu Marienburg«. Er bezieht sich dabei auf einen Brief von Karl Friedrich Schinkel (1781–1841; seit 1815 Geheimer Oberbaurat in Berlin) vom *5. Oktober*. Schinkels Brief beantwortet er ebenfalls am *14. Oktober* und wertet dessen Mitteilungen dienstlich aus (Ziesemer 306 f.).

Da Eichendorff im Manuskript seines Lustspiel-Fragmentes ›Wider Willen‹ bemerkt: »Man hört Wildrungen hinter der Szene in einiger Entfernung die erste Abteilung meines Liedchens aus meiner Gedichte-Sammlung: ›Euch, Wolken beneid' ich‹ singen ... Oder vielmehr wohl das Gedicht aus meiner Gedichte-Sammlung: worin vorkommt ›Ich hab ein Roß mit Flügeln.‹« (GA IV 1441), wurde geschlossen, »daß dieser Teil des Lustspiels nicht vor 1826 entstanden ist« (Kommentar I 212). Die Notiz kann sich nämlich nur auf die 1826 erstmals erschienene Sammlung beziehen. Terminus a quo für das Fragment, das zur Entstehungsgeschichte der ›Freier‹ gehört, ist also der Abschluß des Manuskriptes der Sammlung im *Herbst 1825*. Das Fragment ›Wider Willen‹ ist demnach vermutlich zwischen *Herbst 1825* und *Juni 1829* (als die ›Freier‹ druckfertig waren) entstanden.

Geboren werden Ferdinand Lasalle und Conrad Ferdinand Meyer. Jean Paul stirbt. In Wien wird Grillparzers Tragödie ›König Ottokars Glück und Ende‹ uraufgeführt. Goethe wird in Weimar anläßlich der 50. Wiederkehr seiner Ankunft im Großherzogtum mit großem Pomp gefeiert. – In Bayern beginnt mit der Thronbesteigung Ludwigs I. die liberale Reformperiode. – In Karlsruhe wird die erste Technische Hochschule in Deutschland eröffnet. In England verkehrt zwischen Stockton und Darlington eine Eisenbahn.

1826

4. Januar: In Nr. 2 des ›Gesellschafters‹ erscheint das zuerst in ›Ahnung und Gegenwart‹ gedruckte Gedicht »Wo treues Wollen, redlich Streben« unter der Überschrift ›An die Dichter‹.

7. Januar: Im ›Gesellschafter‹ (Nr. 4) erscheint Eichendorffs Gedicht ›Glückliche Fahrt‹ (»Wünsche sich mit Wünschen schlagen«), das zuerst im ›Frauentaschenbuch‹ für 1816 erschienen ist.

16. Januar: Im ›Gesellschafter‹ (Nr. 9) erscheint das Gedicht »Durch Feld und Buchenhallen« unter dem Titel ›Reise-Lied‹. Felix Mendelssohn-Bartholdy, der sich die Schlußverse dieses Gedichtes auf seinen Grabstein setzen ließ, hat das Lied wohl schon in diesem Druck kennengelernt.

28. Januar: Im ›Gesellschafter‹ (Nr. 16) erscheint – getrennt in die Gedichte »Euch Wolken beneid ich« und »Euch Wolken bedaur ich« – das Gedicht ›Leid und Lust‹, das erstmals in Loebens ›Hesperiden‹ erschienen war.

4. Februar: Im ›Gesellschafter‹ (Nr. 20) erscheint unter dem Titel ›Frühlingsfahrt‹ das Gedicht »Es zogen zwei rüst'ge Gesellen«, das zuerst im ›Frauentaschenbuch‹ für 1818 erschienen war.

25. Februar: Im ›Gesellschafter‹ (Nr. 32) erscheint der Zyklus ›Der zufriedene Musikant‹ (»Wandern lieb ich für mein Leben«; »Wenn die Sonne lieblich schiene«; »Ist auch schmuck nicht mein Rößlein«; »Mürrisch sitzen sie und maulen«). Das Gedicht »Wenn die Sonne lieblich schiene« wurde zuerst in ›Ahnung und Gegenwart‹, dann unter dem Titel ›Liedchen‹ in Friedrich Raßmanns ›Hesperischen Klängen in deutschen Weisen‹ *(1824)* gedruckt.

1. März: Im ›Gesellschafter‹ (Nr. 34) erscheint das Gedicht ›Bei einer Linde‹ (»Seh ich dich wieder, du geliebter Baum«).

13. März: Im ›Gesellschafter‹ (Nr. 41) erscheint das Gedicht »Laue Luft kommt blau geflossen« unter dem Titel ›Frische Fahrt‹, das zuerst in ›Ahnung und Gegenwart‹ erschienen war.

16. März: Einem Briefentwurf Eichendorffs an Theodor von Schön, datiert: »Berl[in] *d. 16t März 1826*« (HKA XII 26 ff.), ist zu entnehmen, daß der Dichter in Berlin seine Frau abholt und für *Mitte April* eine kurze Schlesienreise plant: »Ich gedenke nämlich, wenn Dieselben nicht anders befehlen sollten, spätestens Mitte *Aprils* auf wenige Tage in Breslau einzutreffen, so daß ich jedoch zur Hin- und Rückreise höchstens drei Wochen gebrauchen würde.« (HKA XII 28) Es ist die Möglichkeit nicht auszuschließen, daß Eichendorff seinen kurzen Berlinaufenthalt auch dazu benutzt hat, selbst Korrektur seiner ersten Sammelpublikation (TM) zu lesen. Aus Berlin berichtet er Schön u. a. über den wegen seines Lebenswandels berüchtigten Satiriker Julius von Voß (1768–1832); der Hinweis auf die zu sammelnden »Materialien« bezieht sich eventuell auf Voigts ›Geschichte Preußens‹ oder auf eigene Pläne zu historischen Dramen.

18. März: Im ›Gesellschafter‹ (Nr. 44) erscheint Eichendorffs Gedicht ›Treue‹ (»Frisch auf, mein Herz! wie heiß auch das Gedränge«), das zuerst im ›Frauentaschenbuch‹ für 1818 erschienen war.

30. März: Theodor von Schön berichtet aus Danzig über eine Visitationsreise in Westpreußen, die er mit Flottwell und Eichendorff unternimmt. Nach diesem Bericht ist Eichendorff vom *25.–28. März* in Pelplin und Stargardt, am *29. und 30. März* wieder in Danzig.

14. April: Im ›Gesellschafter‹ (Nr. 59) erscheint Eichendorffs Gedicht »O Täler weit, o Höhen«, das zuerst in ›Ahnung und Gegenwart‹ erschienen war, unter dem Titel ›Im Walde der Heimat‹.

22. April: Im ›Gesellschafter‹ (Nr. 64) erscheint das Gedicht ›Die Brautfahrt‹ (»Durch des Meeresschlosses Hallen«), das zuerst im ›Frauentaschenbuch‹ für 1816 erschienen war.

29. April: Im ›Gesellschafter‹ (Nr. 68) erscheint Eichendorffs Gedichtzyklus ›Nachtbilder‹ (»Ich wandre durch die stille Nacht«; »Er reitet nachts auf einem braunen Roß«; »Nächtlich dehnen sich die Stunden«; »Vergangen ist der lichte Tag«).

April: Zur Ostermesse erscheint in Berlin in der Vereinsbuchhandlung Eichendorffs erste Sammelpublikation ›Aus dem Leben eines Taugenichts und das Marmorbild. Zwei Novellen nebst einem Anhang von Liedern und Romanzen von Joseph Freiherrn von Eichendorff‹. Diese Publikation ist zugleich die erste vollständige Ausgabe des ›Taugenichts‹. Die Umstellung der von Eichendorff vorgeschlagenen Reihenfolge (s. oben zum *8. Oktober 1825*) bezeichnet die Sensation, welche der ›Taugenichts‹ im Freundes- und Bekanntenkreis des

Dichters in Berlin erregte. Von nun an geht Eichendorff vor allem als der Dichter des ›Taugenichts‹ in die Literaturgeschichte ein. In der ›Vossischen Zeitung‹ wird am *31. Mai 1826* der ›Taugenichts‹ als ein »komischer Roman« bezeichnet: »Wie wir hören, hat dieser Roman in der hiesigen literarischen Gesellschaft, die eine große Zahl unserer besten Ästhetiker in sich faßt, Sensation gemacht.« (Niggl I 129) Aus der Zahl der zustimmenden Kritiken fällt nur Wolfgang Menzels schroffes Verdikt – »Der Taugenichts taugt auch gar nichts, und hat nicht einen Fetzen von jener göttlichen Bettelhaftigkeit der Tagediebe bei Shakespeare und Cervantes, es fehlt ihm alles, was man Humor nennt.« (Niggl I 137) – auffällig und die Sensation eben deshalb verstärkend heraus.

6. Mai: Im ›Gesellschafter‹ (Nr. 72) erscheint Eichendorffs Gedicht »Wann der kalte Schnee zergangen«, das zuerst in ›Ahnung und Gegenwart‹ gedruckt wurde, unter dem Titel ›Warnung‹. – Mit diesem Vorabdruck aus TM endet die Serie der Eichendorffgedichte im ›Gesellschafter‹ *(1826)*, mit der Eichendorffs Berliner Freunde von *Januar* bis *Mai* das Erscheinen der ersten Sammelpublikation und damit auch der ersten Lyriksammlung des Dichters sehr wirkungsvoll vorbereitet haben. Vermutlich ging die Initiative dafür von der Mittwochs-Gesellschaft aus, da Friedrich Wilhelm Gubitz, der Herausgeber des ›Gesellschafters‹, wie Hitzig, ihr Gründer, Mitglieder der Mittwochs-Gesellschaft in Berlin waren.

18. Juli: Die Auseinandersetzungen zwischen Theodor von Schön und dem Fürstbischof von Ermland (unmittelbares Vorspiel der »Nicolovius'schen Enprotoseliten-Sache«) spitzen sich zu, seit Schön am *21. Mai 1826* den König über »die Umtriebe des katholischen Klerus in der ermländischen Diözese« (Schön V 213) unterrichtet hatte. Unter anderem wurde ihm vom Berliner Ministerium für geistliche Angelegenheiten »sogar zugemutet, daß [er] einen Hirtenbrief des Bischofs von Ermland, in welchem er oben den Papst, und hinter diesen unsern König und sich selbst gestellt hatte, möge passieren lassen« (Schön III 89). In einem Brief an Friedrich August Stägemann vom *18. Juli* wünscht Schön Joseph Prinz von Hohenzollern nach »Marocco« und Leopold Grafen von Sedlnitzki (1787–1871), dessen staatstreue Gesinnung er durch dessen Jugendfreund Eichendorff kennt, an seine Stelle in die Provinz Preußen. Sedlnitzki wird *1835* zum Fürstbischof von Breslau

Eichendorffs Mutter Karoline von Eichendorff, geb. von Kloch. Wachsbild. Lubowitz 1800. Foto: Eichendorff-Gesellschaft.

Eichendorffs Vater Adolf Theodor Rudolf von Eichendorff. Wachsbild. Lubowitz 1800. Foto: Eichendorff-Gesellschaft.

Joseph von Eichendorff. Wachsbild. Lubowitz 1800. Foto: Eichendorff-Gesellschaft.

Eichendorffs Bruder Wilhelm von Eichendorff. Wachsbild. Lubowitz 1800. Foto: Eichendorff-Gesellschaft.

Joseph von Eichendorff „en Miniature als schwarzer Ritter mit goldner Kette und Stickerei", gemalt von Joseph Raabe in Breslau (1809). Foto: Eichendorff-Gesellschaft.

Joseph von Eichendorff. Bleistiftzeichnung von Franz Kugler. Datiert: „5[t] July 1830". Foto: Staatsgalerie Stuttgart.

Joseph von Eichendorff. Lithographie von Franz Kugler (1832). Foto: Bildarchiv Süddeutsche Zeitung.

Der „Regierungsrat" Joseph von Eichendorff. Nach der Natur gezeichnet und radiert von Eduard Eichens (1840). Der Stich erschien 1841 im ‚Deutschen Musenalmanach' und im gleichen Jahr im ersten Band der ‚Werke'. Foto: Jörg P. Anders, Kupferstichkabinett Berlin.

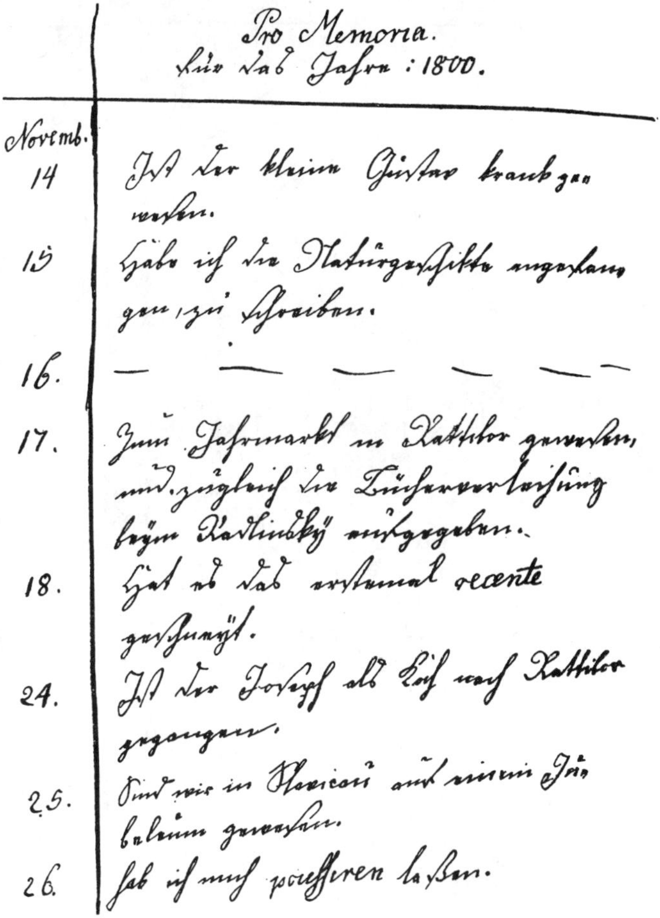

Pro Memoria.
für das Jahr: 1800.

Novemb.
14 Ist der kleine Gustav krank geworden.
15 Habe ich die Naturgeschichte angefangen, zu schreiben.
16. — — — — —
17. Zum Jahrmarkt in Ratibor gewesen, und zugleich die Bücherverleihung beym Radlinsky aufgegeben.
18. Hat es das erstemal recente geschneyt.
24. Ist der Joseph als Koch nach Ratibor gegangen.
25. Sind wir in Slawicau auf einem Jubileum gewesen.
26. hab ich mich poussiren laßen.

Tagebucheintragungen Eichendorffs: November 1800. Vgl. zum Eintrag vom 26. November die Wachsbilder (Abb. S. 1 u. 2.). Faksimile: HkA XI.

Januar. 1812.

19. Ging ich mit Wilhelm Abends zu Adam Müller, der aber mit seiner Frau nach Hause kam. Mit ihm ganz allein sehr angenehm discurirt. Müller mit seinem kleinen Töchterchen [illegible] Lection noch [illegible] spielend. Er zeigt uns sein Manuscript (: in folio :) von dem Handbuch, ganz neue englische Journale, einen Aufsatz im Athenaeum, der Altdeutsche in der Poesie herausgegeben wird, liest uns einen Brief von der Frau von Fouqué über [illegible] vor. Pretiosa. – [illegible] literarischer [illegible] u. dgl: [illegible] etc: — Loeben will die Fräule Rochow heirathen etc: Steigentesch schimpft über Schlegels Museum. Müller sehr angenehm. Später kommt der gute Baron Buhle, mit dem Gespräch über Abraham a St: Clara. Darauf beim Lothringer [illegible] plötzlich, [illegible] in der Redoute [illegible] Mit den Ezerschen, welche alle das viel herumgestrichen. Mit Fräule Wimberg u. ihrem bräutigam Stürmer [illegible], welche [illegible] von Gemeinheiten [illegible] die allerlächerlichsten Narren von der Welt. Zuletzt mit Wilhelm und dem jüngeren Grafen Bettler herumgestrichen, [illegible] getroffen, Gräfin [illegible] (: bon genre :). Abentheuer mit der ältlichen [illegible] Connaissance [illegible] nach 4 Uhr, schlaftrunken, à casa. NB: [illegible]

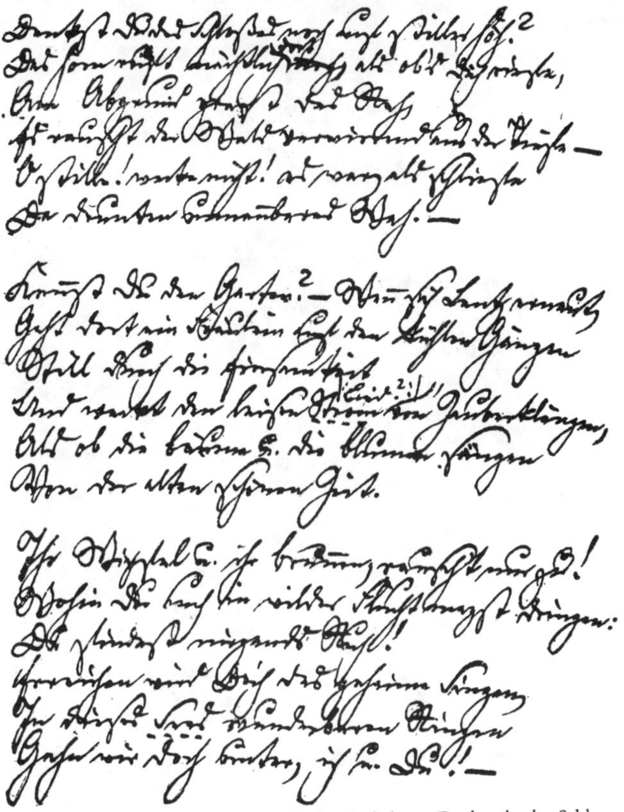

Eichendorffs eigenhändige Reinschrift des Gedichtes „Denkst du des Schlosses noch auf stiller Höh?“. Von Hermann von Eichendorff im Erstdruck (1859) auf 1819 datiert, entstanden aber vermutlich um 1830. Foto: Eichendorff-Gesellschaft.

links: Tagebucheintragungen Eichendorffs: Januar 1812. Faksimile: HkA XI.

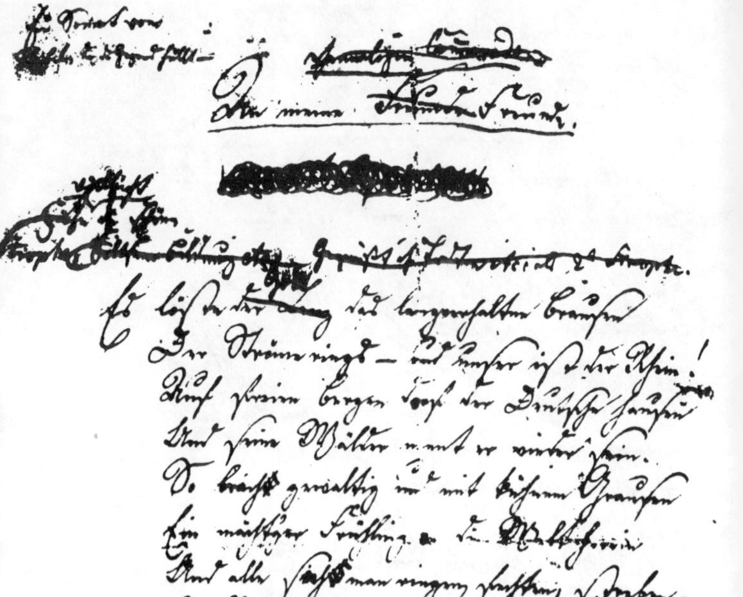

Eichendorff: Teil der Vorderseite des Gedichtmanuskriptes ‚An die Freunde' („Es löste Gott das langverhaltne Brausen"). Datiert (in der unter dem Titel gestrichenen Zeile) „Am 2t April 1814". Erstdruck in Otto Heinrich Graf von Loebens Almanach ‚Die Hesperiden' (1816). Vgl. Aurora 1964, S. 7ff. Foto: Eichendorff-Gesellschaft.

Schloß Lubowitz zur Zeit Eichendorffs. Nach dem Umbau durch Eichendorffs Vater. Foto: Eichendorff-Gesellschaft.

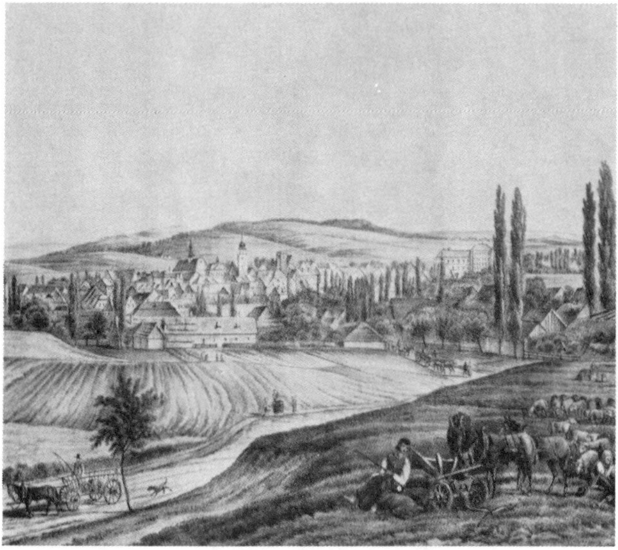

Ratibor um die Mitte des 19. Jahrhunderts. Zeitgenössische farbige Lithographie. Im Vordergrund der alte Weg nach Lubowitz. Foto: Eichendorff-Gesellschaft.

Das Schloß zu Tost, von 1791 bis 1797 im Besitz Adolf von Eichendorffs. Kupferstich. Foto: Der Oberschlesier 1925.

Das St. Josephs-Konvikt in Breslau, in dem Eichendorff und sein Bruder Wilhelm während ihrer Schulzeit wohnten. Foto: Eichendorff-Gesellschaft.

Das ehemalige Katholische Gymnasium in Breslau, später Teil der Breslauer Universität. Rechts die Kirche St. Matthias. Foto: Eichendorff-Gesellschaft.

Das Kadettenhaus in der Friedrichstraße in Berlin, in dem Eichendorff bei seinem Schwiegersohn Louis Besserer von Dahlfingen wohnte. Nach einer Zeichnung von Eduard Gaertner gestochen von A. Haun, um 1840–45. Foto: Eichendorff-Gesellschaft.

Die Marienkirche in Danzig zur Zeit Eichendorffs. Ansicht von Süden. Nach einer Radierung von Johann Carl Schultz (1846). Foto: Danzig-Archiv und Holzner-Verlag.

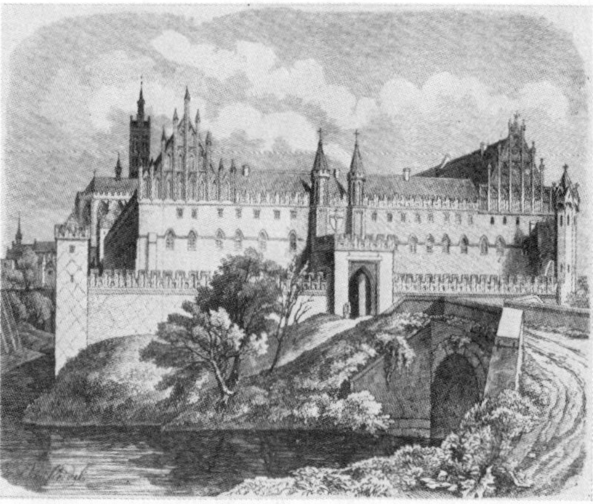

Die Marienburg an der Nogat (im ehemaligen Westpreußen) zur Zeit Eichendorffs. Nordfassade des Mittelschlosses. Holzschnitt nach einer Zeichnung von Johann Carl Schultz (1854). Foto: Eichendorff-Gesellschaft.

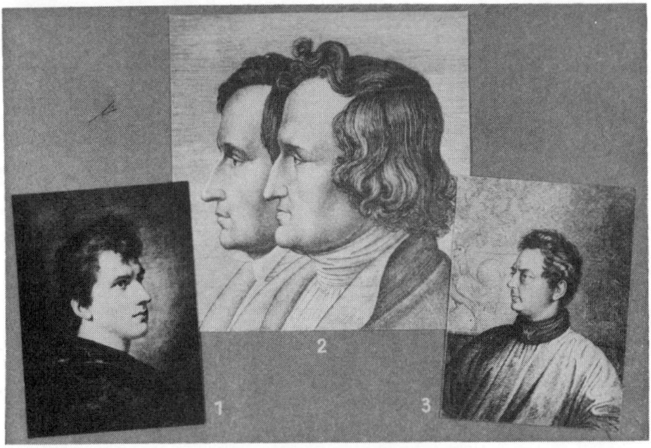

Heidelberger Romantiker. 1. Achim von Arnim, 2. die Brüder Grimm, 3. Clemens Brentano. Foto: Eichendorff-Gesellschaft.

Eichendorffs Wiener Freunde. 1. Theodor Körner, 2. Dorothea Schlegel, 3. Friedrich Schlegel. Foto: Eichendorff-Gesellschaft.

Otto Heinrich Graf von Loeben. Zeichnung von Wilhelm Hensel. Foto: Eichendorff-Gesellschaft.

Joseph von Eichendorff. Altersporträt. Daguerreotypie, 1857. Foto: Eichendorff-Gesellschaft.

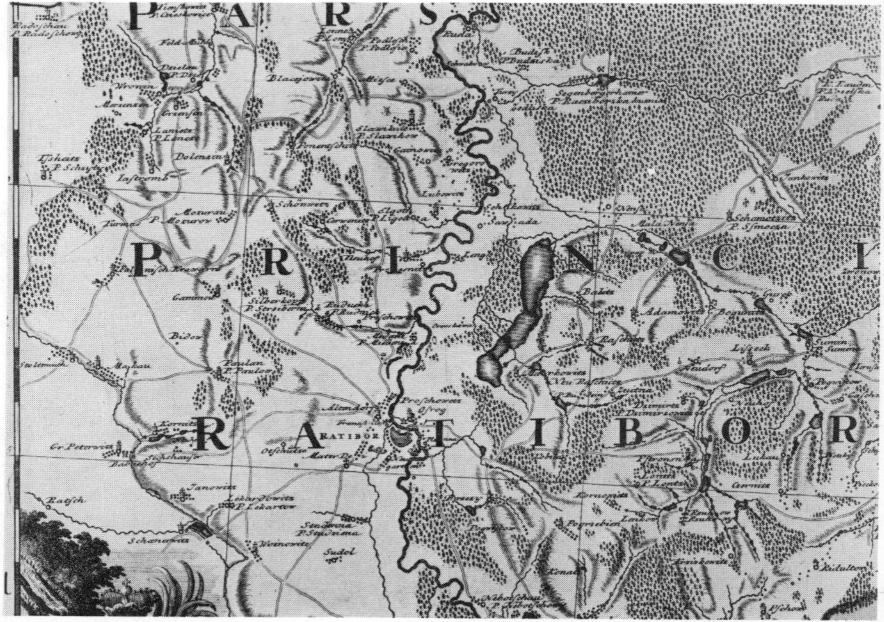

Der Kreis Ratibor im 18. Jahrhundert im ehemaligen preußischen Schlesien (heute in Polen). Lubowitz liegt im Norden von Ratibor (westlich der Oder), Pogrzebin im Südosten von Ratibor (östlich der Oder in den Bergen), Slavikau liegt nordwestlich von Lubowitz, Radoschau ist in der Nordwestecke der Karte erkennbar. Foto: Bayerische Staatsbibliothek.

gewählt, er steht in der Mischehenfrage (Kölner Wirren *1837*) auf der Seite des Staates, verzichtet *1840* auf sein Amt und konvertiert *1863* zum Protestantismus. Schöns Brief an Stägemann ist für *Juli 1826* ein neuer, kurzer Berlinaufenthalt Eichendorffs zu entnehmen: »Hat Eichendorff so viel Zeit, Sie zu besuchen, so sehen Sie ihn recht freundlich an, das ist ein Katholik! Fromm und treu, aber empört über die Ermländischen Greuel.« (Stägemann III 605)

Geboren wird Viktor von Scheffel, es sterben Johann Peter Hebel, Johann Heinrich Voß und Karl Maria von Weber. – Wilhelm Hauffs erfolgreicher Roman ›Lichtenstein‹ signalisiert den Erfolg des Historizismus in der Literatur. Im ›Gesellschafter‹ erscheint der Journaldruck von Heinrich Heines ›Harzreise‹ mit starken Zensureingriffen. Mit dem ersten Band der ›Reisebilder‹ (1826), der den verstümmelten Journaldruck der ›Harzreise‹ korrigiert, knüpft Heine die lebenslange Verbindung zu dem Verleger Heinrich Julius Campe. Goethe kündigt seine Ausgabe letzter Hand an. – Die Einführung der Gasbeleuchtung in Berlin ›Unter den Linden‹ – sie wird wenig später, wie die Eisenbahn, im Kirchenstaat untersagt – reiht die preußische Hauptstadt unter die modernen Weltstädte ein. Die Universität Landshut wird von König Ludwig I. nach München verlegt.

1827

12. Januar: An Julius Eduard Hitzig sendet Eichendorff ein Lied für die Mittwochsgesellschaft. Er erkundigt sich nach seinem – demnach schon *Ende 1826* fertiggestellten – historischen Drama ›Ezelin von Romano‹: »Soll er über die Bretter oder via recta unter den Preßbengel?«

10. Februar: Wilhelm von Eichendorff wird zum Kreishauptmann von Trient ernannt.

21. März: Im ›Liederbüchlein der Mittwochs-Gesellschaft. Erstes Heft. No. 1–15. (Veranlaßt durch Aussetzung eines Preises für das beste Gesellschaftslied nach einer allbekannten Melodie.) Mit einer Nachricht über die Gesellschaft und ihre Verfassung‹ erscheint Eichendorffs Gedicht ›Frische Fahrt‹ (»Viele Lerchen hell erwacht«) auf die Melodie: »Mihi est propositum«. In der »Nachricht über die Gesellschaft« werden als

»auswärtige Mitglieder« aufgeführt: Joseph von Eichendorff in Königsberg, Friedrich Baron de la Motte Fouqué in Nennhausen bei Rathenow, Ernst von Houwald in Lübben, Karl Immermann in Düsseldorf, Wilhelm Müller in Dessau, Karl Schall in Breslau. Nach einer Anmerkung gehörte auch Karl Wilhelm Salice-Contessa († *2. Juni 1825*) bis zu seinem Tod zu den auswärtigen Mitgliedern.

Zu den »in Berlin wohnhaften Mitgliedern« gehören u. a.: Adelbert von Chamisso, Friedrich Wilhelm Gubitz, Willibald Alexis, Friedrich Heinrich von der Hagen (1780–1856), Julius Eduard Hitzig, Karl Ernst Jarcke (1801–1852), Johannes Neumann (1790–1847), Georg Heinrich Ludwig Nicolovius (1767–1839), Ernst Raupach (1784–1852), Wilhelm von Schadow (1789–1862, seit 1826 Direktor der Kunstakademie in Düsseldorf), Karl Simrock (1802–1876), Friedrich August von Stägemann (1763–1840), Friedrich von Uechtritz (1800–1875), Karl August Varnhagen von Ense (1785–1858), August Zeune (1778–1853).

4. April: Im ›Gesellschafter‹ (Nr. 54) erscheint Eichendorffs Gedicht für die Preisaufgabe der Mittwochs-Gesellschaft ›Frische Fahrt‹ (»Viele Lerchen hell erwacht«).

5. April: Der Sekretär der Königlichen deutschen Gesellschaft zu Königsberg, Schulrat Dr. Lucas, liest – in Abwesenheit des Dichters – Eichendorffs »tragisches Lustspiel, Meyerbeths Glück und Ende« vor (Niggl I 181 f.).

Mitte April: In einem undatierten, vermutlich an Hitzig gerichteten Brief bedankt sich Eichendorff »für die gütigen ausführlichen Nachrichten von der Mittwochs-Gesellschaft und von [seinem] Ezzelino«. Dem Brief ist zu entnehmen, daß der von der Mittwochs-Gesellschaft ausgesetzte Preis ein Tintenfaß war, und Eichendorffs Lied die Stimmen von Hitzig, Uechtritz und Chamisso hatte, die sich aber nicht durchsetzen konnten. Das Bundeslied der Mittwochs-Gesellschaft (von Hitzig) hat, der letzten Strophen wegen, Eichendorff besonders gefallen. Diese Strophen enthalten gleichsam das ästhetische Programm der Gesellschaft. Sie lauten:

»Vivat jedes Sonnenlicht,
Morgen-, Abendröte;
Vivat junges Dichtervolk,
Und der greise Göthe!

Ecce quam bonum, bonum et jucundum,
Habitare fratres, fratres in unum.

Pereas Philisterschar,
Die in Prose hocket;
Der das dick-verständ'ge Blut
In den Adern stocket!

Ecce quam bonum, bonum et jucundum,
Habitare fratres, fratres in unum.

Oder leb' in guter Ruh',
Bleib' nur uns hübsch ferne;
Nenn' uns Thoren, weise dich,
Uns zieh'n *uns're* Sterne!

Ecce quam bonum, bonum et jucundum,
Habitare fratres, fratres in unum.«

Der zur Mittwochs-Gesellschaft gehörende Regisseur Pius Alexander Wolff hat zwar über das Drama ›Ezelin von Romano‹ »günstig« geurteilt, es aber für unspielbar erklärt. Eichendorff, der ein gedrucktes Drama für »ein Schiff auf dem Lande« hält, das Überhandnehmen der Lesedramen im 19. Jahrhundert aber auch dem Strome zurechnet, »der meist nur Borke zu tragen vermag«, ist selbst nicht in der Lage, das Trauerspiel »zur Aufführung zuzuschneiden«, es fehle ihm »durchaus an der nötigen Kenntnis und Geschicklichkeit«. So läßt er Hitzig für eine Bühnenbearbeitung freie Hand und bittet, »den Ezzelin nunmehr ohne weiteres zum Druck befördern zu wollen«.

Diesem Brief fügt er »das Manuscript eines neuen literarischen Scharmützels« bei, also wohl seine dramatische Satire ›Meierbeths Glück und Ende‹, die er ursprünglich für das ›Berliner Konversationsblatt‹ vorgesehen hatte, das Willibald Alexis seit *1827* zusammen mit Friedrich Förster redigiert. Eichendorff bittet jetzt, seine Satire der Mittwochs-Gesellschaft mitzuteilen und sie dann »irgendwo«, vielleicht in einem »Taschenbuch« abzudrucken. Er freut sich schließlich über die Nachricht von der Gründung einer literarischen Gesellschaft in Breslau (deren Ehrenmitglied er wenig später wird) und hält in Königsberg die Aussicht für eine ähnliche Gründung für gering: »... ich kenne wenigstens noch keine große Stadt, die so wenig Sinn für Kunst in aller Bedeutung hätte, wie Königsberg, es ist ein schweres Volk.«

30. April: Mit der Anfrage des preußischen Kultusministers Altenstein bei Schön nach der Tätigkeit von Eichendorff, wird der Oberpräsidialrat unmittelbar in die Auseinandersetzungen Schöns mit Nicolovius und dem Fürstbischof von Ermland hineingezogen. Vermutlich vermißt Altenstein in der Affäre, die seit Schöns Denunziation und Nicolovius' schroffer Reaktion vom *24. Februar 1827*, ihrem Höhepunkt zutreibt, den mäßigenden Einfluß des selbständig arbeitenden, katholischen Oberpräsidialrates. Auch scheint es, daß sich Eichendorff in Berlin darüber beklagt hat, daß ihn Schön zu sehr als »Mädchen für alles« verwendet und ihm die eigentlichen Aufgaben, die katholischen Kirchen- und Schulangelegenheiten, immer mehr entzieht. Schön führt seinen Kampf gegen die »Jesuiterei« im Ermland sehr entschieden und selbstherrlich, vermutlich ohne Rat seines zuständigen Sachbearbeiters Eichendorff. So ist die Frage des Ministers verständlich, der sich beklagt, weil *1826* »überhaupt nur *eine* Sache und zwar bei dem Provinzial-Schul-Collegio zur Bearbeitung des Regierungs-Rats, Baron v. Eichendorff, gekommen« sei (Pörnbacher 28).

24. Mai: Schön berichtet Altenstein über die vielfältige Amtstätigkeit des gesundheitlich geschwächten Eichendorff, worauf Altenstein einen Auszug aus dem Oberpräsidial-Geschäftsjournal verlangt (Pörnbacher 28 f.).

11. Juni: Friedrich Wilhelm III. erteilt Theodor von Schön wegen seines Verhaltens in der Affäre Nicolovius eine Rüge: »... so kann ich nicht umhin, Ihnen Mein ernstes Mißfallen über den gerügten Vorgang zu erkennen zu geben ...« (Schön V 211)

16. Juni: Am Rand von Schöns Brief an Altenstein vom *24. Mai 1827* vermerkt Johann Heinrich Schmedding: »Legi: H. v. Eichendorff wünscht sehnlichst eine Versetzung nach Koblenz laut einem, mir zugekommenen, Privatschreiben.« (Pörnbacher 30)

17. Juni: Willibald Alexis mahnt Eichendorff wegen des versprochenen Beitrages zum ›Berliner Conversationsblatt‹.

5. Juli: Schön rechtfertigt sich gegenüber dem König für die von ihm begonnene Affäre Nicolovius. Erst *1839* aber kommt es zu einer Versöhnung zwischen den beiden Männern.

Der gesamte Vorgang wird nur verständlich, wenn man ihn

in Zusammenhang mit dem Streit zwischen der katholischen Kirche und dem preußischen Staat sieht, der *1837* mit der Verhaftung des Kölner Erzbischofs Clemens August Droste zu Vischering einen nach außen sichtbaren Höhepunkt erreicht.

6. Juli: »Dr. Jachmann, Eichendorff und Voigt« zum Tee bei Theodor von Schön in Königsberg (HKA XIII 275).

11. Juli: Schön empfiehlt Stägemann Eichendorffs ›Ezelin von Romano‹ zur Lektüre (Stägemann III 365).

12. Juli: Der preußische Minister Karl Freiherr von Stein zum Altenstein empfiehlt Eichendorff dem Oberpräsidenten der Rheinprovinz für die »vakante katholische Schulratsstelle bei dem Provinzial-Schulkollegio in Koblenz«. Er müsse allerdings in Koblenz zu seinem normalen Gehalt ebenfalls eine Zulage aus dem Dispositionsfond des Oberpräsidiums erhalten, »die ihm um so weniger entzogen werden kann, als der Aufenthalt zu Koblenz in jedem Falle teurer ist, als in Königsberg ...« (Pörnbacher 30). An der Gehaltsfrage soll die Versetzung dann gescheitert sein.

19. Juli: In einem (vermutlich) an Willibald Alexis gerichteten Brief bittet Eichendorff, sich wegen eines Abdrucks des ›Meierbeth‹ an Hitzig zu wenden, dem die Verfügung darüber überlassen sei.

23. Juli: In einem Brief an Stägemann betont Theodor von Schön die »sehr nahen guten Verhältnisse« mit »Eichendorff und mehreren katholischen Geistlichen und Weltlichen«, zugleich aber – gegenüber dem genannten Hirtenbrief des Fürstbischofs von Ermland – seinen ernsten Willen, den preußischen König »nicht zum Untertan des Papstes machen« zu lassen (Stägemann III 615). Eichendorff ist zu dieser Zeit, nach einem Brief Schöns an seine Frau (HKA XIII 276), in Danzig.

11. August: Johannes Voigt und Eichendorff planen die Herausgabe eines ›Preußischen Taschenbuches‹ (Stägemann III 371). Schon am *11. Oktober* aber teilt Schön Stägemann mit: »Mit dem Preußischen Taschenbuch will es nicht recht gehen. Es ist doch viel Prosa in Königsberg.« (Stägemann III 377)

22. August: Schön rechtfertigt sich gegenüber Altenstein nochmals wegen der Tätigkeit Eichendorffs. Den geforderten Auszug aus dem Geschäftsjournal des Oberpräsidiums wolle er herstellen lassen, wenn der Minister die nötigen Kosten bewillige (Pörnbacher 29).

23. August: Aus Königsberg bedankt sich Eichendorff bei

Friedrich Wilhelm Gubitz, weil dieser sein »jüngstes ungezogenes Kind (Meierbeth) in die Welt« einführen wolle. Falls sich für das Manuskript des gleichfalls Gubitz vorliegenden ›Ezelin von Romano‹ keine Druckmöglichkeit biete, so bitte er um »baldige Zurücksendung, da sich inzwischen für denselben eine anderweitige Aussicht eröffnet hat«, auf die er jedoch »im Fall des Verlages« durch Gubitz »keine Rücksicht nehmen würde« (Aurora 1935 11 f.; dazu: Aurora 1938 162).

28. August: Zu Goethes Geburtstag erscheint – diesmal ohne einen Beitrag Eichendorffs – das ›Liederbüchlein der Mittwochs-Gesellschaft. Zweites Heft. No. 16–37. (Veranlaßt durch Aussetzung eines zweiten Preises für das beste Gesellschaftslied nach einer allbekannten Melodie.)‹. Der Preis bestand »in einer schön gearbeiteten goldenen Feder«. Am Wettbewerb beteiligte sich – neben schon genannten Mitgliedern der Gesellschaft – auch Heinrich Stieglitz (1801–1849). Er ist vor allem durch den (vergeblichen) Freitod seiner Frau *(1834)* bekannt geworden, die mit dieser Tat ihrem Mann ein für seine Dichtung entscheidendes, existentielles Erlebnis vermitteln wollte, und von den Jungdeutschen (Mundt, Gutzkow u. a.) deshalb zur Märtyrerin einer schwärmerischen, um Emanzipation ringenden Frauengeneration gemacht wird. – Der Geburtstagsbesuch König Ludwigs I. von Bayern bei Goethe in Weimar erregt großes Aufsehen, in Berlin spricht die ganze Stadt »von nichts anderm«. Die Geste des bayerischen Königs, der dem Dichterfürsten nicht Audienz gewährte, sondern sie bei ihm nahm, wird im Sinne eines »Bürgerkönigtums« gedeutet. Ein regierender deutscher Fürst stellt erstmals sichtbar den Bildungsadel gleichrangig neben den Geburtsadel.

September/Oktober: Der auf *Sommer 1827* angesetzte mehrmonatige Urlaubsaufenthalt Eichendorffs in Pogrzebin (Biographie 248) ist nach den Daten der erhaltenen Briefe nur im *Spätsommer/Frühherbst* dieses Jahres möglich. Vermutlich wird Eichendorff zu dieser Zeit Ehrenmitglied des Breslauer Künstlervereins.

1.–17. September: Im ›Gesellschafter‹ (Nr. 140–149) erscheint ›Meierbeths Glück und Ende. Tragödie mit Gesang und Tanz von Joseph Freiherrn von Eichendorff‹.

22. September: Im Auftrag Theodor von Schöns übersendet Eichendorff dem Fürsten Heinrich XLIV. von Reuß »die Rechnung über den Ausbau der Façade des Marienburger Schlosses«.

Er bittet gleichzeitig um eine weitere – am *28. März 1828* bewilligte – Stiftung für die Ausmalung eines Fensters mit dem Bild des »Hochmeisters Reuß von Plauen« (Ziesemer 307f.).

Ende Oktober: Joseph Görres, in Preußen als Demagog verfolgt, durch Vermittlung von Clemens Brentano, Johann Michael Sailer und Eduard Schenk vom bayerischen König an die Universität München berufen, übersiedelt von Straßburg nach München.

8. November: In einem Brief an Stägemann bezeichnet Theodor von Schön Eichendorff – zum wiederholten Mal – als seinen beständigen Reisegefährten und Freund. Er hält unbeirrt an seiner Haltung gegen die »Jesuiterei« fest. (Stägemann III 379f.)

Ende Dezember: Vermutlich zu Weihnachten erscheint in Berlin in der Vereinsbuchhandlung die Separatausgabe von ›Meierbeths Glück und Ende. Tragödie mit Gesang und Tanz‹ (mit der Jahreszahl *1828*). Der Titel belegt die satirische Absicht der »Tragödie«, die Ausführung aber, wie die Kritik sogleich bemerkt , Eichendorffs kulturelle und geistige Isolation in der Königsberger »Polargegend«, da der Autor zwischen scheinbaren und tatsächlichen, literarischen Celebritäten und Moden, die er zum Gegenstand der Satire macht, nur schwer unterscheiden kann. So spielt er auch auf lebende Autoren an, »deren Name bei manchen wohl nicht weiter Klang hat, als von Berlin nach Charlottenburg« (Niggl I 149).

Der Titel bezieht sich zunächst auf den Gothaer Kaufmann Joseph Meyer (1796–1852), der als ein Kind seiner Zeit die kommerzielle Verwertbarkeit von Literatur entdeckt hat und rasch modische Bearbeitungen englischer Literatur auf den Markt warf. So bearbeitete er Shakespeare's ›Macbeth‹ im Stil des modischen Schicksalsdramas und übersetzte schlecht und recht die Romane Walter Scott's. Neben Tieck trat vor allem der Klassiker der Schicksalsdramatiker, Adolf Müllner (1774–1829), gegen ihn auf; von ihm soll der Name »Meierbeth« (in Anlehnung an ›Macbeth‹) stammen. Nachdem Joseph Meyer soeben *(1826)* mit seinem erfolgreichsten Unternehmen, der Gründung des ›Bibliographischen Instituts‹ (Meyers Lexikon), neues Aufsehen erregt hatte, verbindet Eichendorff die Satire gegen den Literaturbetrieb der Zeit mit der des Schicksalsdramas und nimmt in den Titel eine Anspielung auf Grillparzers Drama ›König Ottokars Glück und

Ende‹ (1825) auf, bezieht sich in der Ausführung aber stärker auf dessen ›Ahnfrau‹ (1817; vgl. Kommentar I 178 und die dort angegebene Literatur). Daß Eichendorff daneben »gegen den gesamten Bodensatz der deutschen Literatur, wie er jetzt auf der Oberfläche schwimmt, losgezogen« (Niggl I 144), hat die zeitgenössische Literaturkritik ebenfalls sogleich bemerkt. Er wendet sich u. a. gegen die Mode des historisierenden Romans, gegen den modischen Orientalismus der Literatur, gegen die Tieck- und Fouqué-Nachfolge, gegen die obszöne Trivialliteratur (Clauren), die zahllosen Dilettantenwerke, etc.

Es sterben Johann Heinrich Pestalozzi, Wilhelm Hauff, Ludwig van Beethoven, Charlotte von Stein. Es erscheinen Goethes ›Novelle‹, Christian Dietrich Grabbes ›Dramatische Dichtungen‹, Heinrich Heines ›Reisebilder‹ (Bd. II) und das ›Buch der Lieder‹.

1828

4. Januar: Theodor von Schön berichtet aus Berlin an seine Frau, daß über seiner Wohnung »der Dichter Arnim mit Bettina« wohne. »Sage dies Eichendorff, und sage ihm dabei, daß das Schicksal mich immer zu Dichtern bringe ...« (HKA XIII 276)

13. Januar: Theodor von Schön schreibt aus Berlin an seine Frau: »... Sage Eichendorff: Bettina habe mich noch nicht sprechen wollen, ich würde ihn um einen Empfehlungsbrief bitten müssen ...« (HKA XIII 276)

26. Mai: In Nürnberg taucht der rätselhafte, sprachlose Findling Kaspar Hauser auf, der zum psychologischen Experimentierfeld der zwischen Wundersucht und Wissenschaftsstolz schwankenden Zeit wird.

4. Juli: In München erscheint – nach ihrer Übernahme durch den Görres-Kreis – die Zeitschrift ›Eos. Münchener Blätter für Literatur und Kunst‹ mit dem Skandal und Aufsehen erregenden Titelmotto gegen modernes Juden- und Heidentum: »Judaeis quidem scandalum, Gentibus autem stultitiam. 1. Cor. 1.23.«

30. August: Eichendorff bittet Görres in München um Vermittlung einer Stelle »möglichst mit gleichem Range und Gehalt wie hier«. Er beruft sich darauf, Görres' Schüler gewesen und geblieben zu sein »durch alle Verwandlungen, die seitdem mit mir und mit Ihnen vorgegangen«. Auch seine von Schmedding so positiv beurteilte Examensarbeit bietet er zur Lektüre an.

Nachdem sich die Pläne, in die preußische Rheinprovinz zu kommen, zerschlagen haben, versucht Eichendorff nunmehr mit großer Energie der ihn beengenden Königsberger Atmosphäre zu entkommen und sich der Münchener Romantik anzuschließen. An Görres schreibt er: »Euer Hochwohlgeboren kennen indes die preußische Wirtschaft so gut wie ich. Ich habe ehrlich gekämpft, so gut ich's vermag, aber ich bewege mich hier wie in Fesseln, ohne Hoffnung lohnenden Erfolgs und sehe mit Gewißheit voraus, mich in diesem Verhältnisse nicht lange mehr halten zu können. Auch die Dichtkunst kommt mir läppisch vor in Zeiten, wo der Herr wieder einmal unmittelbar die Sprache der Poesie zu den Völkern redet. Denn *so* erscheint mir jetzt die tiefe Bewegung, der junge König und das ganze großartige Walten in Bayern ... Mit einem Wort: mich verlangt endlich nach einer auf das Höchste im Leben gerichteten Tätigkeit, und ich biete einen reinen treuen Willen und meine besten Kräfte, die ich hier in kleinem Kriege nutzlos aufreibe.« (HKA XII 31 29–31) Eine Antwort von Görres ist nicht bekannt. Sein Einfluß war zu dieser Zeit in Bayern noch gering und ein halbes Jahr später scheint es gar, als würde der Görreskreis im Kampf mit der liberalen Fraktion unterliegen. Jedenfalls zieht sich Görres *1829* ganz in die Arbeit an seiner ›Christlichen Mystik‹ zurück.

Ende September: Vermutlich zur Herbstmesse erscheint in Königsberg im Verlag der Gebrüder Bornträger ›Ezelin von Romano. Trauerspiel in fünf Aufzügen von Joseph Freiherrn von Eichendorff‹. Die seit *1824* bezeugte Entstehungsgeschichte des Werkes, und Eichendorffs intensive Quellenstudien dazu, sind von der Stoffsuche in »Raumers Hohenstaufen«, »oder aus Luden« (Heinrich Luden, Die Geschichte des deutschen Volkes, 12 Bde., Gotha 1825–1837), »z. B. von Ludwig dem Springer im Giebichenstein«, über die Stoffsammlung zu einem Drama ›Sizilianische Vesper‹, bis zum ›Ezelin von Romano‹, ausreichend untersucht und dargestellt (vgl. HKA VI 6–12 und die dort angegebene Literatur; Kommentar I 183–185). Willibald Alexis' ›Berliner Conversations-Blatt‹, welches im *Dezember 1828* als erstes Blatt das Trauerspiel kritisch zur Kenntnis nimmt, zählt es – entsprechend dem Urteil der Mittwochs-Gesellschaft – ganz zu den Lesedramen, rühmt das Eichendorff »eigentümliche *lyrische* Talent« und wünscht sich von seiner Feder ein »phantastisches Lustspiel«, das im Bereich der »dramatischen Dichtkunst seinem Talent ... am gemäßesten zu sein« scheint (Niggl I 158). Insgesamt ist das Echo des Dramas in Berlin, Halle, Leipzig, Breslau und Stuttgart größer als die nach den ersten Kritiken sogleich wieder abbrechende Rezeption könnte vermuten lassen (vgl. Niggl I 152–180).

18. Oktober: Theodor von Schön mit Eichendorff in Marienburg. Schön schreibt an seine Frau: »... Besonders in der Nacht in Frauenburg war ein so gewaltiges Hagelwetter, daß Eichendorff mit mir besorgte, daß bei einzelnen Stößen die Fenster würden zerschmettert werden.« (HKA XIII 276)

30. Oktober: Theodor von Schön schreibt aus Zützer an seine Frau: »... es sind drei Dichter hier versammelt, Eichendorff, Germar und Kurowski. Eichendorff bleibt der Hauptmann ...« (HKA XIII 276) Mit »Kurowski« ist der ostpreußische Dramatiker und Ästhetiker Friedrich von Kurowsky-Eichen (1780–1853) gemeint.

In ›Braga. Vollständige Sammlung klassischer und volkstümlicher deutscher Gedichte aus dem 18. und 19. Jahrhundert. Hrsg. von Anton Dietrich. Mit einer Einleitung von Ludwig Tieck. Dresden *1828*‹ erscheinen in Band 4 Eichendorffs Gedichte: ›Der armen Schönheit Lebenslauf‹ (erstmals in ›Ahnung und Gegenwart‹), »In einem kühlen Grunde« (erstmals im ›Deutschen Dichterwald‹ 1813), ›Die Brautfahrt‹ (erstmals im ›Frauentaschenbuch‹ 1816), ›Von der deutschen Jungfrau‹ (»Es stand ein Fräulein auf dem Schloß«; erstmals in ›Ahnung und Gegenwart‹), ›Ballade‹ (»Hoch über den stillen Höhen«; erstmals in ›Ahnung und Gegenwart‹), ›Ballade‹ (»Nachts durch die stille Runde«; erstmals in ›Ahnung und Gegenwart‹); in Band 5: ›Von Engeln und von Bengeln‹ (erstmals in ›Krieg den Philistern!‹). Als Lyriker ist Eichendorff demnach schon in den zwanziger Jahren weithin bekannt und sogar volkstümlich (vgl. HKA XXII 110).

Geboren werden Henrik Ibsen, Leo Tolstoi, Jules Verne. Es

sterben Franz Schubert und Karl August, der Großherzog von Sachsen-Weimar, Mäzen und Freund Goethes. – Goethe schreibt die ›Dornburger Gedichte‹ und veröffentlicht (1828/29) mit einer Widmung an Ludwig I. von Bayern seinen Briefwechsel mit Schiller. In Wien werden u. a. Grillparzers Drama ›Ein treuer Diener seines Herrn‹ und Raimunds Zauberspiel ›Der Alpenkönig und der Menschenfeind‹ aufgeführt. – Krieg zwischen Rußland und der Türkei.

1829

12. Januar: Friedrich Schlegel stirbt in Dresden.

17. Januar: Adam Müller stirbt in Wien. – Der Tod Schlegels und Müllers soll Clemens Brentano zu der Äußerung veranlaßt haben, es sei ein schlechtes Jahr für Konvertiten.

10. Februar: In der bayerischen Zeitschrift ›Das Inland‹ erscheint anonym ein das Andenken Schlegels und Müllers schmähender »Korrespondenzartikel« des Freiherrn von Hormayr. An Schlegel und Müller, so heißt es darin, habe die »zahlreiche Partei der apostolischen und absoluten Tartuffe … eine rechte Stütze verloren«. Görres antwortet am

18. Februar in der ›Eos‹ mit dem sprachmächtigen Aufsatz ›Über das Recht der Toten‹. Daraus entwickelt sich die bis März dauernde Zeitschriftenkontroverse um das Bestehen einer »jesuitischen« Partei (Kongregation) in Bayern. Der Streit wird durch einen Machtspruch des Königs beendet, der nun dem Görreskreis zunächst seine Gunst entzieht.

März: Zur Ostermesse erscheinen im Verlag Cotta die ›Gedichte des Königs Ludwig von Bayern‹ (zwei Teile), die einen Höhepunkt biedermeierlicher Dilettantenkultur bezeichnen.

29. März: Theodor von Schön schreibt aus Marienwerder, wo er sich diesmal ohne seinen ständigen Reisegefährten Eichendorff aufhält, an seine Frau, daß Alexander von Humboldt erst am 12. April von Berlin zur Reise nach St. Petersburg (und Sibirien) aufbrechen werde. »Laß dies, durch Eichendorff, Bessel wissen.« (HKA XIII 276)

Ende April: Auf der Reise nach St. Petersburg besucht Alexander von Humboldt Bessel in Königsberg. Theodor von Schön trifft er nicht an. Eine Begegnung mit Eichendorff ist nicht auszuschließen. (Schön V 224 f.)

26. Mai: Eichendorff zum Abendessen bei Theodor von Schön in Königsberg (HKA XIII 276).

11. Juni: Eichendorff bietet sein historisches Trauerspiel ›Der letzte Held von Marienburg‹ und sein Lustspiel ›Die Freier‹ einem (unbekannten) Verleger zum Druck an: »Beide Stücke überschreiten ihrer Ausdehnung nach nicht das gewöhnliche Theatermaß und sind auch sonst, soviel ich davon verstehe, vollkommen spielbar; das erstere, welches in Preußen spielt und die Geschichte des großen, unglücklichen Hochmeisters Heinrich von Plauen behandelt, dürfte außerdem auch ein besonderes nationales Interesse haben.« (Wächter 1918 81) Demnach scheint ›Der letzte Held von Marienburg‹, das Drama, an dem Eichendorff, auf Anregung, wenn nicht sogar auf Wunsch Theodor von Schöns, vermutlich seit *1827* gearbeitet hat, schon zu diesem Zeitpunkt nahezu vollendet. Es ist insofern von »besonderem nationalem Interesse«, als es ein stark heroisiertes und mythisiertes Kapitel preußischer Geschichte aufgreift und damit Teil der Denkmalsbewegung des 19. Jahrhunderts, insbesondere der Bemühungen um die Restaurierung der Marienburg, ist. So hat der Oberpräsident der Provinz Preußen großes Interesse am Entstehen des Trauerspiels, sein Oberpräsidialrat als Dichter und »sein« Geschichtsschreiber Johannes Voigt, als Quellenhistoriker, arbeiten zusammen. Von Voigts Büchern benutzt Eichendorff die ›Geschichte Marienburgs, der Stadt und des Haupthauses‹ (1824), das Buch ›De lacertarum societate, oder von der Eidechsengesellschaft‹ (1821) und schließlich die ›Jahrbücher oder die Chronik Johannes Lindenblatts (Johannes von der Pusilie)‹ (1823); (vgl. u. a. HKA VI 13 und die dort angegebene Literatur).

Daß Eichendorff zwei größere Arbeiten, von denen er sich Ansehen und Erfolg verspricht, innerhalb kurzer Zeit vollendet, eben, der öffentlichen Aufforderung folgend, sein Lustspiel ›Die Freier‹ und ein »nationales« Drama, weist auf einen nahenden Wendepunkt in seinem Leben, den er dann 1831 – ähnlich wie schon 1813 – mit Ungeduld selbst herbeizuführen sucht.

5. Oktober: Der Sekretär der Königlichen deutschen Gesellschaft zu Königsberg, Schulrat Dr. Lucas, liest »des abwesenden Mitgliedes Baron *von Eichendorff* Tragödie: der letzte Held von Marienburg« vor (Niggl I 182). Friedrich Wilhelm

Schuberts Verzeichnis der Mitglieder dieser Gesellschaft im Jahre *1829* (Niggl I 182 f.) spiegelt sehr genau die Umgebung Eichendorffs in diesen Jahren: es sind vor allem hohe Beamte und Militärs der preußischen Verwaltung, protestantische Theologen, Gelehrte der Königsberger Universität. Unter ihnen befinden sich z. B. der Astronom Friedrich Wilhelm Bessel, den »Laplace am Ende seiner Laufbahn für den ersten Astronomen des Zeitalters erkannte« (Schön V 220); der protestantische Bischof Ernst Ludwig Borowski (1740–1831), ein Mann ganz nach dem Herzen Theodor von Schöns. Auf die Nachricht, »daß sein Kollege in der Mark ein Mädchen geschwängert habe«, soll er geantwortet haben, »daß hohe Gottesfurcht oft mit hoher sinnlicher Lust gepaart sei« (Stägemann III 568); der Physiologe Karl Friedrich Burdach (1776–1847); der Zoologe Karl Ernst von Baer (1792–1876); Eichendorffs protestantischer Kollege, der Konsistorial- und Schulrat Christian Friedrich Dinter (1760–1831); der Althistoriker Karl Wilhelm August Drumann (1786–1861); der Philologe Eberhard Gottlieb Graff (1780–1841, später Verfasser des ›Althochdeutschen Sprachschatzes‹); der Philosoph, Pädagoge und Psychologe Johann Friedrich Herbart (1776–1841); der Literaturwissenschaftler und Rhetoriker Christian August Lobeck (1781–1860); der protestantische Theologe Hermann Olshausen (1796–1839); der Historiker Johannes Voigt.

5. November: Theodor von Schön schreibt aus Berlin, wo er sich regelmäßig zu Verhandlungen über die Landtagsabschiede aufhält, an seine Frau: »... Grüße Eichendorff und sage ihm, gestern bei Schöler hätten wir die Eichendorffschen Gedichte aus dem Taugenichts [gemeint ist TM] gelesen. Bei dem platten Getreibe hier war das eine rechte Auffrischung ...« (HKA XIII 276)

16. November: In der Beilage zum ›Gesellschafter‹ (Zeitung der Ereignisse und Ansichten) heißt es an diesem Tage in einem Bericht aus Königsberg: »Der einzige, in ganz Deutschland rühmlichst bekannte, schönwissenschaftliche Schriftsteller, der in unseren Mauern lebt, ist hier der Oberpräsidialrat Freiherr von Eichendorff. Der hiesigen seit mehreren Jahren bestehenden Liedertafel ist er als Liederdichter von vielem Nutzen.« (Kalender 1926 21)

23. November: Theodor von Schön läßt Eichendorff aus Berlin sagen, »er möge seine Reise hierher nicht eher einleiten, bis [er] ihm schreibe oder spräche«. (HKA XIII 277) Der Reiseplan Eichendorffs steht in Zusammenhang mit seinen lange gehegten Versetzungs- und Beförderungswünschen, die sich nun, nach dem Scheitern der Pläne für Koblenz und München, ganz nach Berlin richten.

Dezember: Schön schreibt – vermutlich doch wegen der von ihm geförderten Versetzung Eichendorffs in den Berliner Ministerialdienst – an den Staats- und Kabinetts-Minister Karl Friedrich Heinrich Graf von Wylich und Lottum (1767–1841), den er, seit dem Tode des Staatskanzlers von Hardenberg *(1822)*, irrtümlich für den einflußreichsten Minister Preußens hält (Stägemann III 237, 452). Stägemann ist Mitarbeiter Lottums, wie früher Mitarbeiter Hardenbergs.

Im Jahre *1829* fordert Altenstein von Schön die *1827* angekündigten Auszüge aus dem Geschäftsjournal des Oberpräsidiums. Er folgert aus diesen Auszügen, daß »Eichendorff nur die weniger wichtigen katholischen Kirchen- und Schulsachen« zur Bearbeitung übergeben worden waren, Schön demnach seinen Oberpräsidialrat »von der Leitung der katholischen Kirchenangelegenheiten immer mehr ausschließen« wolle (Pörnbacher 29).

Goethe vollendet die zweite Fassung des Romans ›Wilhelm Meisters Lehrjahre‹. August Graf von Platen greift in seiner Satire ›Der romantische Ödipus‹ Heine und Immermann heftig an. Ende des Jahres erscheint der 3. Band von Heines ›Reisebildern‹ mit der heftigen Replik auf Platens ›Romantischen Ödipus‹. Grabbe vollendet das historische Drama ›Die Hohenstaufen‹. – Preußen vermittelt zwischen Rußland und der Türkei den Frieden von Adrianopel. – In Großbritannien wird die erste »Trade Union« gegründet.

1830

26. Januar: Einem Brief Schöns an Stägemann ist zu entnehmen, daß der Oberpräsident an den Grafen Lottum mit dem Vorschlag herangetreten ist, Schmedding nach Königsberg zu versetzen und Eichendorff an seine Stelle in das Kultusministerium zu berufen: »Sie würden mich sehr verbinden, wenn

Sie mir bald über das etwas mitteilten, was über Baron Eichendorff beschlossen ist. Ich nehme Schmedding gleich, um nur dem braven Eichendorff zu helfen.« (Stägemann III 454) Schön verfolgt mit diesem Plan mehrere Ziele: einmal versucht er, Eichendorffs berechtigten Wunsch nach Verbesserung seiner Stellung zu erfüllen, zum andern verbindet er damit eine klare politische Absicht. Er möchte den von ihm als ultramontan beargwöhnten Schmedding unter seine Dienstaufsicht zwingen und gleichzeitig den liberalen und ihm befreundeten Eichendorff an dessen Stelle ins Kultusministerium bringen. Er verspricht sich davon eine Änderung der Kirchenpolitik Preußens, die er als papistisch und jesuitisch bezeichnet. Die Affäre Nicolovius aber hat Schön in Berlin inzwischen so geschadet, daß solche Vorstöße zum Scheitern verurteilt sind. Eichendorff allerdings gilt im Kultusministerium als Vertrauter Schöns und wird demnach von einer festen Anstellung ausgeschlossen.

Mai: Eichendorff erhält die von ihm als Widmungsexemplare bestellten Vorausdrucke seines Trauerspiels ›Der letzte Held von Marienburg‹. Das Drama wird auf Anordnung Schöns in Hartungs Hofdruckerei in Königsberg gedruckt und von der Verlagsbuchhandlung Gebrüder Bornträger in Kommission genommen. *1836* weigert sich die Hartungsche Hofdruckerei, unter Hinweis auf Schöns Anordnung, ein Pflichtexemplar des Dramas an die Berliner Bibliothek abzuliefern. »Der Oberpräsident wird daher gebeten, ein Exemplar des Werkes an die Bibliothek in Berlin abzugeben. Daraufhin wird auf Anordnung Schöns ein Exemplar des Buches von der Bornträgerschen Buchhandlung gekauft, aus dem Fonds für kleine Büroausgaben bezahlt und der Staatsbibliothek in Berlin übersandt.« (Aurora 1958 80)

27. Mai: Eichendorff sendet ein Exemplar seines Dramas ›Der letzte Held von Marienburg‹ an den preußischen Kronprinzen Friedrich Wilhelm. Im Begleitbrief heißt es: »Ich habe versucht, einen der schönsten Momente jener Zeit: den tragischen Kampf des großen Hochmeisters Heinrich von Plauen und was der Himmel damals warnend gedichtet in dem angeschlossenen Trauerspiele darzustellen.« (HKA XII 31 f.)

29. Mai: Eichendorff sendet ein Exemplar seines Trauerspiels an Goethe. Im Begleitbrief heißt es, Goethe habe heldenhaft, aber glücklicher als Heinrich von Plauen »über ein halbes Jahrhundert lang den Banner der Poesie über dem

Strome einer stürmischen, vielfach bewegten Zeit emporgehalten und ein neues, unvergängliches Reich deutscher Dichtkunst gegründet, dem wir alle freudig und dankbar angehören« (HKA XII 32). Goethe hat nicht geantwortet, das Buch nicht gelesen, sondern es seinem zehnjährigen Enkel Wolfgang geschenkt. In dem auf Schreibpapier gedruckten und besonders schön gebundenen Widmungsexemplar findet sich der Eintrag: »Wolfg. von Goethe. Geschenk des Apapas«. Noch 1910 soll der Goldschnitt des Bandes teilweise zusammengeklebt haben (HKA XII 265). Aus der Differenz zwischen der hohen Stellung der Adressaten der Widmungsexemplare und ihrer enttäuschenden Reaktion läßt sich die enorme Differenz zwischen der Selbsteinschätzung Eichendorffs und der öffentlichen Resonanz erkennen. Diese Selbsttäuschung und sein ungestümes Temperament haben Eichendorff dann u. a. *1831* zu dem verwegenen Schritt verleitet, sich – fast mit Gewalt – in den Berliner Ministerialdienst einzudrängen.

10. Juni: Friedrich Wilhelm, Kronprinz von Preußen, bestätigt den Empfang des Widmungsexemplares: »… und freue Mich sehr bei eintretender Muße Ihre Dichtung kennen zu lernen.« (HKA XIII 93)

23. Juni: Heinrich XLIV. von Reuß, dem Eichendorff, als dem Träger des Namens von Plauen, ebenfalls ein Exemplar seines Dramas zugesandt hatte, bedankt sich für das Widmungsexemplar: »Und das Glück, mein hochverehrter Herr Baron, Ihr so schönes Trauerspiel, welches ich mit einer Empfindung gelesen habe, die ich Ihnen nicht auszudrücken vermag; in einem so hohen Grade, daß ich mir und meiner Familie glückwünsche, das Andenken unseres preiswürdigen Ahnherrn durch ein solches Kunstwerk gefeiert zu sehn; …« (HKA XIII 93)

5. Juli: Einer von diesem Tag datierten Bleistift-Porträt-Zeichnung von Franz Kugler (Aurora 1975) ist ein Berlin-Aufenthalt Eichendorffs für *Sommer 1830* zu entnehmen. Die Bekanntschaft mit dem Kunsthistoriker, Zeichner und Literaten Franz Kugler (1808–1858; seit 1833 Professor für Kunstgeschichte an der Berliner Akademie) entwickelt sich später zur Freundschaft. Kuglers Tochter Margaretha (1834–1862), die spätere Gattin Paul Heyses (seit 1854), ist Eichendorffs Patenkind.

25. Juli: Mit den sogenannten Juli-Ordonnanzen wird in

Frankreich die Pressefreiheit aufgehoben, das Wahlgesetz geändert, die bereits einberufene Kammer aufgelöst, die Zahl der Abgeordneten drastisch verringert etc.

27.–29. Juli: Blutiger Aufstand gegen die bourbonische Restauration in Paris.

30. Juli: Louis Philippe, Herzog von Orléans, als Reichsverweser in Paris. – Die Ereignisse in Frankreich rufen in ganz Europa und in zahlreichen Staaten des Deutschen Bundes revolutionäre Bewegungen hervor. In der Einschätzung des Phänomens »Revolution« ist die Juli-Revolution entscheidender als die Französische Revolution des Jahres *1789.* Jetzt erst wird das Gespenst der Revolution als ein »Prinzip« erkannt, die Angst vor der »ewigen Revolution« breitet sich aus.

1. und 2. August: Im Remter der Marienburg soll ein Musikfest stattfinden (mit Werken von Händel, Beethoven, Spontini, Karl Maria von Weber, Haydn und Mozart), an dessen Vorbereitung Eichendorff von Amts wegen beteiligt ist. Das Fest scheitert zunächst an der Weigerung der Stadt, Freiquartiere für 200 Mitwirkende bereitzustellen; es findet erst *1831* statt (Aurora 1958 81).

5. August: Andreas von Löwis of Menar notiert in seinem Tagebuch einen »heiteren Abend ... mit Musik und vortrefflichem Gesang« bei Schulrat Dr. Lucas in Königsberg. »Baron von Eichendorff war auch dort ...« (Niggl I 184)

9. August: Louis Philippe beschwört die Verfassung und besteigt als »König der Franzosen« den Thron von Frankreich; es beginnt die Epoche des »Bürgerkönigtums«, der französische »Anschauungsunterricht für die Theorie von Klassenherrschaft und Klassenkampf« (Schieder 108).

19. August: Andreas von Löwis of Menar notiert einen Besuch Eichendorffs (Niggl I 184).

25. August: Beginn des Volksaufstandes in Belgien, der zur Lösung von den Niederlanden und zur Gründung des Königreiches Belgien führt.

Ende September: Zur Herbstmesse erscheint ›Der letzte Held von Marienburg. Trauerspiel von Joseph Freiherr von Eichendorff‹. – Im ›Berliner Musenalmanach für 1831. Herausgegeben von Moritz Veit‹ (vermutlich ebenfalls schon zur Herbstmesse *1830* erschienen) werden Eichendorffs Gedichte: ›Wanderlied‹ (»Vom Grund bis zu den Gipfeln«); ›Trost‹ (»Wenn schon alle Vögel schweigen«; vgl. GA I 75) und ›Malers Morgenlied‹ (»Aus Wolken, eh im nächt'gen Land«) erstmals gedruckt. Eichendorff, schon im Aufbruch nach Berlin, kündigt sich seinen Freunden mit neuen Gedichten an.

4. Oktober: Die belgischen Provinzen erklären ihre Unabhängigkeit.

20. Oktober: Eichendorffs fünftes Kind Anna Hedwig wird in Königsberg geboren.

29. November: Beginn des blutigen, nationalpolnischen Aufstandes gegen Rußland (der im *Oktober 1831* niedergeschlagen ist). Unter Gneisenaus Oberbefehl entsendet, während des russisch-polnischen Krieges, Preußen eine Observationsarmee an seine Grenzen. In Posen, das, durch Desertionen von Posener Polen und die Option von polnischen Adeligen auf preußischem Gebiet für den Aufstand, in die Auseinandersetzung hineingezogen wird, beginnt der neue Oberpräsident Eduard Heinrich von Flottwell mit einer scharfen Germanisierungspolitik, die bald auch auf Schlesien und Westpreußen übergreift.

Geboren werden Franz Joseph (von 1848–1916 Kaiser von Österreich), Paul Heyse, Jules de Goncourt. Es stirbt Goethes Sohn August. Goethe erleidet eine Lungenblutung. – Chamissos Gedichtzyklus ›Frauen-Liebe und Leben‹ und sein Gedicht ›Das Dampfroß‹ entstehen. Ende des Jahres erscheint der 4. Band von Heinrich Heines ›Reisebildern‹. – Eichendorffs Jugendfreund Philipp Veit wird Direktor des Staedelschen Instituts in Frankfurt am Main. – Aus Bengalen kommend erreicht die Cholera Astrachan und Moskau und zieht drohend auf Europa zu. – Zwischen Liverpool und Manchester verkehrt die erste moderne Dampfeisenbahn.

Als Ministerial-Beamter in Berlin (1831–1844)

1831

27. Februar: Zur Feier der Eröffnung des Landtages wird im Königsberger Stadttheater Eichendorffs Trauerspiel ›Der letzte Held von Marienburg‹ aufgeführt. Der Intendant informiert Eichendorff am *24. Februar* darüber, daß das Stück am Sonnabend, *26. Februar* vormittags und nachmittags geprobt werde, daß aber die Hauptprobe am Sonntag, *27. Februar* vormittags um 9 Uhr stattfinde. Eichendorff ist dazu eingeladen. Die Uraufführung wird auf 18 Uhr angesetzt. Die Aufführung geht knapp am Theaterskandal vorbei, was von Eichendorffs Freunden weniger der Qualität des Stückes als seiner mangelhaften Darstellung zugeschrieben wird. Johannes Voigt schreibt am

28. Februar über die Aufführung an einen Freund u.a.: »Bald entstand Tumult, denn die Galerie fing noch vor 6 den Anfang des Stücks zu verlangen an ... Mein Mut hob sich einigermaßen, als nach der Ouvertüre: Heil Dir im Siegerkranz pp. angestimmt wurde, denn dies war ein gutes Vorzeichen rosiger Laune ... am Ende fehlte aller Effect. Heinrichs Tod in Lochstädt war beinahe wie eine Posse. Ich muß gestehen, mir tat E. leid, als einige laute Zeichen von Mißbilligung fielen, denn das polternde Geschrei: E. vor! E. vor! konnte ich unmöglich als Beifall nehmen. Wenn man also auch nicht sagen kann, das Stück sei durchgefallen, so darf man doch wohl behaupten: es habe keine Befriedigung gegeben.« (HKA VI 15)

26. Mai: Schlacht bei Ostrolenka zwischen Polen und Russen. Theodor von Schön hält diese Schlacht für den entscheidenden »Punkt, und hätten die Polen da Haltung behalten, dann würde der Ausgang des Krieges für Rußland ... sehr nachteilig gewesen sein. Wenn die Polen überhaupt statt zu negoziieren, den Krieg allein im Auge behalten, und die russischen Polen mit bestimmten Zusicherungen zum Beitritt aufgefordert hätten, dann würde dieser Teil von Europa vielleicht heute eine andere Gestalt haben.« (Schön III 93)

Mai: Die Cholera in Polen. In der »Zeit der zweiten Hälfte der polnischen Revolution« bricht die Cholera »in Preußen und besonders in Königsberg heftig« aus (Schön III 93). – So wirken mehrere Umstände zusammen, um Eichendorff den Abschied aus Königsberg zu erleichtern und ihn zu beschleunigen: die ausbrechende Seuche, der Mißerfolg seines ersten aufgeführten Dramas, die Abdrängung auf untergeordnete dienstliche Tätigkeiten.

6. Juni: Eichendorff reist mit Urlaub von Königsberg nach Berlin, um dort, möglichst in Altensteins Ministerium, eine

Anstellung zu suchen. Er erneuert die alten Freundschaften und Bekanntschaften – vor allem mit der Mittwochs-Gesellschaft – und lernt Felix Mendelssohn-Bartholdy kennen. Schon bald soll er auch in freundschaftliche Beziehung zu dem Probst von St. Hedwig Nikolaus Fischer (1791–1858) getreten sein, der Beichtvater Luise Hensels und der preußischen Kronprinzessin Elisabeth (bis zu ihrer Konversion zum Protestantismus *1830*) gewesen ist. Fischer hat *1836* auf sein Berliner Amt verzichtet und die Stelle eines Stadtpfarrers in Frankenstein übernommen. Ob Eichendorff mit seinem Bekannten aus den Hallenser und Heidelberger Studienjahren, dem Oberhofprediger Gerhard Friedrich Abraham Strauß (unter seinem Einfluß vollzog sich die Konversion der Kronprinzessin), in nähere Beziehung getreten ist, läßt sich aus den überlieferten Quellen nicht belegen und ermitteln. (Vgl. Aurora 1960 67 ff.)

17. Juni: Eichendorff bittet um eine Audienz bei Altenstein, da er »auf einer Urlaubsreise nach Schlesien begriffen« in Berlin anwesend sei (AK).

16. Juli: Nachdem Eichendorff dem Minister Altenstein seine Anstellungswünsche mündlich vorgetragen hat, bittet er nun auch schriftlich, daß es ihm »vergönnt werden möchte, bei einer hohen Zentralbehörde die Genugtuung einer freudigen Wirksamkeit und endliche Beruhigung über [seine] Zukunft zu finden ...« Er bittet, da er »auf dem vorschriftsmäßigen Wege zur Bearbeitung aller Verwaltungszweige befähiget worden – in einer der Abteilungen« des preußischen Kultusministeriums beschäftigt zu werden (HKA XII 32–34).

26. Juli: Altenstein antwortet, daß es ihm zu einer Versetzung Eichendorffs (von Königsberg nach Berlin) »sowohl an einer geeigneten Veranlassung als an den erforderlichen Mitteln« fehle, doch beschäftigt er ihn vom

1. August an kommissarisch (als Vertreter Schmeddings) für zwei Monate »gegen 3 Taler Diäten« bei seinem Ministerium. Er hat in dieser Zeit neben den ihm »zugeteilten laufenden Ministerialsachen« vor allem zwei längere Gutachten auszuarbeiten: eines über die Abgrenzung der gegenseitigen amtlichen Rechte des Fürstbischofs von Ermland und des Oberpräsidenten Theodor von Schön, ein anderes über die Verbesserung der Bildungsanstalten der »katholischen Jugend« in Westpreußen, wozu eventuell der säkularisierte und noch zu säkularisierende Klosterbesitz herangezogen werden könnte (HKA XIII 95 f.).

Beide Gutachten haben sich unter den von Pörnbacher bearbeiteten Akten nicht vorgefunden.

5. August: Schmedding ersucht Eichendorff um die Anfertigung eines Gutachtens ›Die Absonderung der Katholiken von den Evangelischen im Flatower Kreise betreffend‹ (Inhaltsangabe dieses Gutachtens bei: Pörnbacher 75 f.; ein Zitat aus diesem Gutachten vermutlich bei Stöcklein 150).

20. August: Der preußische Kultusminister Altenstein verwendet sich beim Generalpostmeister in Frankfurt für eine Anstellung Eichendorffs.

28. August: Unter den von der Mittwochs-Gesellschaft verfaßten ›Tafelliedern zum 28. August 1831‹ [Berlin 1831], das heißt zu Goethes Geburtstag, erscheint Eichendorffs Gedicht ›Der alte Held‹ (»Ich habe gewagt und gesungen«) im Erstdruck.

2. September: Aus Trient schreibt Wilhelm von Eichendorff, nach langer Zeit wieder, an seinen Bruder, den er noch in Königsberg vermutet. Unmittelbarer Anlaß ist die Mitteilung, daß Louise von Eichendorff »seit einigen Monaten« bei ihrem Bruder Wilhelm in Trient lebt, sowie die Sorge über die Cholera-Nachrichten, die »seit mehreren Wochen« aus dem besonders schlimm betroffenen Königsberg in die Welt dringen. Der Brief erinnert an die gemeinsam verlebte Jugend und die verlorene Heimat Lubowitz. An den Rand des Briefes notiert sich Eichendorff Stichworte zu einer Antwort: »Mein Besuch in Lubowitz, wie es jetzt dort aussieht: Hasengarten, altes Schloß p. Insel verwildert, entsetzliche Einsamkeit ... Kaplanei fort. – Ich schreibe poetisch, du lebst poetisch, wer dabei besser fährt, ist leicht zu denken – Cholera: Diät u. keine Furcht. Meine jetzige Stellung hier, es gibt wenigstens einen neuen Band (politische) Schriften.« (HKA XIII 269)

Diese versteckt gedruckte und daher meist übersehene Notiz gibt zunächst Einblick in ein grundlegendes Existenzmotiv Eichendorffs, die lebenslange Sehnsucht des Romantikers nach »poetischer Existenz« (Begriffsbildung Brentanos), wozu auch das ungestillte Verlangen gehört, aktiv an jenen Zeitströmungen teilzunehmen, an denen eine gestaltende Mitwirkung möglich erscheint, z. B. an der Bewegung der literarischen Romantik (in Halle, Heidelberg, Berlin und Wien), an den Freiheitskriegen, an der Katholischen Bewegung in Bayern, etc. Es ist u. a. dieser Enthusiasmus des »poetischen Lebens«, welcher das Alltagsleben so schwer erträglich macht und tiefe Einschnitte in der Existenz Eichendorffs markiert. Eichendorff hat – im Rückblick – Kindheit und Jugend (etwa bis zur Trennung von Wilhelm) als eine ununterbrochene Folge begeisterter und begeisternder Momente gesehen und entsprechend verklärt.

Zu anderen belegen diese Notizen, daß Eichendorff in Berlin mit Energie darangeht, durch unmittelbaren, schreibenden Eingriff in das politische Leben, sich eine neue Existenz aufzubauen, sich eine einflußreichere und zugleich stärker seinem literarischen Talent entsprechende Stellung zu sichern, als das bisherige Amt eines katholischen Konsistorialrates oder gar das eines Hilfsarbeiters am Ministerium. Der Hinweis auf den »neuen Band (politische) Schriften« bezieht sich vermutlich auf seine Schriften: [Politische Abhandlung über preußische Verfassungsfragen], ›Preußen und die Konstitutionen‹ und ›Über Garantien‹ (HKA X 282–344; weitere politische Schriften sind wohl schon geplant. Vgl. auch Kommentar II 117 ff.).

8. September: Der Generalpostmeister antwortet Altenstein, daß ihm Eichendorff auch von Eichhorn empfohlen worden sei, ihm aber keine freie Stelle zur Verfügung stehe (Pörnbacher 36 f.).

26. September: Eichendorff bittet Altenstein um Verlängerung seines (bis *30. September* befristeten) Urlaubs auf unbestimmte Zeit oder doch wenigstens für die Dauer von weiteren drei Monaten (ab *1. Oktober*) (HKA XII 34).

27. September: Dem Kurator der Legationskasse, Johann Karl Heinrich Philipsborn (1784–1848), teilt Eichendorff mit, daß er – nach der seinem Gesuch vom *26. September* vorausgehenden Unterredung mit Altenstein – Aussicht auf Verlängerung seines Urlaubs habe.

1. Oktober: Joseph von Eichendorff wird als Hilfsarbeiter im preußischen Ministerium des Auswärtigen beschäftigt (bis *30. Juni 1832*). Außenminister ist Christian Günther Graf von Bernstorff (1769–1835; preußischer Minister 1818–1832). Es ist möglich, daß Eichendorff während dieser Zeit, die aktenmäßig nicht belegt werden kann (Pörnbacher 34), im Zusammenhang mit den Plänen des Ministers Bernstorff für ein Pressegesetz (vgl. Wesemeier 22 f.), seine Presse-Schriften (›Die konstitutionelle Pressegesetzgebung in Deutschland‹, ›Allgemeine Grundsätze zum Entwurf eines Pressegesetzes‹, ›Entwurf eines Gesetzes über die Presse und ihre Erzeugnisse‹, ›Regulativ‹) verfaßt hat. Die früheste dieser Schriften, eventuell den Aufsatz über ›Die konstitutionelle Pressegesetzgebung in Deutschland‹, übersendet er *1832* Eichhorn für die geplante ›Historisch-politische Zeitschrift‹ (vgl. Niggl I 201). Die andere Möglichkeit, daß die Presseschriften in Zusammenhang mit Eichendorffs Bewerbung um die Stelle eines Zensors in Berlin, im *Winter 1832/33*, geschrieben wurden (vgl. Kommentar II 120), ist aber nicht auszuschließen.

Herbst: Die Cholera in Berlin.

4. Oktober: Altenstein gewährt Eichendorff die Verlängerung seines Urlaubs »auf unbestimmte Zeit« (HKA XIII 100).

19. November: In Beziehung auf die von ihm »und Herrn Ranke zu redigierende Zeitschrift« trägt Eichendorff Philipsborn seine Gehaltswünsche vor. Er bittet um die Genehmigung eines Jahresgehaltes von 2000 Talern ab *1. Januar 1832*, er wolle jedoch auf dieses Gehalt, alles, was er »an Honorar oder sonst in Beziehung auf jene Zeitschrift einnehme«, anrechnen lassen (HKA XII 36). Für die von Leopold Ranke (1795–1886) zusammen mit Friedrich Karl von Savigny und anderen, unter der Aufsicht von Johann Albrecht Friedrich Eichhorn (seit 1831 Direktor der Deutschlandabteilung des preußischen Außenministeriums), verfaßte ›Historisch-politische Zeitschrift‹ (1832–1836; gegen die revolutionären, liberalistischen Ideen der Julirevolution gerichtet), ist demnach der – zu dieser Zeit im Außenministerium beschäftigte – Joseph von Eichendorff als hauptamtlicher Redakteur vorgesehen. Eichendorffs Beitrag für das erste Heft der Zeitschrift ›Über Garantien‹ wird aber von Eichhorn und Ranke als unbrauchbar verworfen; auch ein weiterer Beitrag Eichendorffs wird nicht gedruckt, die geplante Zusammenarbeit zwischen Eichendorff und Ranke kommt nicht zustande (vgl. Niggl I 200f.). Es ist wohl Eichendorffs am Ideal der Freiheitskriege und des romantischen Staatsgedankens orientiertes politisches Denken, welches nicht in das Konzept der Staatszeitschrift paßt. Eichendorff lehnt eine geschriebene Verfassung, die »Arznei erkrankter Treue« deshalb ab, weil für ihn die preußische Verwaltung »die lebendige Vermittlerin zwischen Gesetz und Volk« ist, der Beamtenstand »eine lebendige, sich im Wechsel der Zeiten immer wieder verjüngende Repräsentation des Volkes« bildet, »durch welche dieses an der Verwaltung selbst faktisch partizipiert«. Mit dem Verweis auf das »historische Ineinanderleben von König und Volk«, auf ein »Bürgerkönigtum« in romantischem Sinne (vgl. Novalis, Kleist, Brentano und Eichendorffs Hervorhebung von »*unser* König«) setzt er sich entschieden in Widerspruch zu den vorherrschenden Zeittendenzen (vgl. HKA X 342 ff.).

21. November: Leopold Ranke bittet in einer Eingabe an Eichhorn, daß ihm für die Redaktion der »den Zwecken des Staates« gewidmeten ›Historisch-politischen Zeitschrift‹ »eine Remuneration« gewährt werde. Er beruft sich u. a. darauf, daß sein »Herr Mitgenosse [Eichendorff] in der Arbeit für dieselbe ganz allein besoldet wird« (Fuchs 244).

Im Jahre *1831*, schon nach den ersten vergeblichen Versuchen, eine höherwertige Stelle in Berlin zu erreichen, und im Dunstkreis der Goethe-Euphorie der Mittwochs-Gesellschaft hat Eichendorff sein autobiographisches Novellenfragment ›Unstern‹ zu schreiben begonnen, an dem er dann bis *1838/39* arbeitet (vgl. Text: W II 648–658; Datierung: Kunisch, Studien 97–102; Erläuterungen: Kommentar I 198 ff.).

Wilhelm Raabe wird geboren. Es sterben Karl Freiherr vom Stein, Achim von Arnim; an der Cholera: Gneisenau und Hegel. – Von der Berliner Mittwochs-Gesellschaft besucht Holtei in diesem Jahr Goethe. Goethe vollendet den ›Faust‹ und ›Dichtung und Wahrheit‹. Grillparzers Tragödie ›Des Meeres und der Liebe Wellen‹ wird in Wien erstmals aufgeführt. Anastasius Grüns ›Spaziergänge eines Wiener Poeten‹ signalisieren den neuen Ton oppositioneller Lyrik.

1832

8. Januar: In einem Brief an den preußischen Außenminister Bernstorff empfiehlt Schön Eichendorff für eine dauernde Anstellung (HKA XII 266).

9. Februar: Eichendorff berichtet dem Minister Altenstein, daß er nach Auskunft des Grafen Bernstorff mit einer »fixierten Anstellung« beim Außenministerium nicht rechnen könne. Da auch Schön auf eine definitive Entscheidung zwischen Königsberg und Berlin dränge und überdies in wenigen Tagen sich selbst Bescheid holen wolle, bitte er den Minister dringend um eine Anstellung beim Kultusministerium (HKA XII 38).

13. Februar: Theodor von Schön berichtet aus Berlin seiner Frau über ein dreistündiges Gespräch mit Eichendorff am *12. Februar* (HKA XIII 277).

14. Februar: Schön berichtet über einen erneuten Besuch Eichendorffs am *13. Februar* (HKA XIII 277).

15. Februar: Der Außenminister antwortet auf Schöns Brief vom *8. Januar*, daß von »einer förmlichen Anstellung« Eichendorffs beim Außenministerium nicht die Rede sein könne. Wenn Eichendorffs Stelle in Königsberg nicht unbesetzt bleibe, müsse er aus dem Dienst des Ministeriums ausscheiden (HKA XII 266).

20. Februar: Schön berichtet seiner Frau über Luise von Eichendorffs Sehnsucht nach Königsberg: »... es kann wohl kommen, daß sie zum Sommer wieder zu uns kommen.« (HKA XIII 277)

25. Februar: Schön zu Besuch bei Eichendorff.

27. Februar: Schön berichtet seiner Frau, daß er den Abend des *26. Februar* mit Eichendorff, Gustav von Below (1771 bis 1852; Freund Clemens Brentanos) und einem »Geh. Rat Müller« verbracht habe (HKA XIII 277).

3. März: Theodor von Schön bei Eichendorff, »der mehrere Dichter zusammengebeten hatte« (HKA XIII 277).

22. März: Goethe stirbt in Weimar.

24. März: Eichendorffs jüngstes Kind Anna Hedwig stirbt. Der Gedicht-Zyklus ›Auf meines Kindes Tod‹ – ein bei Eichendorffs Zeitgenossen häufiges lyrisches Thema (vgl. Friedrich Rückerts ›Kindertotenlieder‹, *1834*) – scheint sich darauf zu beziehen.

26. März: Goethe wird in der Fürstengruft in Weimar beigesetzt. Nicolovius erzählt in Berlin, man habe beim Großherzog angefragt, »ob es bei der Verfügung des verstorbenen Vaters, Goethe neben ihm beizusetzen, verbleibe, worauf die Großherzogin in Abwesenheit des Gemahls geantwortet: Allerdings! es gereiche ja der ganzen Familie zur Ehre.« (Stägemann III 498) – Der Minister Altenstein beantwortet, nach Gesprächen mit Theodor von Schön, Eichendorffs Gesuch vom *9. Februar*. Da Schön auf einer raschen Rückkehr Eichendorffs nicht bestehe, sei die besondere Dringlichkeit des Anstellungswunsches entfallen. Er bleibe weiter bemüht, ihm bei seinem oder einem anderen Ressort eine »auszeichnende und vorteilhafte Stellung« zu verschaffen (HKA XIII 101).

2.–28. April: Im ›Gesellschafter‹ (Nr. 54–69) erscheint Eichendorffs satirische Erzählung ›Viel Lärmen um nichts‹. Unmittelbarer Anlaß zur Entstehung der Erzählung war der Streit zwischen der Mittwochs-Gesellschaft und dem (goethefeindlichen), von Moritz Gottlieb Saphir (1795–1848) gegründeten ›Sonntagsverein‹ (1828), den Karl Gutzkow (1811–1878) »mit bedingter Parteinahme für Saphir gegen ›die seligen Mittwochsolympier‹, gerade im *Sommer 1831* noch einmal ... im zweiten Heft seines ›Forums der Journalliteratur‹« erneuerte (Wesemeier 3). Vorbilder für Leontin und Faber (in ›Viel Lärmen um nichts‹) sollen Eichendorffs Breslauer Freunde, die Mitglieder der Mittwochs-Gesellschaft Schall und Holtei sein, Vorbild des Fürsten Romano ist deutlich Hermann Fürst von Pückler-Muskau (1785–1871), dessen *1830/31* erschienene ›Briefe eines Verstorbenen‹ den Breitenerfolg der Reiseliteratur belegen.

9. April: Stägemann berichtet Ignaz von Olfers (damals preußischer Gesandter in Bern, später Eichendorffs erfolgreicher Konkurrent um die Intendanz der staatlichen Museen), von Eichendorffs Scheitern bei der Redaktion der ›Historisch-politischen Zeitschrift‹: »Rankes Zeitschrift haben Sie ja wohl schon mitgenommen. Ein zweiter Band ist noch nicht erschienen, und schwer zu erwarten, wenigstens nicht binnen Kurzem, weil sich findet, daß sein Mitarbeiter (v. Eichendorff) nicht das erforderliche Zeug hat.« (Stägemann III 495) Das Debakel dieser Redaktionstätigkeit scheint auch der Grund für Eichendorffs vorzeitiges Ausscheiden aus den Diensten des Außenministeriums gewesen zu sein. Stägemann bringt Eichendorff unwillkürlich (III 495) in Zusammenhang mit dem (als reaktionär verrufenen) Geist von Karl Ernst Jarckes (1801–1852) Berliner ›Politischem Wochenblatt‹. Das zweite Heft der Zeitschrift Rankes erscheint noch vor *August 1832*, am dritten wird im August schon gedruckt.

5. Mai: Eichendorff benachrichtigt Philipsborn, daß er seine Beschäftigung beim Außenministerium aufgeben müsse, weil sie seiner »Persönlichkeit nicht« zusage. Er wiederholt seinen Wunsch, in Berlin eine bleibende Anstellung zu finden, ein Wunsch, der ihm »durch die Rücksicht« auf seine »von dem feindlichen Klima Preußens bedrohte Gesundheit, durch die pflichtgemäße Rücksicht auf [seine] zahlreiche Familie und … auch durch die Rücksicht auf [seine] literarische Existenz geboten« werde: »Kehre ich jetzt nach Königsberg zurück, so bin ich, das fühle ich sehr deutlich, als Beamter und Dichter unausbleiblich für immer begraben.« Er bittet um Vermittlung bei Altenstein, daß seine Anstellung beim Außenministerium ab 1. Juli »gütlich« aufgelöst und eine andere feste oder kommissarische Tätigkeit für ihn gefunden werde (HKA XII 39).

13. Mai: Schön benachrichtigt Altenstein, daß ihm Eichendorff seine Rückkehr nach Königsberg angezeigt habe. Er schlägt gleichzeitig vor, Eichendorff an Stelle von Schmedding im Kultusministerium zu beschäftigen: »Herr Schmedding könnte in jedem anderen Ministerio seine Stelle finden, wo sein Glaube nicht mit seinen Verhältnissen in Collision käme …« (Pörnbacher 40) – Am gleichen Tag bittet Schön das Außenministerium um Erstattung der Umzugskosten für Eichendorff. Noch im

Mai antwortet Altenstein Schön, daß er Schmedding, bei aller Hochachtung für Eichendorff, diesem »unbedingt vorziehe« (Pörnbacher 40). – Es ist nicht bekannt, was Eichendorff dann dazu bewogen hat, doch bei der unsicheren Vertretungstätigkeit in Berlin zu bleiben, statt in sein Amt nach Königsberg zurückzukehren.

21. Mai: In einem Brief an den Verleger Friedrich Perthes beklagt Ranke die ausbleibende Hilfe bei der Redaktion der ›Historisch-politischen Zeitschrift‹: »Für jetzt befinde ich mich demnach ganz allein. Die versprochene Hülfe sowohl des ausersehenen Mitarbeiters als anderer bleibt völlig aus.« (Fuchs 250)

22. Mai: Eichendorff bittet Altenstein um Vermittlung einer Stelle beim Generalpostamt (Pörnbacher 35 f.). Seiner Bitte um weitere kommissarische Beschäftigung in Berlin wird offenkundig stattgegeben.

27.–30. Mai: Auf dem Hambacher Fest – einer Volksfeier im Stile französischer Revolutionsfeste – werden, vor allem von den Hauptrednern, dem Schriftsteller Jacob Philipp Siebenpfeiffer (1789–1845) und dem Redakteur Johann Georg August Wirth (1798–1848), die »Ideen einer revolutionären, nationaldeutschen Demokratie proklamiert«. (Schieder 112) Stägemann schreibt an Ignaz von Olfers: »Übrigens wünsche ich dem Pfeifer und dem Siebenpfeifer, dem Gog und Magog, allerlei gebranntes Herzeleid. Sie werden noch manchen Unfug stiften.« (Stägemann III 498) »Gog und Magog«, von Brentano um »Demagog« erweitert, sind die bevorzugten Invektiven konservativer Schriftsteller (Görres, Eichendorff, Stägemann, Brentano etc.) gegen den liberalistischen Journalismus.

Die Vorgänge bei dem Hambacher Fest sind der unmittelbare Anlaß dazu, daß Eichendorff seine von Kosch ›Politischer Brief‹ genannte, wahrscheinlich noch vor *Mai 1832* entstandene Skizze (HKA X 345–359) zu der die modische Reiseliteratur verspottenden Satire erweitert, der sein Sohn Hermann den verfälschenden Titel ›Auch ich war in Arkadien. Eine Phantasie‹ gab. Die Satire erscheint erstmals postum *1866*.

1. Juni: Adolf Schöll (1805–1882), dem Eichendorff wenig später so viel Vertrauen schenkt, daß er ihm die Korrektur seiner Werke, ja sogar die Anordnung seiner Gedichte überläßt, bedankt sich bei Julius Eduard Hitzig für die Übersendung von Eichendorffs ›Taugenichts‹ (TM). Er stellt Eichendorff an die Seite von Justinus Kerner, der für ihn »ein großer Zauberer« gewesen sei (HKA XIII 270).

Sommer: Adelbert von Chamisso sendet Eichendorffs Gedichte für den ›Deutschen Musenalmanach‹ *1833* an seinen Mitherausgeber Gustav Schwab. Schwab sendet den mit Eichendorffs Namen bezeichneten Papierstreifen, mit dem Chamisso die Gedichte gekennzeichnet hatte, mit der Bemerkung zurück: »Mit großem Dank aufgenommen. Fast das Beste, was wir bisher bekommen, lieber Florens!!!« (Kalender 1912 61; vgl. das Faksimile: Niggl I nach 202) – Im ›Deutschen Musenalmanach‹ 1833 erscheinen im *Herbst 1832* sechs Gedichte Eichendorffs, die, mit Ausnahme des schon vorher *(1831)* in einem Privatdruck erschienenen ›Tafelliedes zu Goethes Geburtstag‹, hier erstmals gedruckt werden (HKA XXII 111).

12. September: Eichendorff und seine Frau Luise schließen mit ihrem Hausgenossen, dem Juristen Otto Freiherrn von Wolfersdorff, einen scherzhaften Mietvertrag. Luise von Eichendorff schreibt dazu: »... ich kann Ihnen zwar nur eine Dachstube anbieten, doch ist dieselbe hell, geräumig und heizbar.« (Aurora 1935 114f.)

16. September: Aus Schölls Charakterisierung Eichendorffs, in einem Brief an Gustav Schwab, ist zu schließen, daß Eichendorff und Schöll zu dieser Zeit schon persönlich bekannt sind (Kalender 1912 61).

Ende September: Zur Herbstmesse erscheint in der Vereinsbuchhandlung ›Viel Lärmen um nichts. Von Joseph Freiherrn von Eichendorff und Die mehreren Wehmüller und ungarischen Nationalgesichter von Clemens Brentano. Zwei Novellen‹. Mit Ausnahme wiederum von Wolfgang Menzel reagiert die – spärliche – Kritik positiv. Die stets vermutete 2. Auflage *(1843)* der Erzählung ›Viel Lärmen um nichts‹ ist nicht erschienen, da Friedrich Wilhelm Gubitz (Gründer der Vereinsbuchhandlung) *1840* das Verlagsrecht an den Schriften Eichendorffs, die bei ihm erschienen waren, für die Gesamtausgabe des Dichters verkauft und nur eine zweite Auflage des Separatdruckes der ›Mehreren Wehmüller‹ veranstaltet.

16. Oktober: Eichendorff bewirbt sich bei Altenstein um eine Anstellung bei dem geplanten preußischen Oberzensurkollegium: »Meine Schriftstellerei hat mich unausgesetzt mit dem Gange der schönen Literatur, mein Amt mit den Meinungen der verschiedenen Religionsparteien, meine letzte Beschäftigung bei dem auswärtigen Ministerium endlich recht speziell mit den politischen Kämpfen der gegenwärtigen Zeit vertraut gemacht; ...« (HKA XII 41) Altenstein notiert an den Rand dieses Gesuches: »Ich wünsche in vieler Beziehung, daß es möglich sein möchte, den Wunsch zu erfüllen.« (HKA XII 267) Da beim Oberzensurkollegium ein Referat für katholische Literatur vorgesehen ist, hält Altenstein Eichendorff, »als aufgeklärten und vorurteilsfreien Katholiken«, für diese Stelle für geeignet (Pörnbacher 44). Von einer Anstellung in der Kirchenabteilung seines Ministeriums schließt er auch in Zukunft den Freund Theodor von Schöns hartnäckig aus, seine Anstellung bei der Zensur aber fördert er.

18. Oktober: Eichendorff bedankt sich bei Chamisso für die Mitteilung des Fouqué-Gedichte (das mit der Überschrift ›An die Freunde im deutschen Musenalmanach‹ in Cottas ›Morgenblatt‹ am *9. März 1833* erscheint; vgl. Niggl I 228–230) und gratuliert zur Geburt eines Sohnes.

21. Oktober: Adolf Schöll sendet Eichendorff das ihm überlassene Exemplar von ›Ahnung und Gegenwart‹ zurück und schreibt ihm – am gleichen Tag – »eine, nur etwas lange, Epistel« über den Roman, womit er sich Eichendorff als Literaturkenner und begeisterter Leser seines Werkes empfiehlt. (HKA XIII 102–118)

27. November: Nachdem die am *6. September 1832* gewährte weitere Verlängerung des Urlaubs am *1. Dezember* abläuft, erinnert Eichendorff nochmals an sein Gesuch um Anstellung beim Oberzensurkollegium, dessen Erfüllung ihm mündlich in Aussicht gestellt worden war (HKA XII 41 f.). Die Verhandlungen um diese Anstellung schleppen sich noch Jahre hindurch fort.

Vermutlich ebenfalls schon zur Herbstmesse *1832* erscheint der ›Schlesische Musenalmanach. Herausgegeben von Theodor Brand‹ (Breslau), in dem Eichendorffs Gedichte ›Der Unverbesserliche‹ (»Ihr habt den Vogel gefangen«), ›Wegweiser‹ (»Jetzt mußt du rechts dich schlagen«) und ›Die Lieder‹ (»So viele Quellen von den Bergen rauschten«) erstmals gedruckt werden.

Es sterben Goethe, Karl Friedrich Zelter, Walter Scott. – Nikolaus Lenaus' ›Gedichte‹ erscheinen. Mörikes ›Maler Nolten‹ erregt wenig Aufsehen. Börnes ›Briefe aus Paris‹ (1832–1834), die Eichendorff in ›Auch ich war in Arkadien‹ parodiert, verdeutlichen die politische Brisanz der Reiseliteratur. – Metternich sammelt nochmals die Staaten des Deutschen Bundes zum Kampf gegen die Revolution. England und Frankreich deklarieren gegenüber der neuen Verbotswelle in den deutschen Staaten einen Interventionsanspruch (Schieder 112 f.).

1833

März/April: Zur Ostermesse erscheint in der Fr. Brodhag'schen Buchhandlung in Stuttgart ›Die Freier. Lustspiel in drei Aufzügen von Joseph Freiherrn von Eichendorff‹.

3. April: Der Sturm auf die Frankfurter Hauptwache, der eine revolutionäre Aktion gegen den Deutschen Bundestag einleiten soll, lenkt den Blick der Regierungen erneut auf die sich radikalisierenden Burschenschaften.

Frühjahr/Sommer: In Berlin grassiert eine gefährliche Grippe. Chamisso erkrankt schwer und erholt sich nicht mehr völlig. Flottwell, zu Besuch in Berlin, erkrankt. Anton Heinrich Radziwill, Fürst zu Olyka und Nieswiesz (geb. 1775, verheiratet mit Friederike, Schwester des Prinzen Louis Ferdinand) stirbt am ersten Osterfeiertag *(7. April)*. Auch Eichendorff und seine Frau machen »diese pestilenzialische Mode« mit (HKA XII 44).

12. April: An Theodor von Schön schreibt Eichendorff, daß er noch immer in Altensteins Ministerium »gegen Diäten« arbeite. Er bearbeite »jetzt ausschließlich sämtliche Disziplinaruntersuchungssachen«, habe aber mit den katholischen Angelegenheiten nichts zu tun.

Der Brief enthält den ersten – überlieferten – Hinweis auf die Arbeit an dem Roman ›Dichter und ihre Gesellen‹: »Was meine Poesie anbetrifft, so schreibe ich jetzt – außer einigen einzelnen Gedichten für den nächsten ›Deutschen Musenalmanach‹ – an einem größeren Roman, der die verschiedenen Richtungen des Dichterlebens darstellen soll.« Eichendorff berichtet weiter, daß Johannes Voigts 1833 erschienenes Buch ›Das Leben des Kgl. Preußischen Staatsministers Friedrich Ferdinand Alexander Reichsburggrafen und Grafen zu Dohna-Schlobitten‹ in Berlin großes Aufsehen errege. Seinen Sohn Rudolf werde er, wegen der überfüllten Berliner Schulen, »nach Braunsberg zu dem, als tüchtigen Erzieher bekannten Oberlehrer Lingnau in Pension ... geben«. Das Braunsberger humanistische Gymnasium, an dem Eichendorffs Freunde Karl Biester und Maria Gideon Gerlach (1789–1845) angestellt waren, hatte unter den katholischen Gymnasien Preußens einen besonders guten Ruf. Eichendorff hofft, daß Gerlach und Biester seinen Sohn »in strenge Zucht nehmen und hoffentlich ein wenig zurecht rücken werden«. (HKA XII 44)

22. April: Eichendorff bedankt sich bei dem Stuttgarter Hofkaplan Karl Grüneisen (1802–1878; Verfasser geistlicher Lieder) für die Drucküberwachung seines Lustspiels ›Die Freier‹.

8. Mai: Als Leiter des Oberzensurkollegiums schlägt Altenstein Philipp Joseph von Rehfues, Staatskommissar an der Universität Bonn, vor, doch scheitert dieser Vorschlag am Widerspruch des Staatsministers von Rochow. Eichendorff wird »infolgedessen bedenklich, die ihm zugedachte Stellung anzunehmen« (HKA XIII 297; Pörnbacher 44).

Ende September: In Chamissos und Schwabs ›Deutschem Musenalmanach‹ für das Jahr 1834 erscheinen 8 Gedichte Eichendorffs im ersten Druck (HKA XXII 111).

20. Oktober: Leopold Graf von Sedlnitzki, soeben zum Administrator des Fürstbistums Breslau bestellt, schreibt aus Breslau an seinen Freund Eichendorff. U. a. bedauert er, Eichendorffs Universitätsfreund Nikolaus Heinrich Julius nicht genauer kennengelernt zu haben (HKA XIII 118).

29. Oktober: Karl Immermann berichtet aus Berlin, daß er bei einer Zusammenkunft der Mittwochs-Gesellschaft zwischen Chamisso und Eichendorff gesetzt worden sei (Niggl I 246).

17. Dezember: Kaspar Hauser stirbt in Ansbach an der Verletzung, die er bei einem Mordanschlag erhalten hat. Das Geheimnis um seine Herkunft ist damit um das Rätsel seines Todes vermehrt. »Hic occultus occulto occisus est« steht auf dem Denkstein im Schloßpark zu Ansbach, der wenige Jahre nach Kaspar Hausers Ermordung gesetzt wird. In diesem Jahr lernt Eichendorff vermutlich Luise Hensel kennen (zu der sehr losen Bekanntschaft vgl. Aurora 1958 73f.). – Der Entwurf eines ›Votums des Ministers der geistlichen Angelegenheiten zu No. 296‹ (HKA X 275–281) über die Einrichtung von »geistlichen Demeriten- oder Korrektionsanstalten« (für straffällig gewordene katholische Geistliche) wird ebenfalls auf *1833* datiert (vgl. Kommentar II 123; Pörnbacher 66; Wohlhaupter 170f.).

Geboren werden Wilhelm Dilthey und Johannes Brahms. – In Paris erscheint der erste Teil von Heinrich Heines ›Zur Geschichte der neueren schönen Literatur in Deutschland‹. In Wien wird Johann Nestroys Zauberspiel ›Der böse Geist Lumpazivagabundus‹ erstmals aufgeführt. Heinrich Laubes Romantrilogie ›Das junge Europa‹ (bis 1837) beginnt zu erscheinen. Clemens Brentano veröffentlicht anonym den – unverstandenen – Schlüsselroman der zu Ende gehenden Restaurationszeit ›Das bittere Leiden unsers Herrn Jesu Christi‹. – Unter Führung Preußens wird der Deutsche Zollverein gegründet.

1834

10. Januar: Eichendorff beantwortet einen Neujahrsbrief Theodor von Schöns. Er stimmt Schön zu, der im öffentlichen Leben eine Lähmung konstatiert: »Auch die Poesie erliegt allmählich dieser allgemeinen Lähmung. Sie geht bei den Philistern zu Gaste und wird mit ihnen ganz und gar politisch, das Albernste, was diesem undiplomatischen Götterkinde begegnen kann, wo nicht die Politik selbst Poesie wird, wie in den von Euer Exzellenz bezeichneten Jahren 1807–1809 und 1813.« Die Affäre Hauser hat er ausführlich mit »dem Erzvater Hitzig« diskutiert, doch weiß auch dieser keine Lösung des Rätsels. Über seinen

Alltag schreibt Eichendorff: »... ich arbeite noch immer gegen Diäten beim geistl: Ministerium, suche mir die Stunden für die Poesie abzustehlen, besuche die literarische Gesellschaft, und an den Sonntagabenden Hitzig, wo in der Regel literarisch merkwürdige Fremde und dergleichen Zugvögel zu finden sind.« (HKA XII 45 ff.)

16. Januar: Wilhelm von Eichendorff bittet aus Trient seinen Bruder um ein Lebenszeichen: »Du zählst unter den Deutschen auch hier viele Verehrer.« (HKA XIII 121)

18. Januar: Theodor von Schön bemerkt, daß Eichendorff jährlich unter Publikationsdruck Gedichte für den ›Deutschen Musenalmanach‹ schreibt. Über die Gedichte im ›Musenalmanach für 1834‹ schreibt er an seine Frau: »Sie sind sehr hübsch, aber die große Tiefe scheint sich in Berlin bei ihm zu verlieren ...« (HKA XIII 277)

12. Februar: Friedrich Schleiermacher stirbt in Berlin. Stägemann schreibt am

14. Februar an seinen Schwiegersohn Ignaz von Olfers: »Inzwischen haben wir auch unsern trefflichen Schleiermacher verloren. Die Hegelianer werden ihn aus den ihrigen wohl zu ersetzen wissen.« (Stägemann III 541) Im gleichen Brief teilt er mit, daß einer der »Räte des auswärtigen Ministeriums, Herr v. Ballan, ... schwermütig geworden, und der Behandlung des Arztes überwiesen« ist. »Doch geht er noch aus, und hat vor einigen Tagen Schulzen auf der Straße umarmt, was freilich [wegen des Schmutzes, der Friedrich Schulz anhaftet] bedenklich erscheint.«

7. März: Eichendorff bewirbt sich – nach dem Tode Balans – bei dem preußischen Außenminister Jean Pierre Frédéric Ancillon (1767–1837) um Balans Stelle. Sein Gesuch wird am

12. März abschlägig beschieden (HKA XII 48, 269).

29. März: Stägemann rät Olfers von einer Bewerbung um die Ballansche Stelle ab, bei der der Minister freie Hand haben wolle. Er berichtet, daß »Schön in Königsberg ... einen gewaltigen Wischer vom Könige bekommen [hat], weil er die Militär-Uniform einen Sklaven-Rock genannt hat« (Stägemann III 544). Schön selbst schien die Angelegenheit symptomatisch für den in Preußen herrschenden Kastengeist des Absolutismus, dafür, daß »wenigstens die Höchstgestellten eines Teils der Königlichen Dienerschaft noch keinen Begriff vom Volk und von ihrem Standpunkt hatten. Damals ... spukte die Meinung von der Herde und den Ober- und Unterhirten ...« (Schön III 125) Der

Brief Stägemanns gibt auch Auskunft über das Schicksal von Revolutionären: »Unter den hier verhafteten Hambachern und Frankfurter Stürmern ist ein Westfale Brüggemann, ... der im Verhör sehr dreihärig ist.« Karl Brüggemann wird 1837 zum Tod durch das Rad verurteilt, zu lebenslanger Haft begnadigt und nach der Amnestie von 1840 entlassen. (Vgl. Stägemann III 545)

12. Juni: Das Schlußprotokoll der Wiener Minister-Konferenzen verdichtet das Ordnungsideal der Metternichzeit zu einem feinmaschigen Netz antirevolutionärer Ordnungsmaßnahmen.

19. Juni: Die preußische Regierung schließt mit dem Erzbischof von Köln, Graf Spiegel, eine geheime Konvention, wonach – entgegen dem päpstlichen Breve von 1830 – die katholische Trauung konfessionell gemischter Ehen »nicht von dem förmlichen Versprechen der katholischen Kindererziehung, sondern von der ›religiösen Gesinnung des katholischen Teils in Absicht auf Glaubenstreue und Pflichterfüllung‹ abhängig gemacht« wird (Schieder 115). Die Ergebnisse dieser Konvention sucht Spiegel in einem Hirtenbrief vom *13. Oktober 1834* zu verdeutlichen. Sein Entgegenkommen wird ihm vom Kultusministerium nicht honoriert. Er sieht darin die »fast unbegrenzte Einwirkung des leidenschaftlichen [ihm] feindseligen Schmedding auf den Herrn Kultus-Minister« (Stägemann III 551).

13. August: Eichendorff übersendet – vermutlich – dem Verlag Duncker und Humblot »das Manuskript eines soeben von [ihm] vollendeten Romans«; er fragt an, ob der Verleger bereit sei, das Manuskript zu drucken (Aurora 1935 12). An dem Roman ›Dichter und ihre Gesellen‹ hat Eichendorff knappe zwei Jahre gearbeitet, eines der zentralen Themen ist die für den Dichter immer drängender werdende Frage nach dem Verhältnis von Amt und Dichtertum. Aus einem – heute verschollenen – »83 Seiten umfassenden Handschriftensatz« schließt Ewald Reinhard auf vier Entwicklungsphasen des Romans, deren Inhalte er nachzuzeichnen versucht (HKA IV XII ff.). Erst in der dritten Phase plant Eichendorff, den »ganzen Roman wohl in 2 Teilen (Bänden)« zu edieren, er verlegt die Handlung in die schlesische Heimat, in den Badeort Warmbrunn, das Riesengebirge, an die Schneekoppe. Als Quellen verweisen die handschriftlichen Notizen auf Tiecks ›Aufruhr in den Cevennen‹ und auf Shakespeare. Den Plan, die dramatische Satire ›Meierbeths Glück und Ende‹ ganz in den Roman einzugliedern, hat Eichendorff schließlich wieder verworfen. Von der letzten Fassung haben sich die Vorfassungen – einschließlich der Entwürfe – nach Reinhard gravierend unterschieden.

2. September: Eichendorff überträgt Adolf Schöll die Schlußkorrektur seines Romans ›Dichter und ihre Gesellen‹.

Ende September: Im ›Deutschen Musenalmanach‹ für 1835 erscheinen Eichendorffs Gedichtzyklus ›Auf den Tod meines Kindes‹ (enthaltend die Nummern 5–9 des in den späteren Sammelausgaben erscheinenden Zyklus ›Auf meines Kindes Tod‹) und das Gedicht ›Das kranke Kind‹ (»Die Gegend lag so helle«) im ersten Druck.

4. Oktober: Joseph Frenzl, der Verwalter von Eichendorffs Gut Lehen Sedlnitz, berichtet von einem Besuch, den Wilhelm von Eichendorff, seine Frau und seine Schwester Louise vom *21. Juli* [?] bis zum *20. Oktober* in Sedlnitz, Ratibor, Lubowitz, etc. machten. Wilhelm besuchte das Grab seiner Eltern und »unbemerkt« den Schloßgarten in Lubowitz (HKA XIII 121).

Ende Oktober: ›Dichter und ihre Gesellen. Novelle von Joseph Freiherr von Eichendorff‹ erscheint im Verlag Duncker und Humblot in Berlin. In der überraschend reichhaltigen Kritik des Romans (vgl. Niggl I 254–293) findet Eichendorff das eigene, im ›Unstern‹ gestaltete Lebensgefühl des »Zuspätkommens«, der Alterung vor der Modernität, gespiegelt. So erklärt Karl Gutzkow im ›Phönix‹: »Eichendorff hat nur den Fehler, daß er zu spät kömmt: er verbessert ihn vielleicht dadurch, daß er das Prinzip recht klar macht, die Tradition lebendig erhält, und uns Jüngern recht lebhaft zeigt, wie man die Weise seiner Schule mit Göthe's Klassizität verbinden muß.« (Kritik vom 14. 1. 1835; Niggl I 263) Wolfgang Menzel aber erinnert mit Auszügen aus dem Roman den Leser »an die feineren poetischen Genüsse früherer Zeiten«, er erinnert nur, »denn daß das altmodisch ist und uns nur wie verwitterte goldene Rahmen in leerstehenden alten Jagdschlössern mahnt, versteht sich von selbst ...« (Kritik vom 2. 12. 1836; Niggl I 286).

25. Oktober: Theodor von Schön berichtet aus Berlin an seine Frau: »Gestern war auch Eichendorff schon bei mir. Er ist, wie er war. Er hat einen neuen Roman geschrieben: Der Dichter und seine Gesellen ...« (HKA XIII 278)

26. Oktober: Eichendorff übersendet dem Minister Altenstein ein Exemplar von ›Dichter und ihre Gesellen‹. Der Minister bedankt sich am

22. **November** dafür (HKA XII 49; XIII 123 f.).
2. **November:** Schön besucht in Berlin die Familie Eichendorff, findet »aber nur den ältesten Sohn zu Hause, der ein großer Mensch geworden ist ...« (HKA XIII 278).
7. **November:** Mittagessen Schöns bei Eichendorff.
14. **November:** Schön mit Eichendorff und dem Generalleutnant Koen von Jaski (ab 1835 Gouverneur von Königsberg) in Berlin im Theater (›Barbier von Sevilla‹).

Geboren werden Felix Dahn, dessen historische Romane die Sensation des späteren 19. Jahrhunderts sind; Ernst Haeckel, Heinrich von Treitschke. Es sterben Schleiermacher und der Bevölkerungspolitiker Malthus. – Georg Büchner und Friedrich Ludwig Weidig veröffentlichen die revolutionäre Flugschrift ›Der Hessische Landbote‹. Grillparzers ›Der Traum ein Leben‹ wird in Wien erstmals aufgeführt. Ludolf Wienbarg veröffentlicht die »dem jungen Deutschland« gewidmeten ›Ästhetischen Feldzüge‹.

1835

12. März: Friedrich Wilhelm Schubert (1788–1856, Professor für Theologie in Königsberg) empfiehlt Eichendorff den »Studiosus Laws« aus Braunsberg, der Eichendorffs Sohn Rudolf dort kennengelernt habe. Dem Brief ist zu entnehmen, daß die Königsberger Freunde nicht nur häufig an Eichendorff denken, sondern ihn auch besuchen.
23. März: Eichendorff bittet – nach nunmehr 19 Dienstjahren – Altenstein um eine feste Anstellung im Kultusministerium, »welche gegenwärtig durch das [zur] ... Verfügung stehende Gehalt des verstorbenen Geh: Ober-Regierungs-Rats Uhden möglich wird ...« (HKA XII 50).
16. April: Altenstein lehnt Eichendorffs Gesuch ab, da die Stelle Uhdens auf dem »Aussterbeetat sich befunden hat«. Er bittet ihn, in seinem »dermaligen interimistischen Verhältnisse auszuharren«. Seine Tätigkeit sei »sehr nützlich« und werde von ihm stets anerkannt (HKA XIII 125 f.).
8. Mai: Eichendorff lehnt eine Aufforderung Heinrich von Seelens vom *6. Mai*, an dessen ›Neuen Schlesischen Blättern‹ mitzuarbeiten, ab. Die ihm »gütigst übermachte Anweisung«

von 25 Reichstalern sendet er wieder zurück. Der in solchen Briefen stereotyp wiederkehrende Hinweis auf Arbeitsüberlastung ist nicht nur als Höflichkeitsfloskel zu werten. Immerhin kann es sich Eichendorff in der Folgezeit häufiger leisten, Angebote zur Mitarbeit an literarischen Zeitschriften und Almanachen abzulehnen (Aurora 1960 69).

1. Juni: In dem von Franz Kugler herausgegebenen ›Museum. Blätter für bildende Kunst‹ nimmt Eichendorff anonym Stellung zu einem im Februarheft der ›Preußischen Provinzial-Blätter‹ abgedruckten Vortrag von Karl Rosenkranz (›Das Verhältnis des Protestantismus zur bildenden Kunst, mit besonderer Rücksicht auf Schnaases Niederländische Briefe‹), wonach die »katholische Poesie seit dem Drama des spanischen Calderon im siebzehnten Jahrhundert nichts welthistorisch Bedeutendes mehr hervorgebracht« habe, und nun, nach Poesie und Musik, auch in der Architektur die Führung an die protestantische Kultur übergehe. In dem Dialog eines Phlegmatikers und eines Sanguinikers relativiert Eichendorff satirisch den kulturkämpferischen Standpunkt von Rosenkranz, da für ihn die nationale Kultur Deutschlands durch eine Durchdringung katholischer und protestantischer Elemente charakterisiert ist (Text: W III 5–8).

16. Juni: Johann Nepomuk von Larisch, Eichendorffs Schwiegervater, stirbt in Ratibor.

20. Juni: Eichendorff wird von Altenstein als Vertreter des Geheimen Regierungsrates Credé in der Medizinalabteilung seines Ministeriums beschäftigt und nimmt an den Sitzungen dieser Abteilung teil.

15. Juli: Altenstein beauftragt Eichendorff mit der Vertretung Schmeddings, der sich während seiner »Brunnenkur« aber »von den Geschäften nicht gänzlich zurückzuziehen beabsichtigt« (HKA XIII 127). Auf der Rückseite der Dienstanweisung notiert Eichendorff: »Sg. [= Schmedding] will sich die Personalien u. die Besetzung des Breslauer Bistums vorbehalten, kommt übrigens in die Sessionen. Nicolovius wird schon alles arrangieren.« (HKA XIII 272) Wenig später wird Leopold Graf von Sedlnitzki zum Fürstbischof von Breslau ernannt.

2. August: Der Erzbischof von Köln, Ferdinand August Graf von Spiegel zum Desenberg (geb. 1764), stirbt in Köln.

4. August: Christian Karl von Bunsen (1791–1860), preußischer Geschäftsträger und Ministerresident in Rom, engt den Kreis der möglichen Nachfolger des Grafen Spiegel auf Clemens

August Droste zu Vischering und Joseph Prinz von Hohenzollern ein: »Jener ist aber zu ängstlich, und dieser zu alt: auch wird der letztere nicht wollen.« (Stägemann III 563)

Ende September: Im ›Deutschen Musenalmanach‹ für *1836* erscheinen 5 Gedichte Eichendorffs im ersten Druck (HKA XXII 111), darunter das »Situations-Gedicht« ›Frisch auf!‹, in dem es heißt:

»Mir aber war's, als wär ich wieder jung,
Und wußte der Lieder noch genung!«

In der Anthologie ›Lyrisches Schatzkästlein der Deutschen. Herausgegeben und mit einer Vorrede begleitet von O. F. Gruppe‹. Berlin *1836* (eventuell schon 1835 erschienen) sind zahlreiche Gedichte Eichendorffs enthalten (HKA XXII 112).

19. Oktober: Der Buchhändler Brockhaus bittet Eichendorff um einen novellistischen, »vier bis fünf Druckbogen« nicht überschreitenden Beitrag zu dem Taschenbuch ›Urania‹ für *1837*. Eichendorff sah für das Taschenbuch vielleicht zunächst die Erzählung ›Eine Meerfahrt‹ vor, die er aber, nach »den schriftlichen Bemerkungen auf dem Manuskript«, noch einmal vollständig umarbeiten wollte (Biographie 160). Sie erscheint erstmals (postum) *1864* in den von Hermann von Eichendorff herausgegebenen ›Sämtlichen Werken‹. In ›Urania. Taschenbuch auf das Jahr 1837‹ erscheint im *Herbst 1836* die Erzählung ›Das Schloß Dürande‹, eine Revolutionsnovelle, die insofern bedeutsam ist, als sie den Einbruch der historischen Dimension in das erzählerische Werk Eichendorffs dokumentiert. Seit *1835* kommt »auch der Geschichtenschreiber Eichendorff ohne den Einschuß des Historischen nicht mehr« aus (Seidlin 264).

25. Oktober: Eichendorff sagt Brockhaus »bis spätestens Ende März d. J. mit vollkommener Sicherheit die Einsendung einer Novelle« [Das Schloß Dürande] zu, »welche 4–5 Druckbogen wahrscheinlich nicht ausfüllen, jedenfalls nicht übersteigen wird« (AK).

14. November: In Preußen werden die Schriften des »Jungen Deutschland« verboten.

30. November: Theodor von Schön schreibt Eichendorff aus Königsberg einen langen, freundschaftlichen Brief. Er sieht Liberalität und Servilität als die Pole in den Kämpfen in der Zeit; auch berichtet er ausführlich über die Königsberger »Muckergeschichte«, über die er schon am *4. September 1835* an Stägemann schreibt (Stägemann III 567ff.). In Königsberg sammelte sich um Johann Wilhelm Ebel (1784–1861) eine pietistische Sekte, der sich auch Hermann Olshausen und Heinrich Diestel (1785–1854) anschließen. *1835* werden in Königsberg Gerüchte ausgestreut, daß in dieser Sekte unter dem Mantel der Frömmigkeit sexuelle Ausschweifungen begangen werden. Am *3. September* wird in der Stadt öffentlich plakatiert, daß Ida Groeben mit Ebel zusammenlebe. Der *1835* gegen Ebel begonnene Prozeß endet *1839* mit seiner und Diestels Amtsenthebung und »Einsperrung in einer öffentlichen Korrektionsanstalt«; das Berufungsgericht entscheidet *1841* aber lediglich auf Amtsenthebung der beiden Hauptangeklagten.

»Um Geister zu wecken«, veranlaßt Schön im *Winter 1835* Karl Rosenkranz, in der Wohnung des Oberpräsidenten Vorlesungen über schöne Kunst zu halten. – Schön berichtet auch von dem schlechten Gesundheitszustand des Fürstbischofs von Ermland († *26. September 1836*).

1. Dezember: Clemens August Freiherr von Droste zu Vischering (1773–1845) wird zum Erzbischof von Köln gewählt.

8. Dezember: Justizrat Nessel, ein Jugend- und Universitätsfreund Eichendorffs, bittet Eichendorff, seinem Sohn, der in Berlin studiert, »belehrenden, bildenden, und erheiternden Umgang« zu gewähren (HKA XIII 135).

10. Dezember: Der ›Deutsche Bundestag‹ erläßt das Verbot »gegen die Verfasser, Verleger, Drucker und Verbreiter der Schriften aus der unter der Bezeichnung ›das junge Deutschland‹ oder ›die junge Literatur‹ bekannten Schule, zu welcher namentlich Heinr. Heine, Karl Gutzkow, Heinr. Laube, Ludolf Wienbarg und Theodor Mundt gehören«.

Von *1835* an (bis zu seinem Tod) arbeitet Eichendorff – in stets erneutem Ansatz – an einem großen autobiographischen Romanwerk, dessen Teile als Memoiren-Fragmente bekannt geworden sind. Datierung, Zueinanderordnung und Gruppierung der Fragmente sind durch die Arbeiten von Hermann und Dietmar Kunisch weitgehend geklärt. Eine kritische Edition der Memoiren-Fragmente (durch Dietmar Kunisch) war für Reclams Universalbibliothek vorgesehen, ist aber bisher (1977) nicht erschienen. Vgl. Hermann Kunisch, Die Frankfurter Novellen- und Memoirenhandschriften von Joseph von Eichendorff (Jb FDH 1968 329ff.); Kunisch, Studien; Dietmar

Kunisch, Die Memoirenfragmente Joseph von Eichendorffs. Eine ungedruckte Handschrift aus dem Nachlaß Wilhelm Kurrelmeyers, (Sprache und Bekenntnis. Sonderband des LJb 1971 185 ff.); Kommentar I 202 ff.

Mark Twain wird geboren. Es sterben Franz I., Kaiser von Österreich, August Graf von Platen, Wilhelm von Humboldt. – Theodor Mundts ›Madonna. Unterhaltungen mit einer Heiligen‹, Karl Gutzkows ›Wally die Zweiflerin‹, Heinrich Heines ›Zur Geschichte der Religion und Philosophie in Deutschland‹ (mit der Jahreszahl 1834) und ›Die romantische Schule‹ (mit der Jahreszahl 1836) und Wolfgang Menzels »Denunziation« des »Jungen Deutschland« bezeichnen einen Höhepunkt des Einflusses liberaler Literatur in Deutschland. Bettine von Arnims Buch ›Goethes Briefwechsel mit einem Kinde‹ ist die Sensation der Salons und literarischen Vereine. Georg Büchner schreibt ›Dantons Tod‹; er flieht, als Demagog verfolgt, nach Straßburg und wird steckbrieflich gesucht. Friedrich Ludwig Weidig nimmt sich in der Untersuchungshaft das Leben. Mit David Friedrich Strauß' ›Leben Jesu‹ beginnt die moderne Bibelkritik. – Zwischen Nürnberg und Fürth verkehrt die erste deutsche Eisenbahn (Ludwigsbahn).

1836

4. Februar: Das preußische Oberzensurkollegium hat beschlossen, Eichendorff als Regierungsrat anzustellen. Sein Gehalt soll 1800 Taler betragen, so daß Eichendorff die für ihn in Aussicht genommene feste Stelle »nur bedingungsweise« annehmen möchte. Er möchte nicht mit einer subalternen Stellung abgespeist werden, sondern bittet, gleichzeitig zum Mitglied des Kultusministeriums und zum Geheimen Regierungsrat ernannt zu werden; er werde auch neben seinem »Geschäft bei dem Ober-Zensur-Kollegium«, wie bisher, voll zur Vertretung in Altensteins Ministerium zur Verfügung stehen, erwartet aber dafür eine Gehaltszulage von 600 oder 700 Talern. (HKA XII 51 f.) An diesen Bedingungen u. a. ist Eichendorffs Anstellung beim Zensur-Kollegium gescheitert; unter den erhaltenen Dienstpapieren finden sich nur wenige Zensurakten, meist aus der Zeit nach 1841 (vgl. Pörnbacher 69, 77 f.).

12. Februar: Altenstein lehnt Eichendorffs Gesuch vom *4. Februar* ab, da eine ständige Doppelbeschäftigung nicht möglich sei. Er rät trotzdem, die angebotene Stelle beim Oberzensurkollegium anzunehmen: »Ew. [Hochwohlgeboren] müssen bei der Ihnen zugedachten neuen Stellung etwas wagen ...« (HKA XIII 136)

1. März: Heinrich Heine sendet an den Verleger des ›Deutschen Musenalmanachs‹ das von diesem für den Jahrgang 1837 erbetene Porträt und verspricht die Zusendung von Gedichten. Heine hat dann »nichts zum Almanach geliefert, als sein Gesicht« (Niggl I 462).

11. März: Eichendorff schreibt seinem Bruder Wilhelm einen (nicht erhaltenen) Brief.

9. Mai: Der Verlag unterrichtet Heinrich Heine, daß die Dichter der Schwäbischen Romantik wegen der Absicht, Heines Porträt voranzustellen, sich am Musenalmanach diesmal nicht beteiligen werden. Nikolaus Lenau, Gustav Pfizer, Karl Mayer, Justinus Kerner, Karl Grüneisen fordern ihre Beiträge zurück. Auch König Ludwig I. von Bayern, dessen Gedichte bisher »extrazyklisch«, auf römisch paginierten Seiten, den Beiträgen der anderen Autoren vorangestellt waren, verzichtet aus Protest gegen die Abbildung des indizierten und verrufenen Autors auf die Teilnahme am Almanach 1837. Gustav Schwab tritt – pro forma – für ein Jahr von der Herausgeberschaft des Musenalmanachs zurück.

14. Mai: Eichendorff bittet Altenstein ab *2. Juli* um einen zweimonatigen Urlaub nach Ratibor zur »Verheiratung [seiner] Tochter, welche, nach dem wiederholten Wunsch aller Angehörigen, in Schlesien stattfinden soll«, und zur Beratung – wohl wegen Sedlnitz – mit seinem Bruder (HKA XII 53). Der Urlaub wird gewährt, aber nicht angetreten, da Eichendorff wegen einer Lungenkrankheit des Bräutigams, eines Leutnants von Kaminietz, die Verlobung seiner noch nicht volljährigen Tochter löst. Auf diese Vorgänge bezieht sich das Gedicht ›An einen Offizier, der als Bräutigam starb‹ (»Frisch flogst du durch die Felder«), das von Hermann von Eichendorff irreführend auf *1814* datiert wird. Im Eichendorff-Museum in Neisse befand sich ein Prosaentwurf dieses Gedichtes, überschrieben »An Kaminietz i. e. An einen sterbenden Soldatenbräutigam. Totenopfer« (Aurora 1941 44). Kaminietz soll Joseph von Eichendorff »um 10–15 Jahre überlebt« haben.

20. Mai: Die politische Zeitstimmung verdeutlicht Schön in einem Brief an Stägemann: »Aber wir rücken dem Punkte immer näher, wo es, wie Gneisenau sagte, ein Verbrechen sein wird, in den Jahren 1807–1814 zum Guten mitgewirkt zu haben.« (Stägemann III 575)

Juli bis Dezember: In den Wiener ›Jahrbüchern der Literatur‹ erscheint die erste Gesamtdarstellung von Eichendorffs poetischen Schriften, verfaßt von Adolf Schöll (vgl. Niggl I 302 ff.).

4. August: Louise von Eichendorff, die Schwester des Dichters, schreibt aus Tworkau, wo sie bei Philippine Gräfin Cappy (geb. Hoverden) wohnt, an ihren Bruder in Berlin. Sie beklagt, daß ihre (psychische) Krankheit sie, ähnlich wie den Bräutigam ihrer Nichte Therese, an einer Heirat hindert, berichtet über den Umbau von Sedlnitz und von ihrem Heimweh nach Wilhelm und Julie von Eichendorff (HKA XIII 136 ff.).

25. September: Theodor von Schön schreibt aus Preußisch-Arnau, er höre, daß Eichendorff »noch immer Zensor werden« solle. »Als Zensor *der Welt* haben Sie Ihr Amt zwar herrlich geführt, aber die Zensorei nach Berlinischen Gedanken ist ein anderes Ding und dabei fürchte ich, könnten Sie zuweilen Bauchgrimmen bekommen.« Er würde sich sehr freuen, wenn Eichendorff »einen Auftrag für Preußen bekommen« könnte. Hier taucht also erstmals der Gedanke auf, der dann 1842–1844 mit der Geschichte der ›Wiederherstellung des Schlosses der deutschen Ordensritter zu Marienburg‹ in die Tat umgesetzt werden kann. U. a. teilt Schön mit, daß er seinen Sohn Bernhard »auf das Gymnasium nach Braunsberg geschickt und bei Gerlach in Pension gegeben« habe (HKA XIII 140 ff.).

Ende September: Zur Herbstmesse erscheint im Taschenbuch ›Urania‹ Eichendorffs Novelle ›Das Schloß Dürande‹. Im ›Deutschen Musenalmanach‹, dem es wegen des Streites um das Porträt Heines diesmal an Beiträgen mangelt, erscheinen 13 Gedichte Eichendorffs (HKA XXII 111 f.) im ersten Druck, darunter ›Meeresstille‹ (»Ich seh von des Schiffes Rande«), ›Trost‹ (»Es haben viel Dichter gesungen«), ›Der Einsiedler‹ (»Komm, Trost der Welt, du stille Nacht!«). Wegen der geplanten und vermutlich schon im Druck befindlichen ersten Sammelausgabe seiner Gedichte hat Eichendorff diesmal eine größere Anzahl von neuen Gedichten zur Verfügung. Gleichzeitig erscheinen im ›Deutschen Taschenbuch‹ auf das Jahr 1837, herausgegeben von K. Büchner (Berlin, bei Duncker und Humblot) drei Gedichte Eichendorffs, das schon bekannte ›Tafellied‹ (»Viele Lerchen hell erwacht«) und im Erstdruck: ›Umkehr‹ (»Leben kann man nicht von Tönen«), ›Entgegnung‹ (»Sei antik doch, sei teutonisch«). In ›Umkehr‹ findet sich das alte Thema des »zu spät«:

»Überall zu spät zum Schmause
Kam ich, wenn die andern voll,
Trank die Neigen vor dem Hause,
Wußt nicht, wem ich's trinken soll.« (W I 107)

14. November: Der Schauspieler und Regisseur Eduard Devrient (1801–1877) notiert in sein Tagebuch: »Abends in der literarischen Gesellschaft [Mittwochsgesellschaft], wo ich Holtei fand; Raupach [der Dramatiker Ernst Raupach, 1784–1852], Chamisso, Eichendorff, Gubitz blieben zu Tisch. Das Theater, sein Verfall und die Cholera wurden besprochen.« (Devrient 9).

Ende November: In der Mittwochsgesellschaft wird Emanuel Geibel (1815–1884, später Hofdichter Maximilians II. von Bayern) durch Hitzig Eichendorff vorgestellt (Niggl I 422).

6. Dezember: Eichendorff bedankt sich bei dem Verleger Brockhaus für dessen Aufforderung »zur ferneren Teilnahme an der ›Urania‹ ... Ich werde mich ... jedenfalls beehren, sobald ich eine geeignete Arbeit vollendet habe, solche Ew: Hochwohlgeboren unverzüglich zu übersenden, u. würde es mir sehr angenehm sein, wenn Dieselben davon noch für den nächsten Jahrgang Gebrauch machen könnten.« (Aurora 1935 13) Daraus ist zu schließen, daß die in der ›Urania. Taschenbuch auf das Jahr 1839‹ erscheinende Erzählung ›Die Entführung‹, die im *April 1837* an Brockhaus gesandt wird, schon um diese Zeit begonnen oder zumindest geplant ist.

Im Jahre *1836* macht Eichendorffs ältester Sohn Hermann in Berlin das Abitur und studiert dann (bis *1839*) zunächst in Berlin, später in Bonn Jurisprudenz. Im gleichen Jahr *1836* soll Eichendorff mit dem »Studium der älteren spanischen Literatur« begonnen haben, »wobei ihn sein Jugendfreund Doktor [Nikolaus Heinrich] Julius in Hamburg mit seinen ausgebreiteten Kenntnissen auf diesem Gebiete trefflich unterstützte«.

Eichendorff hat »erst in vorgerückten Jahren« Spanisch gelernt, »darin aber bald die größte Gewandtheit erlangt. Seine nach und nach angesammelte spanische Bibliothek enthielt viele höchst wertvolle Antiquitäten und übertraf hierin sogar seine reiche Sammlung deutscher Druckwerke. Calderons Autos Sacramentales, sein Lieblingswerk, besaß er in den beiden ältesten Drucken, auch in der noch von Calderon selbst begonnenen Ausgabe von 1677, die zu den kostbarsten bibliophilen Seltenheiten gehört.« (Biographie 161) Zu Julius' spanischen Studien und seinen Berliner Vorlesungen über »Gefängniskunde« vgl. Kalender 1921 24 f.

Christian Dietrich Grabbe stirbt. – Fritz Reuter wird nach dreijähriger Untersuchungshaft in Berlin zum Tode verurteilt, dann zu 30 Jahren Festungshaft begnadigt und 1840 amnestiert. Karl Immermanns Roman ›Die Epigonen‹ bezeichnet die auch für Eichendorffs Werk weithin charakteristische Stimmung der Literatur zwischen Fortschrittspessimismus und Technikstolz.

1837

3. Januar: Eichendorff überreicht Altenstein »die soeben erschienene Sammlung [seiner] Gedichte« (HKA XII 53). Die ›Gedichte von Joseph Freiherrn von Eichendorff‹ (Berlin, Verlag Duncker und Humblot. 1837) erschienen also *Ende 1836/Anfang 1837*. Nach Mitteilung Hermann von Eichendorffs an Richard Dietze hat die »Zusammenstellung der Gedichte Eichendorffs für die im Jahre 1837 erschienene erste Auflage derselben, die Anordnung, Gruppierung, die Überschriften und die Textredaktion ... seiner Zeit ein jüngerer Freund des Dichters [Adolf Schöll] besorgt, da letzterer im Drange amtlicher Geschäfte an der unmittelbaren persönlichen Teilnahme verhindert war. An diese erste Auflage hatten sich sowohl die nächstfolgenden drei Auflagen der Gedichte als der ersten Auflage der Werke (1841), soweit hierbei die Gedichte in Betracht kommen, unverändert – nur einige neue waren hinzugekommen – angeschlossen, obgleich Eichendorff weder mit der Anordnung der Gedichte noch mit den gewählten Überschriften durchweg einverstanden war.« (Dietze I 405; vgl. Aurora 1954 26 ff.)

Die Ausgabe von *1837* trägt die Widmung »Meinem Bruder Wilhelm Freiherrn von Eichendorff zur Erinnerung an gute und schlimme Tage«. Diese Widmung zeugt von einer genauen Einsicht Eichendorffs in sein lyrisches Werk, da es stilistisch und thematisch in den Jahren des Zusammenlebens mit Wilhelm wurzelt, und sogar die Masse der Gedichte – abgesehen von den stark kontextgebundenen Gedichten, den einzelnen Almanachdrucken und einem größeren lyrischen »Schub« im Jahre *1839* – aus den Jahren *1805–1814* stammt. Das Echo der Ausgabe von *1837* ist in einer – freilich nur scheinbar – der Prosa huldigenden Zeit überraschend reich und positiv (vgl. Niggl I 423 ff.).

14. Januar: Eichendorff bewirbt sich bei Altenstein um die durch die Beförderung »des Herrn Geh: Ober-Regierungs-Rats v. Lamprecht zum Präsidenten der Königl: Bank« frei werdende Rats-Stelle beim Kultusministerium: »Ew: Exzellenz erleuchteter Einsicht wird es nicht entgehen, daß eine etwaige Anstellung bei dem Ober-Zensur-Kollegium mir nur wenig erfreulich, ja unter den gegebenen Umständen kaum annehmbar sein könnte.« (HKA XII 54)

16. Januar: Eduard Devrients Tagebuch ist zu entnehmen, daß die Fragen des Urheberrechtes, die mit der Ausbreitung des literarischen Betriebes aktuell werden, auch in der Berliner »literarischen Gesellschaft« diskutiert werden. Devrient liest anschließend an diese Diskussion »die Familienbriefe aus den ›Epigonen‹ vor. Holtei skandalisierte darüber« (Devrient 13).

24. Januar: Kronprinz Friedrich Wilhelm von Preußen, mit Eichendorff seit dessen Danziger Amtszeit bekannt, bedankt sich für die Übersendung der ›Gedichte‹.

20. Februar: Eichendorff lehnt eine Bitte Johann David Passavants aus Frankfurt ab, Philipp Veit, der »neben meinem Bruder, mein *liebster* Jugendfreund gewesen und bis zu dieser Stunde geblieben« ist, »dies, nach jahrelangem Stillschweigen, jetzt in ein paar Versen künstlich und epigrammatisch zu sagen«. Er bittet Passavant, Philipp Veit zu sagen, daß er »das Andenken seiner soldatischen und geistigen Kameradschaft zeitlebens mit alter Treue bewahre« (Kalender 1915 36).

1. März: Altenstein bestätigt schriftlich die schon mündlich ausgesprochene Ablehnung von Eichendorffs Gesuch vom *14. Januar.* Er beharrt auf seinem Standpunkt, »daß die Ihnen bei dem Ober-Zensur-Kollegium zugedachte Wirksamkeit Ihren Neigungen und Ihrer bisherigen ausgezeichneten schriftstellerischen Tätigkeit am meisten zusagen dürfte; ... In dem Ministerium selbst wird sich nach seiner damaligen Zusammenstellung immer nur eine teilweise Beschäftigung für Sie finden ...« (HKA XIII 144)

11. April: Eichendorff übersendet dem Verleger Brockhaus seine Novelle ›Die Entführung‹, mit der – nicht erfüllten – Bitte, sie noch in der ›Urania‹ für 1838 abzudrucken (HKA XII 55). – Am gleichen Tag erkundigt sich der preußische Kronprinz bei Altenstein – unter Berufung auf die bei der Überreichung der ›Gedichte‹ mit Eichendorff erneuerte Bekanntschaft –, weshalb Eichendorff, nach sechsjähriger Hilfstätigkeit in Berlin, noch keine definitive Anstellung erhalten« habe (HKA XIII 296f.).

14. April: Eichendorff bittet um einen – gewährten – zwei Monate dauernden Urlaub »zu einer Reise in Familienangelegenheiten nach Ratibor in Oberschlesien vom *17ten Mai* d. J: ab ...« (HKA XII 56).

25. April: In einem Bericht an den König schlägt Altenstein für die besoldeten Mitglieder des Zensur-Kollegiums ein Gehalt von 1000 und 2000 Talern vor, »da eine geringe Besoldung für Beamte, welchen ... eine umfassende wissenschaftliche Bildung und Bekanntschaft mit dem literarischen Leben, sowie eine ganz besondere Zuverlässigkeit in Gesinnung und Urteil eigen sein muß, wohl nicht für passend erachtet werden kann« (Pörnbacher 44). Eichendorffs hartnäckige Weigerung, sich ganz beim Oberzensurkollegium anstellen zu lassen, ist wohl nicht nur auf die – so nur von ihm behauptete – »subalterne« Position bei dieser Dienststelle zurückzuführen, sondern auch auf die ihn dort erwartende Tätigkeit, die mit seiner – von 1813/15 datierenden – Vorstellung des Beamtentums als einer Repräsentation des Volkes nicht zu vereinbaren ist.

21. Mai: Antonie Piaste (geb. 1800), Pflegetochter Julius Eduard Hitzigs, seit *1819* mit Adelbert von Chamisso verheiratet, stirbt in Berlin.

2. Juli: In Sedlnitz werden die »Baroneß Maria Theresia von Eichendorff« und »Louis Gustav Leopold Besserer von Dahlfingen, Secun. Lieutenant im 4. Regiment Sr. M. des Königs von Preußen« getraut. Trauzeugen sind »Anton Heinrich von Larisch, kgl. Preuß. Justizrat«, der Bruder von Therese von Eichendorffs Mutter, und »Hans Otto von Wolfersdorff,

k. pr. Kammergerichts Referendar«, der Hausgenosse der Familie Eichendorff in Berlin. Ludwig Besserer von Dahlfingen (1809–1858), geboren in Königsberg, war *1833–1836* an die »allgemeine Kriegsschule« nach Berlin abkommandiert und gehört wohl zum Bekanntenkreis der Familie Eichendorff. Er wird *1837* nach Danzig versetzt und ist dort bis *1846* Lehrer an der Divisionsschule der 2. Division; *1847* zum Premierleutnant befördert, wird er im *November 1847* Lehrer beim Berliner Kadettenkorps. (Vgl. zum Leben von Eichendorffs Schwiegersohn: Aurora 1941 43–52)

18. Juli: Altenstein bedankt sich bei Eichendorff nochmals schriftlich für die Zusendung der ›Gedichte‹.

23. August: Altenstein antwortet dem preußischen Kronprinzen auf dessen Anfrage vom *11. April*: »... Als der Plan aufgenommen wurde, dem Geheimen Regierungsrat von Rehfues das Präsidium des Oberzensurkollegiums zu übertragen, dessen nähere Bekanntschaft der Baron von Eichendorff gemacht hatte, erschien eine Stelle bei diesem Kollegium für den Letzteren vorteilhaft. Der gedachte Plan scheiterte jedoch an dem Widerspruch des Staatsministers von Rochow und der etc. Eichendorff wurde infolgedessen bedenklich, die ihm zugedachte Stellung anzunehmen.« Altenstein erklärt, er habe auf eine Reorganisation des Zensurwesens gehofft, um damit auch Eichendorffs Wunsch nach Ernennung zum Geheimen Regierungsrat und nach einer Doppelbeschäftigung (beim Zensurkollegium und aushilfsweise im Kultusministerium) erfüllen zu können: »Ich bin, wenn es nicht dennoch gelingt, ihn bei dem Zensurwesen tätig zu sehen, zu meinem aufrichtigen Bedauern ganz außerstande, einen Weg vorzuschlagen, auf welchem der Baron von Eichendorff an das Ziel seiner so billigen Wünsche gelangen könnte.« (HKA XIII 297 f.) Wieder einmal wird also Eichendorffs Wunsch nach einer einflußreicheren und besseren Stelle mit politischen Absichten verknüpft und dadurch zum Scheitern verurteilt.

Anfang September: Die Zillertaler Inklinanten, das heißt die dem Protestantismus zuneigenden Bewohner des österreichischen Zillertales müssen ihres Glaubens wegen das Zillertal verlassen und werden vom preußischen König in Schmiedeberg (Regierungsbezirk Liegnitz) in Schlesien angesiedelt. Die Auswanderung der Zillertaler nach Preußen erregt bei den Zeitgenossen auch wegen der Parallele mit den bekannten Salzburger Emigranten des 18. Jahrhunderts großes Aufsehen. Art und Weg des Auszuges (familien-, nicht zugweise; durch Böhmen und Mähren, etc.) werden von der Metternichschen Administration genau vorgeschrieben.

9. September: Der preußische Kronprinz bestätigt den Empfang und die empfehlende Weiterleitung von Eichendorffs Gesuch um Anstellung seines Sohnes Rudolf beim Kaiser-Alexander-Grenadier-Regiment. Der Wunsch Eichendorffs geht vermutlich nicht in Erfüllung (vgl. HKA XIII 146); Rudolf von Eichendorff tut später Dienst beim Danziger Grenadier-Regiment Nr. 5. Er scheidet als Hauptmann *1855* aus dem Dienst aus und übernimmt die Bewirtschaftung von Sedlnitz (Über diesen stillen und unauffälligen, jüngsten Sohn Eichendorffs vgl. Aurora 1937 96–98).

Ende September: Im ›Deutschen Musenalmanach‹ für *1838* erscheinen im ersten Druck Eichendorffs Gedichte ›Warnung‹ (»Aus ist dein Urlaub«), ›Der Kehraus‹ (»Es fideln die Geigen«), ›Nachruf‹ (»Du liebe treue Laute«) und sein bekannter Spruch ›Wünschelrute‹ (»Schläft ein Lied in allen Dingen«), der *1835* entstanden ist (HKA I, 2 691).

3. Oktober: Eichendorff bewirbt sich bei Altenstein um die »Intendantur der Königlichen Museen« (HKA XII 56 f.) – Am gleichen Tag wendet er sich auch an den Kronprinzen, der die Stelle zu besetzen hat: Seine Beschäftigung mit der Dichtkunst, habe ihn »schon frühe auch zu den bildenden Künsten geführt, die ja doch eigentlich nur ein anderer Dialekt der Poesie sind; ...« (Pörnbacher 37 f.). Die von Eichendorff erstrebte Stelle ist schon längst für Ignaz von Olfers (1791–1873), den Schwiegersohn Stägemanns, vorgesehen, der *1839* auch zum Generalintendanten ernannt wird.

20. Oktober: Altenstein lehnt Eichendorffs Gesuch vom *3. Oktober* ab.

1. November: Theodor von Schön berichtet aus Berlin an seine Frau über einen Besuch Eichendorffs: »Im Leben ist er, wie er war, aber im Gesichte sehr gealtert.« (HKA XIII 278) – Ernst August, König von Hannover, setzt das Staatsgrundgesetz außer Kraft. Die protestierenden »Göttinger Sieben«, d. h. die Professoren Friedrich Christoph Dahlmann, Wilhelm Eduard Albrecht, Jakob und Wilhelm Grimm, Wilhelm Weber, G. Heinrich Ewald und Georg Gottfried Gervinus werden ihres Amtes enthoben. Das »Göttinger Ereignis« begründet »die politische Macht des deutschen Professorentums« (Schieder 114).

8. November: Theodor von Schön besucht die Familie Eichendorff: »Sie klagt zwar, sieht aber aus, wie früher, und ist ebenso munter.« (HKA XIII 278)

13. November: Theodor von Schön berichtet von einer Krankheit Eichendorffs.

15. November: Im Streit um die Ausführung des päpstlichen Mischehendekrets wird der Erzbischof von Köln, der die geheime Konvention nicht akzeptiert und von der Kurie zum offenen Kampf in dieser Frage gedrängt wird, durch eine Kabinettsorder angewiesen, sich aller Amtshandlungen zu enthalten und nach Münster zu begeben.

19. November: Theodor von Schön berichtet aus Berlin an seine Frau: »Eichendorff besucht mich sehr oft, und er ist ganz der alte, treue Freund. Er käme gerne nach Preußen [d. h. in die Provinz Preußen] zurück, wenn es auf eine angemessene Art zu machen wäre. Durch die Geschichten mit dem Erzbischof von Köln, ist man hier blind gegen die Katholiken, und das äußert sich auch gegen Eichendorff.« (HKA XIII 278 f.)

20. November: Da der Kölner Erzbischof auf die Kabinettsorder vom *15. November* geantwortet hat, er weiche nur der Gewalt, wird er zwangsweise auf die Festung Minden gebracht. Die darauf in Köln ausbrechenden Unruhen bleiben lokal begrenzt. Erst die Kampfschrift ›Athanasius‹ von Joseph Görres (*Januar 1838*) macht das »Kölner Ereignis« zum Fanal für die Formierung des politischen Katholizismus in Deutschland.

21. November: Ein amtliches Publikandum der preußischen Regierung sucht die gewaltsame »Wegführung« des Erzbischofs mit dessen »Wortbruch« und »revolutionären Umtrieben« zu rechtfertigen.

22. November: Theodor von Schön auf Besuch bei Eichendorff.

10. Dezember: Gregor XVI., der Kamaldulenserpapst, der am *2. Februar 1831* den päpstlichen Thron bestiegen hatte, protestiert gegen die durch den preußischen Staat verletzte Freiheit der Kirche und den staatlichen Eingriff in die kirchliche Sakramentenverwaltung. Die Bischöfe von Münster und Paderborn treten von der Konvention mit dem preußischen Staat in der Mischehenfrage zurück.

12. Dezember: Der mit Eichendorff befreundete Berliner Bankier Joseph Mendelssohn (1770–1848) berichtet seinem Sohn Benjamin (genannt Benny) von einem Besuch der Familie Eichendorff bei den Mendelssohns am *11. Dezember*. Eichendorff läßt Benny Mendelssohn, seinen Kameraden aus den Freiheitskriegen (vgl. Kalender 1919 55 und 1926 18f.), grüßen. »Er hat diesen Sommer auf seinem Stammschloß in Mähren verlebt, von dem er Wunder erzählt.« Auch läßt er Benjamin sehr dringend bitten, bei der Rückreise aus Italien Wilhelm von Eichendorff in Trient zu besuchen (Gilbert 115f.).

Es sterben Ludwig Börne, Georg Büchner, Alexander Puschkin. – Zur Herbstmesse erscheint ›Gockel, Hinkel, Gackeleia. Märchen, wieder erzählt von Clemens Brentano‹ (Frankfurt 1838*) mit einem Anhang: ›Blätter aus dem Tagebuch der Ahnfrau‹. – Nach dem Tode Wilhelms IV., des Königs von Großbritannien und Hannover, besteigt seine Nichte Victoria den britischen Thron. Das »Victorianische Zeitalter« beginnt. – Samuel Finley Morse tritt mit einem selbst gebauten elektromagnetischen Telegraphenapparat an die Öffentlichkeit. 1844 wird der Morse-Apparat in Amerika in Betrieb genommen.*

1838

15. Januar: Wilhelm von Eichendorff berichtet seinem Bruder Joseph über die Schlesien- und Mährenreise im Jahre *1834*. Die Schilderung des Wiedersehens mit Lubowitz ist poetisch stilisiert (HKA XIII 147f.).

18. Januar: Görres' ›Athanasius‹, die Kampfschrift gegen das Gespenst des preußischen Absolutismus, erscheint und löst – in Für und Wider – eine heftige publizistische Kontroverse aus. »Eine Sprache wie diese hat Preußen noch nicht gehört. Für die Selbstgefälligkeit in Berlin wird sie heilsam genug sein, und für jeden Deutschen ist die Wahrheit erschütternd, daß in Preußen die wichtigsten Verhältnisse des öffentlichen Lebens noch immer jeder positiv rechtlichen Ordnung gänzlich entbehren und ohne Wurzel im Volk und in der Regierung allein der Administration anheimfallen.« (Sepp 465)

30. Januar: Martin von Dunin (1774–1842), Erzbischof von Gnesen und Posen, weist in einem Hirtenbrief, dem am *27. Fe-*

bruar ein zweites Zirkular folgt, die Geistlichen seiner Diözese an, konfessionell gemischte Ehen nicht einzusegnen, wenn nicht das Versprechen der katholischen Kindererziehung abgegeben wird. Der Bischof wird (unter Flottwells Federführung) angeklagt, »daß er kein Placet eingeholt und dabei von einem ›auswärtigen Oberen‹ Befehle angenommen habe«. *1839* wird er zu Festungshaft verurteilt und zu Zwangsaufenthalt in Berlin begnadigt. »Als Erzbischof Dunin nach Ablauf dieser Zeit entgegen den Weisungen der Regierung, in seine Diözese zurückkehrte, wurde er verhaftet und zehn Monate lang auf der Festung Kolberg verwahrt.« Einem Bericht Flottwells ist zu entnehmen, daß ein großer Teil der adeligen polnischen Damen in der Provinz Posen »gleich nach der Entfernung des Erzbischofs Trauerkleider anzog und sie nur nach dem Tode des Königs Friedrich Wilhelm III. ablegte, ›um über ihre eigentliche Gesinnung und Absicht keinen Zweifel aufkommen zu lassen.‹« (Schnabel 209/210 190ff.)

12. Februar: Den epochalen Schnitt der »Kölner Wirren«, der vor allem darin begründet liegt, daß die Macht der öffentlichen Meinung »jetzt zum ersten Male in Deutschland fühlbar« wird (Schnabel 209/210 180), haben schon die Zeitgenossen erkannt. Wilhelm Körte spricht in einem Brief an Stägemann von dem »wackeren Winter, der uns außer Wölfen und anderen Seltenheiten, auch den Erzbischof von Köln gebracht hat und uns einen redlichen, *echten* Frühling verheisset, wo risch und frisch eine neue Saat angelegt werden kann ...« (Stägemann III 581). – Aus der Einheitsfront des preußischen Episkopates gegen das staatliche Vorgehen bricht nur der Fürstbischof von Breslau, Graf Sedlnitzki, aus.

27. April: Eichendorff bittet Altenstein wegen »Familien-Angelegenheiten von großer Wichtigkeit ... vom 7ten Mai c: ab [um] einen Urlaub von sechs Wochen nach Wien und Trient« (HKA XII 57). – Am gleichen Tag bittet er Friedrich Wilhelm Gubitz um Auskunft über dessen Absicht einer zweiten Auflage des ›Taugenichts‹. Gubitz hat diese Absicht nicht verwirklicht.

29. April: Gegenüber Stägemann äußert sich Theodor von Schön pessimistisch über die preußische Kirchenpolitik: »Mit den katholischen Sachen haben wir auch Unglück, wie mit so vielen.« (Stägemann III 585) Auch auf der Konferenz der Oberpräsidenten in Berlin über »die Streitsache mit dem Erzbischofe zu Köln« (Schön III 126ff.) verschweigt er (*1838*) seine dezidierte Meinung nicht. Seine Absicht, gegen Görres' ›Athanasius‹ eine Schrift »auf kanonischem und staatsrechtlichem Boden« zu veranlassen (Schön V 292), gibt er wegen der »anmaßenden Geistlosigkeit« auf, mit welcher die »Köln'sche Sache« von der preußischen Regierung behandelt wird.

17./18. Mai: Eichendorff und seine Frau kommen in München an (Kalender 1926 24). Über ihren dortigen Aufenthalt ist nichts Näheres bekannt, doch ist es wahrscheinlich, daß Eichendorff sich an Ort und Stelle über das – von Heine so genannte – »Hauptquartier der katholischen Propaganda« unterrichten wollte. In den Jahren *1838/39* sah er wieder einmal die Politik ganz zur Poesie werden und versuchte nochmals, sich einer mächtigen Zeitströmung, der Katholischen Bewegung, einzuordnen. So nimmt er vermutlich Kontakt zu Joseph Görres und zum Redaktionskollegium der *1838* gegründeten ›Historisch-politischen Blätter‹ auf (Guido Görres [1805–1852], George Phillips [1804–1872], Karl Ernst Jarcke [1801–1852]); durch Joseph Görres soll er dessen Freund, Karl von Abel (1788–1859), kennengelernt haben, der seit *April 1838* endgültig bayerischer Innenminister ist und dafür bürgt, daß sich Bayern als Schutzmacht des Katholizismus in Deutschland fühlt. Clemens Brentano (seit *Herbst 1833* in München) soll Eichendorffs täglicher Begleiter gewesen sein (vgl. Biographie 135f.). Brentanos Billet an Eichendorff mit dem Angebot, ihm »die Overbeckischen Zeichnungen und andre höchst interessante Zeichnungen der besten Künstler« zu zeigen (HKA XIII 231), stammt wohl aus diesen Wochen. Vermutlich hat er die Familie Eichendorff in das Haus der Kunstsammlerin Emilie Linder geführt, der auch seine Alterslyrik gilt. Dabei war der Ruf des bayerischen Katholizismus besser als die Realität. Brentano schreibt am *28. April 1839* an seinen Bruder Franz: »Was noch gut Katholisches hier im Land, ist ein alter Satz im Jesuitentintenfaß, den man aus Trägheit nicht ausgeputzt hat und worauf man aus Sparsamkeit bald Bier, bald Essig, bald Wasser schüttet. Bayern hat heutzutage kein bedeutendes katholisches Talent.« (Brentano, Schriften IX 374)

29. Mai: Eichendorff kommt in Wien an (Aurora 1957 71). Der kurze Aufenthalt gilt in erster Linie der Beratung der Brüder Wilhelm und Joseph von Eichendorff (eventuell mit ihrem Onkel Rudolf) über das Lehensgut Sedlnitz (Aurora 1957 71;

Biographie 135). Die von Hermann von Eichendorff behaupteten »Unterredungen mit dem Fürsten Metternich« (Biographie 135) sind anderweitig nicht zu belegen (vgl. Puličar 353); keinesfalls aber war Eichendorff »als Vertreter des preußischen Kultusministeriums« in Wien (Kommentar I 40).

3. Juni: Der westfälische Oberpräsident Ludwig von Vincke beklagt sich beim Kultusministerium über die Durchführung von Prozessionen. Eichendorff wird mit der Beantwortung beauftragt. Er beruhigt den Oberpräsidenten am *24. Juli* und bittet, nach der Verhaftung des Erzbischofs, jede neue Unruhe zu vermeiden (Pörnbacher 72f.; ders., Joseph Freiherr von Eichendorff und Westfalen, in: Westfälische Zeitschrift 1962/63 186ff.).

5. Juni: Die ›Wiener Zeitung‹ teilt Eichendorffs Abreise nach Brünn mit.

23. Juni: Die deutschen Zeitungen berichten über »die Bestimmung der englischen Krönungsfeierlichkeiten« für Queen Victoria (Devrient 45).

17. Juli: Im Auftrage Schmeddings teilt Eichendorff dem Theologen Johann Wilhelm Braun in Leipzig, aus einem Brief Johann Adam Möhlers an Schmedding (*21. Februar 1834*), eine versöhnliche Stelle über Brauns *1835* (postum) indizierten Lehrer Georg Hermes mit.

27. Juli: Eichendorff lehnt die Mitarbeit an Ignaz Hubs (1810–1880) ›Rheinischem Odeon‹ (1837–1840) ab (Wächter 1931 116).

Juli/August: An seinen Sohn Hermann schreibt Eichendorff nach Bonn: »Mit meiner Anstellung hier ist alles noch beim alten und langweiligen, aus der Zensurgeschichte wird wohl, wie es scheint, gar nichts werden. ... Das mir zugedachte spanische Romanzenbuch ist mir sehr lieb, schicke mir's doch gelegentlich.« (HKA XII 60) – *Ende Juli/Anfang August* reist Luise von Eichendorff nach Danzig, um ihrer Tochter Therese bei der Entbindung ihres ersten Kindes beizustehen.

12. August: Adelbert von Chamisso schließt die Redaktion des von ihm – seit Schwabs Kündigung (*1837*) – zusammen mit Franz von Gaudy (1800–1840) herausgegebenen ›Deutschen Musenalmanachs‹ für *1839* ab.

21. August: Chamisso stirbt in Berlin.

28. August: Eichendorff lehnt die von ihm am *17. August* erbetene Mitarbeit an Gotthard Oswald Marbachs (1810–1890) Vierteljahresschrift ›Jahreszeiten‹ ab (Wächter 1918 23).

1. September: Eichendorff übersendet dem Erbprinzen von Sachsen-Coburg-Gotha (1818– 1893, Bruder des späteren Gatten der britischen Königin Victoria), einem Bonner Studienbekannten seines Sohnes Hermann, eine Neufassung des Gedichtes »In einem kühlen Grunde«, die er überschreibt ›Die Mühle‹. Er übersendet dieses »einfache Liedchen«, da man ihm »vielfach die Ehre angetan, es für ein Volkslied zu halten und [es] also wohl nicht das schlechteste sein kann« (Kron 185 f.).

19. September: In Danzig wird Eichendorffs erstes Enkelkind, Otto Besserer von Dahlfingen, geboren; er erkrankt schon als Kind an unheilbarer Epilepsie.

24. September: Eichendorff bittet Altenstein um »einen Urlaub von drei bis vier Wochen nach Danzig vom 1sten Oktober c: ab« (HKA XII 58). Er möchte nach seinen beiden jetzt in Danzig lebenden Kindern (Therese und Rudolf) sehen und seine Frau von dort abholen.

Ende September: Im ›Deutschen Musenalmanach‹ für *1839* erscheinen im ersten Druck Eichendorffs Gedichte ›Die Nachtigallen‹ (»Möcht wissen, was sie schlagen«) und ›Schlimme Wahl‹ (»Du sahst die Fei ihr goldnes Haar sich strählen«). Da das Gedicht »Möcht wissen, was sie schlagen« auch in die Erzählung ›Die Glücksritter‹ eingegangen ist, könnte diese Erzählung schon *Ende 1838* skizziert worden sein. – Im Taschenbuch ›Urania auf das Jahr *1839*‹ erscheint die schon *1837* abgeschlossene Erzählung ›Die Entführung‹.

12. Oktober: Der Erbprinz von Sachsen-Coburg-Gotha bedankt sich bei Eichendorff für die Zusendung des Gedichtes ›Die Mühle‹ (HKA XIII 149 f.).

Oktober/November: Der Verlagsbuchhändler Heinrich Brockhaus (1804–1874) notiert in sein Tagebuch, daß Eichendorff »in seinem etwas schüchternen Wesen, seinen blauen gutmütigen Augen und seinem lichten Haar einigermaßen seinen Novellen« gleiche (Niggl I 482).

30. November: Theodor von Schön, der sich u. a. wegen der Konferenz der Oberpräsidenten über die Kölner Wirren bis *Februar 1839* in Berlin aufhält, berichtet seiner Frau von einem Besuch Eichendorffs (HKA XIII 279).

2. Dezember: Schön berichtet von einer Entzündungskrankheit Luise von Eichendorffs.

12. Dezember: Schön berichtet von seiner Bekanntschaft mit dem Fürstbischof von Breslau: »Er ist ein Jugendfreund von Eichendorff.« (HKA XIII 279)

17. Dezember: Eichendorff auf Besuch bei Schön. Luise von Eichendorff ist »noch immer nicht ganz gesund« (HKA XIII 279).

23. Dezember: Luise von Eichendorff ist genesen. Theodor von Schön auf Besuch bei der Familie Eichendorff.

30. Dezember: Eichendorff auf Besuch bei Schön: »Der [Eichendorff] bleibt doch der alte treue Freund.« (HKA XIII 279)

Im Jahre *1838* wird Eichendorff, dessen Name in den dreißiger Jahren immer häufiger in Lexika und Nachschlagewerken erscheint, in Karl Gabriel Nowacks ›Schlesischem Schriftsteller-Lexikon‹ (Breslau *1838*) der von ihm stets erstrebte, aber erst spät erreichte »Charakter eines Geheimen Regierungsrates bei dem Ministerium des Kultus« (Niggl I 489) beigelegt. Eichendorffs Ruf als Schriftsteller greift so immer wieder in seinen Amtsbereich ein, da durch solche Berichte eine Rückkehr nach Königsberg, seines Ansehens wegen, definitiv unmöglich wird.

Über die »Kölner Wirren«, die Altensteins Ministerium besonders belastet haben, findet sich ein von Eichendorff bearbeitetes Aktenkonvolut (vgl. Pörnbacher 64). Seine lang anhaltende Erregung über das Kölner Ereignis und die mit diesem verbundene Entstehung »einer katholischen Gesinnung« spiegeln u. a. das (erst postum veröffentlichte) Gedicht ›Die Mahnung‹ (»O heil'ge Stadt, dein Hirte ist gefangen«; GA I 161. In der Handschrift heißt es statt »O heil'ge Stadt« »O heil'ges Köln«; vgl. Aurora 1957 14), das vermutlich *1838* oder *1839* entstanden ist; die *1839* entstandenen Gedichte ›An Görres‹ (Wächter 1925 189), ›Mahnung‹ (W I 292 f.) und ›Wacht auf!‹ (W I 293). Eichendorff plant *1839* »ein Lied auf die neuen kathol. Geschichten, nach dem Metrum: ›Dies irae, dies illa‹ p., als Kirchenlied, wie das abgeschriebene Lied auf den Erzb. v. Köln bei mir in der Schublade!« (HKA I, 2 774; vgl. Aurora 1957 13 ff.)

1838 *erscheinen Eduard Mörikes gesammelte ›Gedichte‹, die ›Gedichte von Annette Elisabeth von Droste-Hülshoff‹, der erste Band von Karl Immermanns satirischem Roman ›Münchhausen. Eine Geschichte in Arabesken‹ (die restlichen Bücher dieses Romans erscheinen 1839). Grillparzers Lustspiel ›Weh dem, der lügt‹ wird in Wien erstmals aufgeführt. – Zwischen Berlin und Potsdam fährt die erste preußische Eisenbahn. Das erste britische Dampfschiff fährt nach New York. Louis Jacques Daguerre erfindet die Daguerreotypie, die* 1839 *der Öffentlichkeit vorgestellt und anerkannt wird.*

1839

2. Januar: Das Publikandum der preußischen Regierung wegen des Verfahrens gegen den Erzbischof von Posen und Gnesen erscheint: »Es ist jämmerlich, daß die preußische Regierung keine einzige populäre Feder hat; zwischen Staat und Volk gähnt bei solchen Anlässen die tiefste Kluft vor unsern Blicken.« (Devrient 60)

13. Januar: Theodor von Schön besichtigt mit Eichendorff in Berlin einen Entwurf von Eduard Bendemanns (1811–1889) Fresken für das königliche Schloß in Dresden (HKA XIII 280). Bendemann wurde vor allem durch sein *1837* gemaltes Bild »Jeremias auf den Trümmern von Jerusalem« bekannt.

18. Januar: Eichendorff zu Besuch bei Schön.

3. Februar: Schön zu Besuch bei Eichendorff: »Da fand ich Studenten und Offiziere, junges Volk, und das war mir rechte Erholung.« (HKA XIII 280) Schön nimmt also an einem der bekannten Berliner Abendzirkel Eichendorffs teil, die »keineswegs vorherrschend gelehrter oder ästhetischer Färbung« waren und Besucher, Studenten, Bekannte und Freunde in bunter Mischung vereinten (Biographie 131 f.).

7. Februar: Schön berichtet an seine Frau: »Eben war Eichendorff hier. Er ist beinahe der einzige, mit dem ich hier ein Gespräch, wie es beinahe jeden Abend bei uns ist, führen kann ...« (HKA XIII 280)

1. März: Eichendorff lehnt eine Aufforderung Friedrich von Sallets (1812–1843) ab, an dessen geplanter – nie zustande gekommener – Zeitschrift ›Silesia‹ mitzuarbeiten (Aurora 1935 13 f.).

11. März: Helene von Larisch, Eichendorffs Schwiegermutter, stirbt in Ratibor.

30. März: Theodor von Schön beschwert sich bei Stägemann über den – wegen der Osterfeiertage – dem Erzbischof von Posen und Gnesen gewährten Aufschub seiner Verhandlung: »Daß man auf Ostern in Beziehung auf den Bischof, einen solchen Wert gesetzt hat, werden die Katholiken nicht verstehen, denn Ostern hat ein Pfarrer viel zu tun, aber nicht ein Bischof. Gerade Karfreitag hätte man den Erzbischof einstecken müssen, damit ihm das Wesen des Karfreitags recht klar werde.« (Stägemann III 588)

19. April: Schön setzt sich für einen raschen Vollzug des Urteils gegen den Erzbischof von Posen und Gnesen ein: »Publikation des Urteils, und [die Festungen] Stettin oder Kolberg sind hier Losung und Feldgeschrei.« (Stägemann III 589)

20. April: Altenstein legt den Ministern Gustav Adolf von Rochow (Innenminister) und Wilhelm von Werther (Außenminister) ein Votum für die Anstellung Eichendorffs beim Oberzensurkollegium vor (Pörnbacher 45).

2. Mai: Werther stimmt dem Vorschlag Altensteins zu. Für Eichendorff ist ein Gehalt von 2000 Talern vorgesehen (Pörnbacher 45).

6. Mai: Gegenüber der neuesten päpstlichen Allocution erklärt Schön öffentlich, der »Papst wolle gerne Ober-König von Preußen sein« (Schön V 301, 304).

10. Mai: Schön nennt Schmedding, der heftig auf die Aktivitäten des Oberpräsidenten in den kirchlichen Wirren reagiert, den »Ober-Papst« (Stägemann III 592).

20. Juni: Wolfgang Müller von Königswinter (1816–1873), Dichter und Arzt, ein Studienfreund von Eichendorffs Sohn Hermann, berichtet von zwei Besuchen bei Eichendorff in Berlin. *1859* erinnert er sich: »Ich fand bei ihm eine durchaus schlichte einfache Häuslichkeit, in der er als ein durchaus schlichter Hausvater waltete. Da war kein Gedanke von der Repräsentation August Wilhelm von Schlegel's und von der spezifisch literarischen Sphäre Ludwig Tieck's. Dieser sanften, stillen, in sich gekehrten Persönlichkeit, die wenig redete, aber überaus freundlich in das Leben schaute, war alle schriftstellerische Prätension fremd.« (Niggl I 495 ff.)

19. August: Hermann von Eichendorff leistet, nach Beendigung des Jurastudiums, in Danzig »sein Militärjahr« ab und arbeitet »nebstdem bei dem dasigen Stadtgericht« (HKA XII 60). Eichendorff unterschreibt den Sustentationsschein, das heißt den Verpflichtungsschein, seinen Sohn »aus eigenen Mitteln zu erhalten . . ., bis er eine selbständige Stellung gewonnen haben wird« (Aurora 1960 70). Beim Danziger Land- und Stadtgericht wird Hermann von Eichendorff als Oberlandesgerichtsauskultator angestellt.

2. Oktober: Eichendorff berichtet Theodor von Schön, daß er aus der Langeweile der Gegenwartsliteratur »noch immer häufig ins Spanische« flüchte, wo ihm »dann Cervantes und Calderon über manche Sandscholle hinweghelfen« (HKA XII 61).

2. November: Georg Heinrich Nicolovius stirbt in Berlin.

16. November: Eichendorff lädt Wolfgang Müller von Königswinter »zu Sonntag, den 17. November d. J. Abend ergebenst ein« (Aurora 1960 70).

23. Dezember: Eichendorff lehnt in einem Brief an Theodor Echtermeyer einen Beitrag für dessen ›Deutschen Musenalmanach‹ zunächst ab (AK). Erst im folgenden Jahr läßt er sich von Markus Simion überreden, einige neue Gedichte zu drucken.

Das Jahr *1839* ist, wie das Jahr *1840*, eine Zeit hochgespannter Erwartungen. Schon keimt die Hoffnung auf politische Bewegung (vor allem in Preußen), die Haftentlassung des Erzbischofs von Köln und Görres' mächtiger Einsatz im publizistischen Streit um die Kölner Ereignisse geben der Katholischen Bewegung entscheidenden Auftrieb. Joseph von Eichendorff, der stets empfindlich auf Zeitströmungen reagiert, wird von diesen Bewegungen ergriffen. Das Jahr *1839* ist so »ein Jahr der Nachblüte Eichendorffscher Dichtung« geworden (Aurora 1964 26 ff.). Franz Uhlendorff verlegt in dieses Jahr die Entstehung der Novelle die ›Die Glücksritter‹ – damit auch ihrer Vorfassungen (z. B. GA II 990 f.) –, Teile der Memoiren-Fragmente sind *Oktober* und *November 1839* datiert (Jb FDH 1968 377–379; Texte: ebd. 354 ff.), der Entwurf einer Novelle »Winterabend in Lubowitz« (GA II 997) gehört in diese Zeit, das Fragment des ›Unstern‹ wird in der heute erhaltenen Fassung *1838/39* vollendet (Kunisch, Studien 97 ff.) und – im Zusammenhang damit – das Puppenspiel ›Incognito‹ begonnen (Kunisch, Studien 90 ff., 101), an dem Eichendorff vermutlich bis *1844* immer wieder arbeitet (vgl. GA I 959 ff.; den ersten kritischen Text von drei Fassungen des ›Incognito‹ enthält die ungedruckte Magisterarbeit von Brigitte Schillbach, München *1976*). Vor allem aber »sind nach den Handschriften und nach den wohl auch auf solchen beruhenden Datierungen Hermann von Eichendorffs im ersten Band der S[ämtlichen] W[erke] 1864 nicht weniger als einundvierzig Gedichte aus dem Jahr 1839 überliefert, zu denen noch vierzehn [bzw. weit mehr] Übersetzungen aus dem Spanischen treten. Das anschließende Jahr 1840, in welchem die Anregungen des Vorjahres wohl noch einige Zeit lang fortwirkten, brachte mindestens acht weitere Gedichte. Ferner enthalten die ›Glücksritter‹ noch vier in vorstehenden Zahlen nicht enthaltene ...« (Aurora 1964 26 f.) Sämtliche Gedichte, die *1841* in Eichendorffs ›Werken‹ (Bd. I) innerhalb der Abteilung »Aus dem Spanischen« erscheinen, sind *1839* entstanden (vgl. Kommentar I 83 ff.; dort auch die Angabe der Quellen). Fünf andere, ebenfalls *1839* entstandene, aus dem Spanischen übersetzte Gedichte veröffentlicht erstmals Hermann von Eichendorff in den Sämtlichen Werken 1864 (vgl. Kommentar I 95; zu den spanischen Vorlagen der 19 veröffentlichten Übersetzungen spanischer Gedichte vgl. Kommentar II 188 ff.; weitere Texte sind noch ungedruckt). Uhlendorff unterteilt die *1839/40* entstandenen Gedichte in Gruppen und ordnet ihnen auch die von ihm unter dem Titel ›Sinngedichte‹ erstmals veröffentlichte Spruchlyrik Eichendorffs aus dem Jahre *1839* ein (Aurora 1955 55 f.).

Die Stimmung eines freudigen Aufbruchs wird durch die beruflichen Rückschläge nicht getrübt, nachdem zwar Eichendorffs Anstellung beim Oberzensurkollegium weiter betrieben, ihm zugleich aber deutlich gezeigt wird, daß er auf eine feste Anstellung beim Kultusministerium nicht mehr rechnen kann. Statt seiner werden *1839* die Räte Theodor Brüggemann und Matthias Aulike auf Schmeddings Wunsch, »aus Anlaß der, durch die schwebenden kirchlichen Wirren stark vermehrten Geschäfte«, also vor allem für die Bearbeitung der katholischen Angelegenheiten, berufen. Eichendorff gehört – nach Überzeugung und Auftreten – mit Theodor von Schön und vielen anderen zu jener Gruppe in den Freiheitskriegen gebildeter und bewährter Reformer, die im Kampf mit einer mechanistischen und reaktionären Ministerialbürokratie zusehends an Boden verliert.

Die Stimmung des Jahres *1839* drückt das, in der Handschrift »1839«, später ›Dank‹ überschriebene, Gedicht aus, in dem Eichendorff »die Schicksalsfigur seines Lebens klar überblickt« (Stöcklein 156):

»Mein Gott, dir sag ich Dank,
Daß du die Jugend mir bis über alle Wipfel
In Morgenrot getaucht und Klang,
Und auf des Lebens Gipfel,
Bevor der Tag geendet,
Vom Herzen unbewacht
Den falschen Glanz gewendet,
Daß ich nicht taumle ruhmgeblendet,
Da nun herein die Nacht
Dunkelt in ernster Pracht.« (W I 288 f.)

Clemens Brentano entdeckt in Ferdinand Freiligrath den Inbegriff der von ihm bewunderten, modernen Lyrik. Im ›Telegraph für Deutschland‹ druckt Karl Gutzkow erstmals Georg Büchners Erzähl-Fragment ›Lenz‹.

1840

3. Januar: Nachdem für die Bezahlung von Eichendorffs Stellvertreter in Königsberg von *1832* bis *Ende 1840* 5940 Taler ausgegeben wurden, beschwert sich der Finanzminister beim König über die ungebührlich lange Dauer des Provisoriums (Pörnbacher 46, 92). Der König fordert von Altenstein Rechenschaft.

18. Februar: Der Berliner Buchhändler Markus Simion bittet Eichendorff um Beiträge für »die Fortsetzung des Musenalmanachs (durch Echtermeyer u. Ruge)«. Von den »Berliner Dichtern« fehle fast nur Eichendorff, durch den Berliner Professor Heinrich Hotho (1802–1873) wisse er, daß Eichendorff »zu einer Gesamt-Ausgabe« seiner Werke »auch eine hübsche Anzahl ungedruckter Gedichte« besitze. Der Jahrgang *1840* werde mit dem Bildnis des – verstorbenen – Franz von Gaudy, der Jahrgang *1841* aber mit Eichendorffs Bildnis geschmückt (Wächter 1921 198 f.).

1. März: Louis Adolphe Thiers wird französischer Ministerpräsident. Mit ihm beginnt eine nationalistische Phase französischer Politik; u. a. ordnet er die Überführung der Leiche Napoleons von St. Helena nach Paris an und läßt Paris befestigen.

27. März: Bettine von Arnim teilt Eduard Devrient mit, »daß nach der Vertreibung der sieben Professoren [aus Göttingen] ihr Brief der einzige Anteil an die Gebrüder Grimm, die einzige offene Billigung gewesen sei, welche diese von ihren bisherigen Freunden empfangen hätten. Das ist ein Porträt unseres Deutschlands!« (Devrient 95 f.) Immerhin beschwert sich der preußische Kronprinz schon am *22. Januar 1838* bei Prorektor und Senat der Königsberger Universität, weil die »philosophische und medizinische Fakultät der Albertina ... beschlossen, zweien von den sieben Professoren der Universität Göttingen Ehrendiplome zu übersenden, welche gegen das Patent Sr. Majestät des Königs von Hannover vom 1. November v. J. öffentlich protestiert haben, eines davon ist bereits abgegangen«. (Schön V 263)

März: Eichendorff bedankt sich bei seinem Sohn Hermann für Weihnachts- und Geburtstagsgeschenke. Das Weihnachtsgeschenk hat Klaus Dahme als J. G. Keils ›Elementarbuch der spanischen Sprache für deutsche Gymnasien und hohe Schulen, auch zum Selbstunterricht für Studierende‹ (Gotha 1814) identifiziert, aus dem Eichendorff zwei Zwischenspiele des Cervantes übersetzt, die erst postum veröffentlicht werden. Zwischen *Januar* und *April* entsteht die Übersetzung der ›Höhle von Salamanca‹, zwischen *April* und *Mai 1840* die Übersetzung von vier weiteren Zwischenspielen; aus Keils ›Elementarbuch‹ die der ›Komödie der Wunder‹; aus ›Ocho entremeses de Miguel de Cervantes Saavedra. Tercera impresion. Cadiz 1816‹: ›Der eifersüchtige Alte‹, ›Der falsche (verstellte) Biscayer‹, ›Die sorgenvolle (mühselige) Wache‹ (vgl. HKA XVI 269 ff.; Texte: ebd. 1 ff.).

15. April: Eichendorff schließt mit dem Berliner Verleger Markus Simion einen Vertrag über eine Ausgabe seiner Werke. Der »von Jordan und Wolfersdorff« ausgehandelte (HKA XII 84) Vertrag sieht auch die Publikation »von noch ungedruckten Schriften« vor (»eine Novelle. Eine Anzahl Gedichte. Eine aus dem Spanischen übersetzte Novelle.«). Die Ausgabe soll bis zum *1. April 1842* in einer Auflage von 1000–1100 Exemplaren erscheinen, von den Gedichten sollen 500 Exemplare mehr gedruckt werden dürfen. Der Verleger darf außerdem bis *1. April 1842* eine Separatedition des ›Taugenichts‹ in 4000 Exemplaren veranstalten. Der Vertrag enthält einen Optionsparagraphen (vgl. HKA XIII 300–303).

27. April: Stägemann berichtet einem Freund, daß selbst »die tragikomische Kirchentrauer in den Posenschen Diözesen [über die Inhaftierung des Erzbischofs] ... die polnischen Bauern nicht berührt« habe (Stägemann III 593).

April/Mai: Im ›Deutschen Musenalmanach für 1840‹, herausgegeben von Theodor Echtermeyer und Arnold Ruge (im Berliner Verlag von Markus Simion), erscheinen im ersten Druck fünf Gedichte Eichendorffs, darunter das von der Kritik gerühmte ›Sonst‹ (HKA XXII 112f.).

April/Juni: In dem hegelianischen ›Konversations-Lexikon der neuesten Literatur-, Völker- und Staatengeschichte‹ (Leipzig bei Otto Wigand) erscheint ein heftiger Angriff gegen Eichendorff, der in einer Polemik gegen sein Gedicht ›Valet‹ (»Ade nun, liebe Lieder«) gipfelt: »Mit solcher Plattheit der gereimten Prosa schließt E. die Schleusen seines Gesanges. Der Schluß selbst ist das Symbol der Romantik, auch sie endet in platter Prosa, sie stirbt an der eignen Unfruchtbarkeit.« (Niggl I 516)

1. Mai: Eichendorff bittet den preußischen Kronprinzen, ihm die Gesamtausgabe seiner Schriften widmen zu dürfen.

7. Mai: Der Kronprinz willigt »mit Vergnügen« in diesen Wunsch (HKA XIII 150).

8. Mai: In einem am *14. Mai* von Altensteins Vertreter abgesandten Rechtfertigungsschreiben erklärt der Minister dem König, weshalb Eichendorff noch immer ohne feste Stelle in Berlin ist (vgl. Pörnbacher 46, 39ff.). Er beantragt, ihn schon jetzt zum Geheimen Regierungsrat zu ernennen und beim Oberzensurkollegium anzustellen.

13. Mai: In der Windstille vor dem Regierungswechsel in Preußen schreibt Eichendorff das Gedicht ›Wechsel‹:

»Es fällt nichts vor, mir fällt nichts ein,
Ich glaub die Welt steht still,
Die Zeit tritt auf so leis und fein,
Man weiß nicht, was sie will.

Auf einmal rührt sich's dort und hier –
Was das bedeuten mag?
Es ist, als hörtst du über dir
Einen frischen Flügelschlag.

[...]« (W I 177)

14. Mai: Der preußische Kultusminister Karl Freiherr von Stein zum Altenstein stirbt.

15. Mai: Robert Schumann berichtet Clara Wieck über die Komposition von 12 Eichendorff-Liedern (Niggl I 527).

Mai/Juni: Eichendorff übersendet Markus Simion – zugleich mit einem durchgesehenen und korrigierten Exemplar seiner Gedichte als Druckvorlage für die Gesamtausgabe – »die Dedication [dieser Edition] nebst dem Genehmigungsschreiben« (Kron 189). Demnach ist es wahrscheinlich, daß Eichendorff – entgegen den vertraglichen Bestimmungen – die Korrektur seiner Werke *1841/42* doch selbst mit überwacht und vorgenommen hat.

7. Juni: Friedrich Wilhelm III., König von Preußen, stirbt. Die mit großer Spannung und Hoffnung erwartete Regierung seines Sohnes, Friedrich Wilhelms IV., wird – nach einem Wort Treitschkes – »eine lange Kette von Mißverständnissen« (vgl. Schieder 121). Es beginnt vor allem der Kampf zwischen der zentralistischen Berliner Ministerialbürokratie und der konstitutionalistischen Provinzialbürokratie, als deren Führer allgemein Theodor von Schön gilt.

10. Juni: Leopold Graf von Sedlnitzki wird vom Papst wegen seiner staatstreuen Haltung in der Mischehenfrage aufgefordert, auf sein Amt zu verzichten, und resigniert. König Friedrich Wilhelm IV. beruft ihn in den Staatsrat nach Berlin. Diese Vorgänge könnten der Anlaß für Eichendorffs Entwurf eines Trauerspieles ›Glück und Ende des Dietrich von Quitzow‹ sein (vgl. Ewald Reinhard, Eichendorffstudien, Münster 1908 79 f.). – In der Folgezeit werden die kirchlichen Wirren, wie Schön meint, nicht beigelegt, sondern beschwichtigt. Martin von Dunin erhält im *August 1840* die Erlaubnis, in seine Diözese zurückzukehren; für den Kölner Erzbischof gibt der preußische König eine Ehrenerklärung ab; Droste-Vischering erhält *1841* den bisherigen Bischof von Speyer, Johannes von Geissel, als Koadjutor des Erzbistums.

24. Juni: Eichendorff bittet Theodor von Schön für die von Professor Hotho veranlaßte Gesamtausgabe seiner Schriften bei Simion um die Abdruckserlaubnis des ›Letzten Helden von Marienburg‹ und kündigt seine »Übersetzung eines sehr merkwürdigen, uralten spanischen Buches (El Conde Lucanor)« an (HKA XII 62 f.).

Juni/Juli: Eichendorff ist mit der Ordnung von Altensteins dienstlichem Nachlaß beschäftigt.

15. Juli: England, Rußland, Preußen und Österreich schließen gegen den von Frankreich unterstützten Vizekönig von Ägypten einen »Vertrag zur Befriedung der Levante«. Die französische Politik wird ausgeschaltet. »Die Reaktion in Paris war ungeheuer: Eine außenpolitische Krise schlug um in eine nationale Stimmungskrise« (Schieder 118). In Frankreich breitet sich Kriegsstimmung gegen Deutschland aus, wobei das neue Ziel der Rhein ist. Dem gegenüber ergreift in Deutschland die nationale Stimmung nun auch den Liberalismus. »Deutschland bietet 1840 das Bild einer alle Staaten und Schichten umgreifenden Einigkeit« (Schieder 118 f.). Als Ausdruck dieser Stimmung sind Max Schneckenburgers ›Wacht am Rhein‹ (»Es braust ein Ruf wie Donnerhall«) und Nikolaus Beckers »Sie sollen ihn nicht haben, den freien, deutschen Rhein« zu werten, dem *1841* Mussets »Nous l'avons eu, votre Rhin allemand«, aber auch Lamartines ›Friedensmarseillaise‹ antworten. Die Ständeopposition gegen die Berliner Zentralbürokratie hat wenig später das Rheinlied Nikolaus Beckers zur Parodie auf die Ernennung des verhaßten ehemaligen kurhessischen Ministers Hans Daniel von Hassenpflug *(30. November 1840)* zum Mitglied des Berliner Obertribunals umgeformt und gesungen:

»Wir wollen ihn nicht haben,
Den Herrn von Haß und Fluch ...«

20. Juli: Eichendorffs Enkelin Anna Besserer von Dahlfingen wird geboren (gest. 1906 als Ursulinerin).

13. August: Theodor Mundt verteidigt Eichendorff, »den Letzten (the last but not the least) der romantischen Schule« gegen die hegelianischen Angriffe, hinter denen er Ruge und Echtermeyer vermutet (Niggl I 516 ff.). Seinen Artikel in der Zeitschrift ›Der Pilot‹ übersendet er Eichendorff.

24. August: Die Wahl des Königs für die Nachfolge Altensteins ist auf Johann Albrecht Eichhorn gefallen, der am *8. Oktober* zum Kultusminister ernannt wird (vgl. Stägemann III 594).

31. August: Friedrich Wilhelm IV. bestimmt, daß Eichendorff ab *1. Januar 1841* wieder nach Königsberg zurückkehren müsse oder aber seine dortige Stelle »anderweit definitiv besetzt« werde. Eichendorff könne, falls er nicht nach Königsberg zurückkehren wolle, unter Wegfall der bisher gewährten Diäten, mit einem Gehalt von 1200 Talern und einer Zulage von 500 oder 600 Talern beim Kultusministerium weiterbeschäftigt werden (HKA XIII 152 f.; Pörnbacher 47). Damit beginnt der Kampf um die Berliner Position nach fast 10 Jahren von neuem.

3. September: Arnold Ruge verteidigt sich in den ›Hallischen Jahrbüchern‹ gegen die Angriffe Mundts und anderer mit einem Artikel ›Eichendorff und das Geheimnis der philosophischen Propaganda‹ (Niggl I 519 ff.).

4. September: Eichendorff bedankt sich bei Theodor Mundt für dessen Verteidigung gegen die Angriffe im ›Konversations-Lexikon‹ des Verlages Wigand (Niggl I 519. Faksimile des Briefes ebd. nach 518).

5.–9. September: Huldigungs-Landtag vor Friedrich Wilhelm IV. in Königsberg, den Theodor von Schön mit einer von Eichendorff verfaßten Rede eröffnet (HKA X 360–362). Bei diesem Landtag wird ein – als radikal und revolutionär empfundener – Antrag auf Einführung einer Verfassung gestellt, dem die gemäßigte Partei einen – dann angenommenen – Antrag auf Einführung von Reichsständen gegenüberstellt. Die zentralistisch und absolutistisch gesinnte Berliner Ministerialbürokratie, unter Führung des Innen- und Polizeiministers von Rochow, aber auch die Prinzen in der Umgebung des Königs geraten darüber in Aufregung. Der Prinz von Preußen fordert von Schön in der Nacht, »bevor der Antrag an den König kam, in hoher Aufregung und mit Darstellung der höchsten Gefahr die Aufhebung dieses Beschlusses«. Schön soll dem Adjutanten des Prinzen, der ihm dessen Schreiben überbrachte, geantwortet haben: »Sagen Sie Sr. Königlichen Hoheit, ich garantiere ihm für die Ruhe der Stadt, und ich wolle jetzt schlafen.« (Stägemann III 595 Anm. 6) Aus der Antwort des Königs auf den Landtagsabschied vom *9. September* hört man in Preußen ein halbes Zugeständnis heraus, dem der Minister von Rochow mit einer Zeitungskampagne entgegentritt. Schön wird von Rochow zum Führer einer unbotmäßigen und sogar revolutionär gesinnten Provinz stilisiert.

7. September: Arnold Ruge (1802–1880) wehrt sich in einem Brief an Eichendorff gegen die von Mundt angeblich ausgestreuten Verdächtigungen. Er bittet Eichendorff um Beiträge zum Musenalmanach für *1841* (HKA XIII 150 ff.).

10. September: Theodor von Schön wird zum Staatsminister ernannt; er erhält damit, jeweils bei Anwesenheit in Berlin, Sitz und Stimme im Staatsministerium. Außerdem wird ihm der schwarze Adlerorden verliehen (Schön III 169).

17. September: Eichendorff bedankt sich bei Ruge für dessen Brief vom *7. September.* Verdächtigungen Mundts hat es ihm gegenüber nicht gegeben; auch seien solche »Umtriebe und Kniffe« bei ihm »nutzlos verschwendet ... ich ehre jede aufrichtige ernste Überzeugung, auch wo ich sie nicht teilen kann«. Die Beiträge für den Almanach *1841* kündigt er an (Niggl I 526 f.).

23. September: Adalbert von Ladenberg (1798–1855), Vertreter des Kultusministers, teilt Eichendorff die Entschließung des Königs vom *31. August* mit (HKA XIII 152 f.).

24. September: Eichendorff sagt für den *25. September* wegen der Verschlimmerung eines »mehrtägigen Unwohlseins« eine Einladung ab (Pörnbacher 48).

26. September: Eichendorff, »der seines Schicksals wegen nicht ruhig ist«, auf Besuch bei Theodor von Schön in Berlin (Schön III 183).

27. September: Schön schreibt an seine Frau: »So viel ist wahrscheinlich, daß die drei bis vier Wochen meines Hierseins auch für mich entscheidend sein werden, ob ich im Dienst bleibe oder wir uns am Sackheimer Tore das bewußte Absteige-Quartier mieten.« (Schön III 183) Er besucht an diesem Tag Eichendorff. – In einem Brief an Ladenberg lehnt Eichendorff die Rückkehr nach Königsberg – auch bei Gehaltszulage – ab. Auch wegen seiner schriftstellerischen Arbeiten sei Berlin der wünschenswerteste Aufenthaltsort. Er bittet abermals um eine feste Anstellung in Berlin mit einem Gehalt von wenigstens 2000 Talern und weist auf die Möglichkeit einer Anstellung »im höheren Zensurwesen« hin (HKA XII 64 ff.).

28. September: Eichendorff bittet Ladenberg, wegen »unvorhergesehener Familienangelegenheiten« um einen Urlaub von 8–10 Tagen nach Dresden ab *6. Oktober* (zu Verwandten seiner Frau).

4. Oktober: In einer von Rochow veranlaßten, von der Opposition sogleich heftig kritisierten, Kabinettsorder tritt Friedrich Wilhelm IV. der »irrigen Ansicht« entgegen, er habe in Königsberg »seine Zustimmung zum Antrag auf Entwicklung der Landesverfassung im Sinne der Verordnung vom 22. Mai 1815 gegeben« (Belke 54). Es beginnt die heftige Kontroverse zwischen »der reaktionären Hofpartei« und der »›Gesinnungsgemeinschaft‹ (Rothfels) von ostpreußischer Provinzialverwaltung und ständischen Repräsentanten« (Belke 54), die letztlich mit der Pensionierung Schöns (und in der Folge auch Eichendorffs) endet. Dem »bürokratischen Absolutismus« gelingt es, die Einheit von »Monarch und Staatsverwaltung« vorzuspiegeln. Am *12. Mai 1841* schreibt Schön: »Von Berlin aus wird der Satz verbreitet: Wer sich über einen Minister beschwert, greift den König an. Dieser Satz ist der Schlußstein der Bureaukratie ... er [ist] die große Heerstraße zum Unglück des Königs und des Landes. Dem Geiste unseres Staates ist er durchaus zuwider. Ohne Bastille ist er unhaltbar, und wer ihn halten will, der verbreitet nur Unglück.« (Schön III 367f.; Belke 56ff.)

18. Oktober: Theodor von Schön berichtet seiner Frau: »Eben war Eichendorff hier, von Dresden zurückgekehrt, wo er auch Tieck gesprochen hat.« (Schön III 204)

31. Oktober: Theodor von Schön berichtet Magnus von Brünneck, daß er »vor ein paar Tagen« die den Landtagsbeschluß für die Einführung von Reichsständen unterstützende Schrift ›Woher und Wohin? oder der preußische Landtag im Jahre 1840‹ verfaßt habe (Text: Schön III 230ff.). Die Schrift wird »ausschließlich für den Verfasser, in wenigen Exemplaren« bei der Hartungschen Hofdruckerei in Königsberg gedruckt und von ihm einigen wenigen Freunden, darunter Joseph von Eichendorff, zugänglich gemacht.

Oktober: Im Oktober (oder schon zur *Herbstmesse*) erscheint bei Markus Simion in Berlin ›Der Graf Lucanor von Don Juan Manuel. Übersetzt von Joseph Freiherrn von Eichendorff‹. Angeregt zur Übersetzung dieser spanischen Novellensammlung wird Eichendorff durch die *Ende 1838* erschienene Edition: ›El Conde Lucanor, compuesto por Don Juan Manuel. Publicando por A. Keller‹ (Stuttgart 1839; vgl. Kommentar II 169ff. und die dort angegebene Literatur). Die Übersetzung trägt Eichendorff ein freundliches Echo der Kritik ein. Selbst Wolfgang Menzel stattet »freundlichsten Dank« ab (Niggl I 541).

27. November: Eichendorff übersendet dem König, der sich am *11. Dezember* dafür bedankt, ein Exemplar des ›Grafen Lucanor‹.

November: In dem von Ferdinand Freiligrath, Christian

Joseph Matzerath und Karl Simrock herausgegebenen ›Rheinischen Jahrbuch für Kunst und Poesie‹ *(1841)* erscheint Eichendorffs Erzählung ›Die Glücksritter‹. Christian Joseph Matzerath (1815–1876) – »auch ein Poet« –, der Nikolaus Beckers Rheinlied angeregt haben soll, war von Wolfgang Müller von Königswinter *(1840)* bei Eichendorff eingeführt worden (vgl. HKA XII 250).

8. Dezember: Das Kultusministerium will, nach Eichendorffs Gesuch an Ladenberg vom *27. September,* seine Anstellung beim Oberzensurkollegium mit einem Gehalt von 2000 Talern beantragen. Eichendorff bittet nun den König um die Fixierung seines bisherigen Gehaltes von 2300 Talern (HKA XII 68).

13. Dezember: Eichhorn und der Finanzminister beantragen, Eichendorff zum Geheimen Regierungsrat zu ernennen und ihn bis zur Reorganisation des Oberzensurkollegiums (die im *Mai 1843* erfolgt) »vorzugsweise zur Bearbeitung von Zensur-Sachen zu verwenden«. Sein Gehalt soll wenigstens 2000 Taler betragen (vgl. Pörnbacher 41, 45, 53).

15. Dezember: Schön teilt Brünneck mit, daß in einem anonymen Brief Hassenpflug, über dessen Ernennung zum Obertribunalsrat er sich erregt, als sein Nachfolger bezeichnet wird (Schön III 224).

17. Dezember: Friedrich August von Stägemann stirbt.

19. Dezember: Rochow fordert von Schön Rechenschaft über die Schrift ›Woher und Wohin‹, die »eine strafbare Anregung zu einer vollständigen Verfassungs-Veränderung des preußischen Staats enthalten und zur Wiederaufnahme der durch den Landtags-Abschied vom 9. September und die Allerhöchste Ordre vom 4. Oktober cr. entschiedenen Verfassungsfrage provozieren soll« (Schön III 227). Schön bekennt sich zur Verfasserschaft der Schrift und antwortet am

23. Dezember dem Innenminister auf dessen Unterstellungen sehr heftig.

27. Dezember: Schön bittet Magnus von Brünneck, die Schrift ›Woher und Wohin‹ »entweder sorgfältig aufzubewahren oder mir zurückzuschicken, und eben dies ist von dem Baron von Eichendorff, vom General von Schoeler, dem Oberpräsidenten Flottwell ... zu erbitten« (Schön III 244). – Am gleichen Tag bietet er dem König seinen Rücktritt an, den dieser am *1. Januar 1841* ablehnt.

Jahresende: Die gesammelten Werke Eichendorffs, in vier Bänden, ausgegeben in »ung[ebundenen] 12 Lieferungen à 10 Sgr.« werden angekündigt (Niggl I 550).

Geboren werden August Bebel, Emile Zola, Claude Monet, Auguste Rodin, Peter Tschaikowskij. Es sterben Karl Immermann, Caspar David Friedrich. – Die britische Königin Victoria heiratet Prinz Albert von Sachsen – Coburg – Gotha; Robert Schumann heiratet Clara Wieck. – Heinrich Heines ›Ludwig Börne. Eine Denkschrift‹ erscheint unter dem von Heine nicht autorisierten Titel ›Heinrich Heine über Ludwig Börne‹. Friedrich Hebbels Tragödie ›Judith‹ wird in Berlin uraufgeführt. Die Zeitgenossen stellen in den erfolgreichen ›Gedichten‹ Emanuel Geibels den Einfluß Eichendorffs fest. – Die gegen Mitte der vierziger Jahre durch Mißernten verschärfte Massenarmut (Pauperismus) breitet sich aus.

1841

Anfang Januar: Im ›Deutschen Musenalmanach für 1841‹, diesmal mit »Jos. Freih. v. Eichendorff's Bildnis« (Faksimile: Niggl I nach 552), erscheinen im ersten Druck vier Gedichte Eichendorffs, darunter ›Bei Halle‹ (»Da steht eine Burg überm Tale«), das in der Handschrift ursprünglich überschrieben ist »1 Februar 40« (HKA I, 2 718). Der Stich von Eduard Eichens ist für viele Kritiker das erste Porträt Eichendorffs, das sie kennenlernen; da es den »Regierungsrat« zeigt, widerspricht es dem Klischee vom romantischen Poeten, so daß seither das Bild von der unüberbrückbaren Diskrepanz zwischen dem Beamten und dem Dichter Eichendorff verbreitet wird, dem sogar der kluge und künstlerisch begabte Otto von Bismarck zum Opfer fällt. Karl Gutzkow schreibt im ›Telegraph für Deutschland‹: »Eichendorffs Porträt steht vorn. Sieht wie ein preußischer Regierungsrat aus, hat aber ein gemütliches Herz, ob ich gleich dem Gemüt der Romantiker nicht traue. ... Ich stoße mich aber nicht an dem Regierungsrat; seine Sächelchen sind wieder ganz hübsch und das ›Incognito‹ [d.h. das Gedicht: »Ich weiß nicht, was das sagen will!«] sogar liebenswürdig.« (Niggl I 553)

11. Januar: Eine Kabinettsorder bestimmt die Errichtung

einer katholischen Abteilung im preußischen Kultusministerium (Pörnbacher 52).

12. Januar: Der König genehmigt den Antrag der Minister Eichhorn und von Alvensleben vom *13. Dezember 1840.* Eichendorffs bisheriges Gehalt von 2295 Talern wird kassiert, das neue Gehalt vorläufig auf 2000 Taler festgesetzt. Bis zur definitiven Anstellung bei dem zu reorganisierenden Oberzensurkollegium wird er dem Kultus-, Innen- und Außenministerium »zur Bearbeitung von Zensursachen und anderer geeigneter Geschäfte zur Disposition« gestellt. Gleichzeitig wird Eichendorff »wegen seiner Uns angerühmten guten Eigenschaften und geleisteten treuen Dienste« zum Geheimen Regierungsrat ernannt (HKA XII 272; XIII 153f.).

23. Januar: Theodor von Schön erkennt als das Unglück der gegenwärtigen preußischen Politik die Emanzipation der Ministerialbürokratie: »In England heißen solche Leute clerks (Schreiber), in Frankreich employés, commis, beauftragte, berufene Schreiber. Bei uns heißen sie Geheimräte. ... Die obscuren, unverantwortlichen, unselbständigen Clerks wollen gegen den König und Land befehlen!« (Schön III 258)

29. Januar: Mit der Zusendung der verfälschten Abschrift eines anonymen Huldigungsgedichtes an Theodor von Schön, welches »eine strafbare Manifestation höchst verwerflicher, wahrhaft revolutionärer Gesinnungen« sei, beginnt der Polizeiminister von Rochow, der Entdecker des »beschränkten Untertanenverstandes« (Rühl 60), seinen bisher schärfsten Angriff gegen Theodor von Schön und die »revolutionäre« Provinz Preußen (Schön III 259ff.). – Eichhorn benachrichtigt Eichendorff von der Kabinettsorder des Königs vom *12. Januar.*

2. Februar: Schön warnt Rochow in einem erregten Brief »in Beziehung auf die Ausdrücke ›revolutionär‹ und ›revolutionäre Tendenz‹, wenn es sich auf Preußen beziehen soll ...« (Schön III 265).

8. Februar: Eichhorn übersendet Eichendorff das vom König vollzogene Patent der Ernennung zum Geheimen Regierungsrat (HKA XIII 154). – Rochow teilt Schön mit, daß sein Erlaß vom *29. Januar* »auf ausdrückliche Allerhöchste Weisung ergangen« sei (Schön III 265).

12. Februar: Eichendorff bedankt sich bei Eichhorn, der sich in der Folgezeit auch bemüht, ihm »die Erlaubnis zum Tragen der Uniform der Räte 3. Klasse beim öffentlichen Erscheinen zu erwirken« (Pörnbacher 53 f.). – In einem Brief an den König bietet Schön zum zweiten Mal seinen Rücktritt an, der nochmals abgelehnt wird (Schön III 266 ff.).

13. Februar: In den Berliner Zeitungen erscheint die Nachricht von der Ernennung Eichendorffs zum Geheimen Regierungsrat (Pörnbacher 260).

16. Februar: Der Buchhändler Brockhaus bittet Eichendorff um einen Beitrag zum Taschenbuch ›Urania‹ für *1842* (HKA XIII 155). *1842* erscheint in der ›Urania‹ kein Beitrag des Dichters.

Februar: Zum Provinziallandtag in Danzig erscheint die, die Generalstände fordernde, von dem Königsberger Arzt Johannes Jacoby verfaßte Schrift ›Vier Fragen, beantwortet von einem Ostpreußen‹. Sie wird wieder Theodor von Schön zur Last gelegt. – In der Folgezeit gewinnt die Hofpartei immer stärkeren Einfluß auf den König, der schließlich *1842* Schöns drittes Rücktrittsgesuch annimmt (vgl. Belke 54–61).

April: Eichendorff verfaßt eine Denkschrift über den ›Gebrauch der polnischen Sprache in den Gymnasien und Elementarschulen des Großherzogtums Posen‹ (Pörnbacher 76).

11. Juli: Eichendorff bittet Eichhorn um einen Urlaub von 6 Wochen ab *5. August* zur Regulierung von wirtschaftlichen Schwierigkeiten auf seinem Lehensgut »Sedlnitz bei Freiberg in Mähren« (HKA XII 69). Der Urlaub wird entweder nicht gewährt oder erst nach dem *10. August* angetreten. Vermutlich will Eichendorff das Erscheinen des ersten Bandes seiner ›Werke‹ abwarten.

20. Juli: In der Auseinandersetzung mit der widerspenstigen Provinz Preußen sieht ein Immediatbericht Rochows die »Wurzel des Übels« in jener »Divergenz …, in der sich Euer Königl. Maj. Zentralverwaltung mit den dortigen Provinzialbehörden in Ansichten und Richtung befindet« (Belke 55).

6. August: Ermutigender Brief Eichendorffs an den wegen der Schwierigkeiten in seinem Amtsbereich zaghaft gewordenen Bischof von Culm (Pörnbacher 71).

10. August: Eichendorff übersendet dem Minister Eichhorn den ersten Band der ›Gesamt-Ausgabe‹ seiner Schriften (HKA XII 70). Um die gleiche Zeit sendet er auch Friedrich Wilhelm IV. ein Widmungsexemplar. Der die Gedichte umfassende, erste Teil der ›Werke‹ »Joseph Freiherrn von Eichendorff's« enthält den schon im Musenalmanach *1841* publizierten Porträtstich von Eduard Eichens. Der Band ist »Seiner Majestät dem Könige Friedrich Wilhelm dem Vierten in tiefster Ehrfurcht geweiht vom Verfasser« und wird mit dem Widmungssonett »Ein Eiland, das die Zeiten nicht versanden« eröffnet. Die weiteren Bände erscheinen in regelmäßigen Abständen und werden jeweils sofort an den König, der sich immer bedankt, gesandt. Der letzte Band der vierbändigen Werk-Ausgabe erscheint Anfang *Februar 1842. 1842* noch wird eine Titelauflage der mit der Jahreszahl *1841* erschienenen Edition publiziert (Zum Inhalt der Ausgabe, die von den Dramen ›Krieg den Philistern!‹ enthält, sonst Gedichte, die beiden Romane und die erschienenen Erzählungen, vgl. HKA XXII 73).

17. August: Eichhorn bedankt sich bei Eichendorff für die Zusendung des ersten Bandes der ›Werke‹.

23. August: Friedrich Wilhelm IV. bedankt sich für die Übersendung des ihm gewidmeten ersten Bandes von Eichendorffs ›Werken‹.

26. August: August Heinrich Hoffmann von Fallersleben (1798–1874) schreibt auf Helgoland das Lied »Deutschland, Deutschland über alles«.

Ende September: Vermutlich zur Herbstmesse erscheinen in der ›Geistlichen Blumenlese aus deutschen Dichtern von Novalis bis auf die Gegenwart. Herausgegeben von Hermann Kletke‹ (Berlin *1841*) fünf bekannte, geistliche Lieder Eichendorffs (vgl. HKA XXII 113).

2. Oktober: Der Kultusminister bestimmt, daß Eichendorff künftig »an den Geschäften und Sitzungen der Abteilung für die katholischen Kirchenangelegenheiten teilzunehmen habe«, nachdem der Geschäftsverteilungsplan vom *27. Februar* bestimmt hatte: »Geh. Regierungsrat Freiherr von Eichendorff bearbeitet die ihm von dem Chef speciell überwiesenen Sachen.« (Pörnbacher 52)

4. Oktober: Theodor von Schön, der allgemein »als Haupt der Opposition gegen Rochow« gilt, zu Besuch bei Eichendorff in Berlin (Schön III 417).

6. Oktober: Auch für diesen Tag ist ein Besuch Schöns bei Eichendorff belegt (Schön III 418).

18. Oktober: Der Förster Joseph Sonntag, ehemals »Bedienter« von Eichendorffs Vater in Lubowitz, übersendet dem Dichter dessen »so hochschätzende Briefe« an ihn und bittet um Protektion für seinen Sohn (HKA XIII 156f.).

12. November: Theodor von Schön empfiehlt Magnus von Brünneck die Lektüre der ›Unpolitischen Lieder‹ (2. Teil *1841*; der 1. Teil erschien *1840*) von Hoffmann von Fallersleben: »Das Buch ist verboten, nachdem es in aller Welt Händen war. In Breslau muß eine gräßliche Stimmung sein.« (Schön III 429) Hoffmann von Fallersleben wird *1842* wegen dieser Lieder seiner Professur an der Universität Breslau ohne Pension enthoben und erst *1848* rehabilitiert.

28. November: An der Gerüchtebörse werden bereits die Namen von Nachfolgern Theodor von Schöns gehandelt. (Schön III 443)

Im Jahre *1841* entstehen die ersten (aus dem Nachlaß Eichendorffs veröffentlichten) Übersetzungen von ›Geistlichen Schauspielen‹ des Calderon (Texte: HKA XVI 129ff.; zu Eichendorffs Vorlagen: HKA XVI 322ff.). Der Entwurf einer »Tragikomödie wie Arnims Halle und Jerusalem« (GA I 956f.) wird ebenfalls auf *1841* datiert (Kommentar I 218).

Aus »offenbar am gleichen Tage aufgezeichneten« Entwürfen für Dienstbriefe (davon drei an den in seine Diözese zurückgekehrten Erzbischof Martin von Dunin; vgl. Wächter 1921 197f.), ist u. a. zu entnehmen, daß Eichendorff schon frühzeitig im Kultusministerium mit dem Kölner Dombau befaßt ist. Er bearbeitet »fast die gesamten Akten ›Baue und Reperaturen am Dom zu Köln betreffend‹« (Pörnbacher 69). Das Kölner Dombaufest *(1842)* wird von Friedrich Wilhelm IV. als ein deutsches Nationalfest – und als ein Gegengewicht gegen die aus Frankreich nach Deutschland eingedrungenen Revolutionsfeiern – zielstrebig vorbereitet. Der Oberpräsident der Rheinprovinz wird gebeten mitzuteilen, wie und wann durch »einen Königl. Akt die allgemeine Teilnahme in Deutschland« am Kölner Dombau erweckt werden könnte, Theodor von Schön ersucht, seine Erfahrungen über die öffentliche Anteilnahme an der Wiederherstellung der Marienburg mitzuteilen (Wächter 1921 197). Nach der Gründung des Zentraldombauvereines in Köln wird auch in Berlin, unter dem Protektorat des preußischen Königs, ein Verein für den Kölner Dombau gegründet, dessen Vorstand Joseph von Eichendorff, der Maler Peter von Cornelius (1783–1867; soeben nach Berlin berufen) und der Bildhauer Christian Daniel Rauch (1777–1857) angehören. –

Im gleichen Jahr wird der Tiroler Landesgouverneur durch die Wiener Hofkanzlei aufgefordert, die Amtsführung Wilhelm von Eichendorffs besonders genau zu beobachten. Der Gouverneur verteidigt seinen Kreishauptmann: »Was man an ihm Mangel an Energie nennt, das ist meiner Ansicht nach vielmehr das, daß er zu sanft, zu bescheiden und fast schüchtern auftritt.« (Aurora 1966 14)

Es sterben Karl Friedrich Schinkel und Johann Friedrich Herbart. – Georg Herweghs ›Gedichte eines Lebendigen‹ und Franz Dingelstedts ›Lieder eines kosmopolitischen Nachtwächters‹ verdeutlichen die steigende Unruhe im liberalen Lager.

1842

3. Januar: Theodor von Schön richtet sein drittes Abschiedsgesuch an den König. Der Protest gegen die schwankende Politik des eitlen Königs und gegen den Einfluß der absolutistischen Zentralverwaltung ist unüberhörbar: »Als mythische Person stehe ich da und mache dadurch die Spalte noch größer, welche zwischen der Richtung der Zeit und der der Administration schon stattfindet.« (Schön III 466)

Januar/Februar: Bei Markus Simion in Berlin erscheint ›Aus dem Leben eines Taugenichts. Novelle von Joseph Freiherrn von Eichendorff. Mit Zeichnungen von Adolph Schrödter in Düsseldorf‹.

28. Februar: Der preußische König bedankt sich für die Zusendung des vierten Bandes von Eichendorffs ›Werken‹.

3. März: Der Klaviervirtuose Franz Liszt, der in Berlin mit seinen Konzerten Triumphe gefeiert hat, reist aus Berlin ab: »Wie ein Fürst im Triumph ist er durch die überfüllten Straßen gezogen. Hurras von allen Seiten, wehende Tücher aus den Fenstern. Gestern abend hat er einen Ring, den ihm der König während des Konzertes sandte, zornig zur Erde geworfen, weil der Zettel des Preises angeheftet war.« (Devrient 140)

29. März: Der Berliner Verein für den Kölner Dombau erläßt einen von Eichendorff verfaßten Aufruf zu Spenden und zum Eintritt in den Dombauverein.

31. März: Der preußische König akzeptiert Schöns Abschiedsgesuch (Schön III 524 f.).

März: Für »den Kölner Dombau« plant Eichendorff ein, »etwa bei Cotta zu verlegendes, vielleicht durch Zeichnungen illustriertes Album mit darauf bezüglichen Gedichten der namhaftesten deutschen Dichter (Tieck, Rückert, Uhland, Schwab, Kerner p.) zum Besten der Dombaukasse«. Als seinen Beitrag entwirft er die ›Gesänge der Engel [vom Kölner Dom]‹ (vgl. Aurora 1957 12ff.; 1962 89ff.). Das Album kommt nicht zustande, vielleicht wird Eichendorff von den in großer Zahl erscheinenden Werbeschriften und -gedichten für den Dombau erschreckt; z.B. von Levin Schückings *1842* erscheinender Werbeschrift über den ›Dom zu Köln und seine Vollendung‹, zu der Annette von Droste-Hülshoff ihr Gedicht ›Der Meister des Dombaus. Ein Notturno‹ beisteuert (vgl. Der Kölner Dom in der deutschen Dichtung. Ausgewählt und eingeleitet von Joseph Theele, Köln 1923).

3. April: In der ›Allgemeinen Preußischen Staatszeitung‹ erscheint der Aufruf des Berliner Dombauvereins, mit einer »kurzen historischen Übersicht des Kölner Dombaues von der ersten Grundsteinlegung bis jetzt« (verfaßt von Eichendorff) und den Vereinsstatuten (HKA X 122–128).

5. Mai: Brandkatastrophe in Hamburg, über die die Berliner Zeitungen am *7.* und am

10. Mai ausführlich berichten. Die Berliner spenden für Hamburg (Devrient 145f.).

12. Mai: Zur Erleichterung seiner »bedrängten Lage« gewährt Eichhorn Eichendorff »eine extraordinäre Remuneration von 200 Talern«. Eichendorff bedankt sich am *13. Mai* dafür (HKA XII 70).

15. Mai: Theodor von Schön, der zu einer Staatsratssitzung nach Berlin berufen wurde, zu Besuch bei Eichendorff. Seiner Frau teilt er mit, daß sein Intimfeind Rochow am *1. Juli* abtreten muß (Schön III 535).

26. Mai: Abschiedsbesuch Schöns bei den Eichendorffs (Schön III 543).

1. Juni: Im Auftrag des Kultusministers bittet Eichendorff Peter von Cornelius um eine gutachtliche Äußerung über Edward Steinles Voranschlag für die »beabsichtigte Anfertigung der Wandgemälde im hohen Chore« des Kölner Doms (Aurora 1966 42). Die Verhandlungen über Steinles Bilder in den Gurtbogenfeldern des Doms ziehen sich bis *1843* hin und werden am *27. Februar 1843* mit der Anweisung der vom preußischen König zur Verfügung gestellten Summe abgeschlossen. Seiner Kabinettsorder von diesem Tage fügt der König hinzu: »Übrigens ist es Mein Wille, daß der Sulpice Boisserée in München bei allen wesentlichen artistischen Angelegenheiten des Dombaues gutachtlich gehört werden soll ...« (Aurora 1966 47)

3. Juni: Theodor von Schön wird »unter Beibehalt des Ranges und Titels als Staats-Minister« von sämtlichen Ämtern entbunden. Gleichzeitig wird er zum »Burggrafen von Marienburg« ernannt und ihm »die fernere Verwaltung aller auf dies Schloß und dessen Erhaltung bezüglichen Angelegenheiten, so wie der dazu ausgesetzten Fonds« übertragen (Schön III 546 ff.).

7. Juni: Eichendorff schließt ein umfangreiches Gutachten über die »Wiedererrichtung von Nonnenkonvikten in den überwiegend katholischen Teilen des Königreiches« Preußen ab. Sein Plan wird gebilligt, die Anweisungen an die Oberpräsidenten von Preußen, Schlesien und Posen ergehen am *1. Januar 1843* (vgl. Pörnbacher 76 f.; Zitat aus diesem Gutachten: Stöcklein 150).

19. Juni: Brief Eichendorffs an den Trierer Regierungspräsidenten über den Konfessionsfrieden in dessen Amtsbereich (Pörnbacher 73 f.).

24. Juni: In einem Brief an Friedrich Heinrich von Farenheid (1780–1849) schlägt Eichendorff Inschriften für das Abschiedsgeschenk der Provinz Preußen an Theodor von Schön (vermutlich einen der damals üblichen Pokale o. ä.) vor. – Seine Calderonübersetzung schreitet »unter der Last der Akten nur langsam vor« (HKA XII 71 f.).

Sommer: Eichendorff bearbeitet Akten über die von der preußischen Administration in Frage gestellten Jubiläumswallfahrten nach Kevelaer (Pörnbacher 68).

28. Juli: Clemens Brentano stirbt in Aschaffenburg.

7. August: Theodor von Schön wird auch nach seinem Rücktritt vom Amt in den öffentlichen Streit um die Verfassung gezogen. An den Gatten seiner Nichte, Gustav Schwinck, schreibt er nach Berlin: »Man könnte meine Lage als eine Schicksals-Ironie bezeichnen. Freund Eichendorff, den ich zu grüßen bitte, könnte daraus eine Novelle machen, wo ich selbst Kohl baue und Rüben behacke und mit meinen Großkindern spiele, und wo mein Doppelgänger so zerzaust, so verzerrt und so zerrissen wird, daß mein Rüben bauendes Ich, über die Unruhe, welche ihm der Doppelgänger des öffentlichen Lebens macht, des Teufels werden möchte. ... Kurz: sagen Sie Eichendorff, der Text zur Novelle ist da, und je komischer meine beiden Ichs gestellt werden, um so mehr würde ich mich freuen.« (Rühl 65)

10. August: Johann Heinrich Schmedding fordert von Eichendorff die Ernennungsdokumente für Wilhelm Arnoldi (1798–1864) zum Bischof von Trier wieder zurück. Die angeblich neuen, von Eichendorff gesehenen, Aspekte des Falles seien durch die Akten nicht zu belegen. Der Brief ist eines der wenigen – bisher veröffentlichten – Zeugnisse für Eichendorffs Auseinandersetzungen mit Schmedding, die seine Amtstätigkeit zunehmend belasten. Wilhelm Arnoldi war *1839* nach seiner Wahl zum Bischof von Trier die Bestätigung durch die Behörden verweigert worden. Er wird *1842*, nach mehrfacher Wiederwahl, unter stillschweigender Duldung der Regierung Bischof, obwohl er sich weigert, den Staatseid zu leisten.

4. September: Friedrich Wilhelm IV. hält in Köln eine Aufsehen erregende Rede zur Grundsteinlegung am Weiterbau des Doms. Das Kölner Dombaufest leitet den Ausbau der großen Ruine am Rhein zum deutschen Nationaldenkmal ein. Der Dom sollte ein Denkmal der »Eintracht und christlich brüderlichen Liebe« des deutschen Volkes »in allen seinen Stämmen und Gauen« werden (HKA X 123 f.). In dem durch dieses Fest entfesselten publizistischen Streit wird der Dombau Sinnbild der epochalen Gegensätze von Glauben und Wissen, von christlicher und laizistisch-bürgerlicher Kultur im 19. Jahrhundert.

Ende September: Vermutlich schon zur Herbstmesse *1842* erscheint im ›Berliner Taschenbuch. Herausgegeben von Hermann Kletke, Alexander Duncker und Eduard Haenel‹ (Berlin *1843*) Eichendorffs Gedicht ›Fee Morgana‹ (»Du Pilger im Wüstensande«; GA I 107).

24. Oktober: Seine geringe poetische Produktion entschuldigt Eichendorff gegenüber Theodor von Schön mit dem Faktum, daß alle Dichter »von den Eindrücken des Tages« leben. »Der Ärger wirkt bloß kritisch, was immer der Tod der Poesie ist.« Seine Calderonübersetzung schreite »nur langsam« fort (HKA XII 72 f.). – Dem Brief ist zu entnehmen, daß Rudolf von Eichendorff noch in Danzig garnisoniert, Hermann von

Eichendorff Referendar bei der Regierung in Frankfurt an der Oder ist.

25. Oktober: Hermann Kletke übersendet Eichendorff ein Exemplar des ›Berliner Taschenbuchs‹ [für *1843*?]. Eichendorff bedankt sich am *6. November* dafür.

19. November: Georg Herwegh zur Audienz bei Friedrich Wilhelm IV. in Berlin. Der preußische König soll dabei das Wort von den »ehrlichen Feinden« gesprochen haben.

26. November: Schön schlägt Eichendorff vor, die Geschichte der Wiederherstellung der Marienburg zu schreiben. Eichendorff willigt, unter der Bedingung einer entsprechenden finanziellen Sicherung, am *4. Dezember* ein. – Georg Herwegh wird in Königsberg – auch von Schön – gefeiert.

4. Dezember: Eichendorff nimmt zusammen mit Holtei, Raupach und den aus Schlesien stammenden Schauspielern Friedrich Beckmann (1803–1866) und Karl Seydelmann (1793–1843) am Schlesierfest in Berlin teil (Aurora 1935 117 f.).

12. Dezember: Da – nach Ansicht Schöns – »nur der Romantiker ... über Marienburg« schreiben kann, beantragt er beim König die Genehmigung der Mittel für Abfassung und Druck einer solchen Schrift aus dem »Dotierungsfonds Marienburgs« (Kalender 1911 24). Der König genehmigt das Gesuch am

24. Dezember. (Diese Briefe waren in einer Abschrift Eichendorffs in seinem Nachlaß erhalten.) – Am gleichen Tag veröffentlicht die ›Leipziger Allgemeine Zeitung‹ Georg Herweghs indiskreten Beschwerdebrief an den preußischen König wegen des Zensurverbots des geplanten ›Deutschen Boten in der Schweiz‹. Der Brief führt zu Herweghs Ausweisung aus Preußen. Die ›Leipziger Allgemeine Zeitung‹ wird in der Folgezeit verboten. Der Zorn der Opposition richtet sich auch gegen den politisch unklugen Herwegh.

26. Dezember: Martin von Dunin, Erzbischof von Posen und Gnesen, stirbt. Eichendorff ist dienstlich mit den Wahlmodalitäten des Nachfolgers befaßt (vgl. Wächter 1921 198).

27. Dezember: Eichendorff dankt dem Berliner Schneidermeister Gottfried Worch (1810–1881) für die Zusendung seiner ›Gedichte für Freunde und Freundinnen‹, die ihn »mit ihren Naturlauten eines frommen und reinen Gemütes sehr erfreut haben« (Wächter 1931 116). Worch nennt darauf *1852* seine gesammelten Gedichte ›Naturklänge‹ und veröffentlicht im

Anhang die Urteile von Fouqué, Eichendorff, Alexander von Humboldt, Andersen, etc. über seine Poesie.

31. Dezember: Schön beantragt bei Eichhorn Urlaub für Eichendorff.

1842 soll auch das ungedruckte Dramenfragment ›Bernhard von Weimar‹ entstanden sein.

In Cottas ›Morgenblatt‹ erscheint die Erzählung ›Die Judenbuche‹ von Annette von Droste-Hülshoff; Jeremias Gotthelfs Meisternovelle ›Die schwarze Spinne‹ wird veröffentlicht, Karl Gutzkow publiziert Georg Büchners Lustspiel ›Leonce und Lena‹. Giacomo Meyerbeer wird Generalmusikdirektor der Berliner Oper. – Karl Marx übernimmt die Redaktion der ›Rheinischen Zeitung‹.

1843

9. Januar: Eichendorff wird die Kabinettsorder des Königs über die abzufassende Schrift zur Geschichte der Wiederherstellung der Marienburg vorgelegt (Pörnbacher 57).

11. Januar: Schön läßt für Eichendorff Auszüge aus den Marienburger Akten erstellen.

20. Januar: Theodor von Schön feiert seinen 70. Geburtstag.

Januar: Eichendorff ist im Kultusministerium mit dem Versuch befaßt, Melchior Diepenbrock (1798–1853), Domdechant in Regensburg, für das Kölner Domkapitel oder »die Dompropststelle in Breslau« zu gewinnen (vgl. Karl Pörnbacher in: Der Zwiebelturm 1962 214 ff.).

Ende Februar: Eichendorff erkrankt an einer Lungenentzündung. Sein Hausgenosse, Otto von Wolfersdorff, schreibt die Krankheitsanzeige für das Ministerium (Pörnbacher 59). Die Krankheit hat »sehr bedeutende Augen- und Unterleibsübel und häufige, fast gänzliche Taubheit« noch im *August 1843* zur Folge (HKA XII 76).

12. April: Eichendorff bedankt sich bei Hermann Harrys für die Zusendung von Karl Goedekes Besprechung seiner ›Werke‹ in der »Hannoverschen Morgenzeitung« ›Die Posaune‹ vom *10., 12. und 17. Februar 1843* (HKA XII 75 f.; 277 ff.).

21. April: Schön sendet die Auszüge aus den Marienburger Akten an Eichendorff und bittet ihn, wegen des an Pfingsten in Marienburg stattfindenden Musikfestes, erst am *2.* oder *3. Juni* in Marienburg einzutreffen (Kalender 1911 25 f.).

25. April: Eichendorff bittet Schön, ihm weitere Akten nach Danzig in das Haus seines Schwiegersohnes zu senden, wo er am *7. Mai* eintreffen werde; am 3. Juni [tatsächlich schon am *2. Juni*] werde er dann nach Marienburg kommen (Kalender 1911 26 f.).

3. Juni: Schön konferiert in Marienburg mit »Eichendorff, [dem Baumeister der Marienburg Geheimrat] Hartmann und dem Professor Voigt über Marienburg«. Er schreibt an seine Frau: »Eichendorff sieht noch elend aus und ist in sich unruhig, da Therese nur gestern morgen sehr schwer von einem toten Kind entbunden ist. Er kommt daher auch nicht mit mir nach Arnau, sondern geht erst nach Danzig zurück.« (HKA XIII 281)

7. Juni: Eichendorff bittet Schön um Vermittlung der Verlängerung seines am *3. Juli* ablaufenden, zweimonatigen Urlaubs (Kalender 1911 27 f.).

8. Juni: Theodor von Schön feiert sein 50jähriges Dienstjubiläum. Zu der ihm aus diesem Anlaß gewidmeten Festschrift ›Die Jubelfeier des Herrn Staatsministers von Schön am 8. Juni 1843‹ (Königsberg *1843*) steuert Eichendorff das Gedicht ›Der brave Schiffer. Meinem Theodor von Schön‹ (»Solang an Preußens grünem Strand«) bei (GA I 167 f.), über das sich Schön am *29. Juni* an Magnus von Brünneck und am *3. Juli* an Leopold Hermann von Boyen begeistert äußert (HKA XIII 281 f.).

11. Juni: Schön bittet Eichhorn um Verlängerung von Eichendorffs Urlaub bis zum *3. September.* Das von Eichendorff bisher durchgearbeitete Material umfasse 30 Bände Akten und 7 Bände Notizen (Kalender 1911 28 f.). Die Verlängerung wird am *6. Juli* genehmigt.

10. August: Eichendorff stellt – aus Gesundheitsgründen – sein erstes Pensionierungsgesuch und bittet, bis zum Wirksamwerden der Pensionierung seinen »Urlaub für Danzig« zu verlängern (HKA XII 76 ff.).

15. August: In Abwesenheit des Ministers Eichhorn verlängert Ladenberg vorläufig Eichendorffs Urlaub bis zum *15. Oktober.*

August: Der erste Band von Eichendorffs ›Werken‹ erscheint als ›Gedichte. Zweite vermehrte und veränderte Auflage‹ bei Markus Simion in Berlin. Die dritte Auflage der ›Gedichte‹ erscheint ebenfalls bei Simion *1843*, die letzte, zu Lebzeiten Eichendorffs erschienene Auflage *1856* in Leipzig bei Voigt und Günther.

Ende September: ›Der Graf Lucanor des Don Juan Manuel. Nach dem Altspanischen von Joseph Freiherrn von Eichendorff. Neue Ausgabe, mit Zeichnungen von Th. Hosemann‹ erscheint in Berlin bei Markus Simion. – Eichendorff sendet das Manuskript seiner Schrift über die Marienburg an Theodor von Schön und stellt für Tagegelder und Reisekosten eine Rechnung in Höhe von 403 Talern und 22 Silbergroschen (Kalender 1911 30).

5. Oktober: Eichendorff wiederholt seine Bitte um Pensionierung und ersucht gleichzeitig, seinen Urlaub um weitere sechs Monate zu verlängern (Pörnbacher 59).

11. Oktober: Unter Bezug auf das Pensionsgesuch vom *10. August* verlängert Eichhorn Eichendorffs Urlaub bis *1. April 1844* und rät, wegen der Höhe der Pensionsbezüge mit der Pensionierung noch zu warten (HKA XIII 158 f.).

17. Oktober: Schön läßt Eichendorffs Manuskript von dem »Deich-Inspektor Gersdorff in Beziehung auf die Lokalitäten mit dem Plane« der Marienburg vergleichen, welcher der Schrift beigegeben werden soll. Er kündigt dem Dichter die Rücksendung des Manuskriptes an: »Vielleicht … lassen sich einzelne Stellen noch mehr als dies schon der Fall ist poetisch halten.« (Kalender 1911 30)

1. November: Schön sendet das Manuskript mit den Bemerkungen Gersdorffs Eichendorff zur Umarbeitung zu.

6. November: Schön schreibt an Magnus von Brünneck: »… Boyen weiß so wenig von den Adelseinrichtungen anderer Länder, als von den Eichendorffschen Werken etwas, aber mit dem Könige habe ich viel über beides verhandelt, …« (HKA XIII 282)

14. November: Schön möchte den »Plan der alten Marienburg« als Beilage dem Buch beigeben und bittet um Eichendorffs Meinung: »Lebten Sie doch auch hier! Gerade nun wir beide nichts Offizielles mehr an uns haben, denke ich, möchten wir uns noch interessanter sein.« (HKA XIII 159 f.)

15. November: Eichendorff antwortet postwendend auf

Schöns Brief vom *14. November* und sendet das überarbeitete Manuskript mit den Bemerkungen Gersdorffs, über die er versehentlich »das ganze Dintenfaß« geschüttet hat, wieder zurück (Kalender 1911 31).

7. Dezember: Schön bittet Johannes Voigt, in den Korrekturbögen von Eichendorffs Schrift noch »die nötige wissenschaftliche Revision« vorzunehmen (Kalender 1911 32).

1843 soll Eichendorffs ungedrucktes Dramenfragment ›Johann von Werth‹ entstanden sein.

Friedrich Hölderlin und Friedrich de la Motte Fouqué sterben. In Heinrich Laubes ›Zeitung für die elegante Welt‹ erscheint der entschärfte Text von Heinrich Heines ›Atta Troll. Ein Sommernachtstraum‹. Berthold Auerbachs ›Schwarzwälder Dorfgeschichten‹ beginnen zu erscheinen. – Die ›Rheinische Zeitung‹ wird verboten, Karl Marx geht ins Pariser Exil.

Der freie Schriftsteller. Danzig, Wien, Berlin und Dresden (1844–1854)

1844

22. Januar: Theodor von Schön kündigt Eichendorff den »Stapellauf« seiner Schrift über die Marienburg an.

28. Januar: Eichendorff erbittet sich 6 Freiexemplare des Buches, die »Prachtexemplare« solle Schön selbst dem König überreichen (HKA XII 78 f.).

21. Februar: Johannes Voigt hat die wissenschaftliche Revision von Eichendorffs Schrift abgeschlossen.

24. Februar: Die Buch- und Steindruckerei von E. J. Dalkowski in Königsberg berechnet Theodor von Schön für 603 Exemplare von Eichendorffs Buch 130 Taler, die am *2. März* überwiesen werden (Kalender 1911 33).

25. Februar: Eichendorff wiederholt sein Pensionsgesuch.

21. März: Eichhorn teilt Eichendorff mit, er werde seine Pensionierung zum *1. Juli,* mit einer höheren Pension als ihm »reglementmäßig« gebührt, beantragen (HKA XIII 160 f.).

28. März: Eichendorff übersendet Eichhorn seine Pensionierungsunterlagen.

13. Mai: Schön sendet an den König die drei Prachtexemplare von Eichendorffs Schrift ›Die Wiederherstellung des Schlosses der deutschen Ordensritter zu Marienburg. Mit einem Grundriß der alten Marienburg‹ (Königsberg *1844*). Text und Plan: HKA X 3-121 (zu den von Eichendorff verwendeten Quellen vgl. HKA X 445 f.; Kommentar II 109 f.).

25. Mai: Friedrich Wilhelm IV. bedankt sich bei Schön für die Zusendung der Schrift.

9. Juni: In Berlin treffen die Nachrichten vom Hungeraufstand der schlesischen Weber und der Entsendung von Militär nach Schlesien ein. Bettine von Arnims Wort, die »Sache sei ›tragischer als Sophokles‹, und der König möchte ›den hier beabsichtigten Dom in tausend Hütten in Schlesien bauen!‹« macht in Berlin die Runde (Jb FDH 1962 391). Der Aufstand der Weber in Langenbilau und Peterswaldau hat am *4. Juni* begonnen und wurde am *6. Juni* niedergeschlagen; schon am *16. Juni* beginnt die Bestrafung der Anführer.

27. Juni: Bettine schreibt an Adolf Stahr: »... den Hungrigen helfen wollen heißt jetzt Aufruhr predigen, hat mir jemand geschrieben ...« (Jb FDH 1962 392)

30. Juni: Der preußische König unterzeichnet das Dimissoriale für Eichendorff (HKA XII 286 f.).

7. Juli: Eichhorn teilt Eichendorff mit, daß er ab *1. Juli* mit einer jährlichen Pension von 1200 Talern in den Ruhestand versetzt ist (wobei 200 Taler aus »dem Gnaden-Pensions-Fonds« bewilligt wurden). Mit Eichendorffs Dankesbrief an Eichhorn aus Danzig am

12. Juli endet seine Dienstkorrespondenz. Die Akten seiner Tätigkeit als Beamter sollen in Auswahl in der HKA publiziert werden. Einen ersten Überblick über Eichendorffs Arbeit im Kultusministerium gibt Pörnbacher 62 ff.

18. August – 6. Oktober: Zur Ausstellung des Heiligen Rockes in Trier (durch Bischof Arnoldi) strömt mehr als eine halbe Million Pilger in die kleine Stadt an der Mosel. Die Zeitgenossen, auch Eichendorff, sprechen von »über einer Million Deutscher ..., welche dem unsichtbaren Heerbann nach Trier gefolgt« (HKA X 184). Die Wallfahrt – als Machtdemonstration der Katholischen Bewegung ebenso stark politisches wie religiöses Ereignis – wird der unmittelbare Anlaß zur Gründung des Deutschkatholizismus durch Johannes Ronge und Johann Czerski (größte Wirkung 1845). Sie löst eine Welle von Streitschriften aus, wobei unter den Verteidigungsschriften der Wallfahrt Joseph Görres' ›Die Wallfahrt nach Trier‹ *(1845)* unter den Gegenschriften Otto von Corvins ›Historische Denkmale des christlichen Fanatismus‹ (*1845;* später unter dem Titel ›Pfaffenspiegel‹ bekannt geworden) herausragen. Wolfgang Schieders Bibliographie zählt in den Jahren *1844–1846* 51 selbständig erschienene Schriften von Wallfahrts-Gegnern und 85 Schriften von Verteidigern der Wallfahrt zum Heiligen Rock nach Trier (Kurtrierisches Jb 1974 141 ff.). *1845* vermutlich entwirft auch Eichendorff seinen – nicht ausgeführten – »humoristisch-ironisch-witzigen Brief über die kirchlichen Wirren« (HKA X 363–369) und einen noch ungedruckten Text gegen Ronge und Czerski.

25. August: Eichendorff sagt wegen Krankheit einen Besuch bei Schön auf der Marienburg ab.

10. September: Eichendorff bietet Markus Simion den Verlag seiner Übersetzung von fünf »geistlichen Schauspielen des Calderon« an; der Verleger, der sich »gegenwärtig keinen sehr großen Erfolg davon« erwartet, sagt am *28. Oktober* ab (HKA XIII 162).

15. Dezember: Karl Ernst Jarcke, als Nachfolger von Friedrich von Gentz Mitarbeiter Metternichs in Wien, teilt Eichendorff mit, daß die »literarisch-artistische Anstalt der Cottaschen Buchhandlung in München« seine Calderon-Übersetzung verlegen wolle. Er verweist ihn auf Adalbert Stifter, »ein eben aufgehendes ... Gestirn erster Größe an unserem deutschen Novellenhimmel« und regt an, Eichendorff solle in seiner »kostbaren Muße ... eine deutsche Literaturgeschichte in der Weise der Gelzerschen [›Geschichte der deutschen poetischen Literatur seit Klopstock und Lessing nach ihren ethischen und religiösen Gesichtspunkten‹, *1841*] schreiben, (nur ohne deren Pietismus)«. (HKA XIII 164)

21. Dezember: Im Berliner ›Deutschen Nationalblatt‹ erscheint eine französische Übersetzung von Eichendorffs »berühmtestem Lied«: »In einem kühlen Grunde« (Niggl II 660 f.).

Geboren werden Paul Verlaine und Friedrich Nietzsche. – Es erscheinen die ersten Bände von Adalbert Stifters ›Studien‹,

Heinrich Heines ›Neue Gedichte‹ und ›Deutschland, ein Wintermärchen‹, das Karl Marx vom Autor schon in den Aushängebögen zugesandt wird. Ferdinand Freiligrath dokumentiert mit ›Ein Glaubensbekenntnis‹ die Hinwendung zur politischen Lyrik, Friedrich Hebbel vollendet das Trauerspiel ›Maria Magdalena‹. – Karl Marx lernt Friedrich Engels kennen. – 1843–1846 *Wirtschaftskrise in Deutschland, in Oberschlesien mit Cholera, Überschwemmungen und Rinderpest verbunden. Starke Zunahme der Auswanderung (Treue II 326).*

1845

8. Januar: Eichendorffs Enkel Max Besserer von Dahlfingen wird geboren († 1874).

20. Januar: Unter Berufung auf Jarckes Mitteilung sendet Eichendorff aus Danzig das Manuskript seiner Übersetzung von fünf geistlichen Schauspielen Calderons an Rudolf Oldenburg, den Geschäftsführer der literarisch-artistischen Anstalt der Cottaschen Buchhandlung in München, mit der Bitte, das Buch schon zur Ostermesse *1845* erscheinen zu lassen.

10. Februar: Der Verlag bestätigt den Empfang des Manuskriptes, läßt sich aber auf einen Erscheinungstermin nicht festlegen.

18. Februar: Eichendorff lehnt die Mitarbeit an den ›Stammverwandten‹ [?] von Eduard Boas (Reiseschriftsteller, 1815–1853) ab (Wächter 1918 82).

27. Februar: Eichendorff bittet Rudolf Oldenburg, je ein Freiexemplar seiner Calderon-Übersetzung – nach Erscheinen – an Görres und an Jarcke zu senden.

8. März: Rudolf Joseph von Eichendorff, der jüngste Bruder von Eichendorffs Vater, Mitbesitzer von Sedlnitz, stirbt in Wien.

15. März: »Überall bilden sich die neuen [deutschkatholischen] Gemeinden, und die Römlinge wüten und verfluchen.« (Devrient 253)

Ende März: Hochwasserkatastrophen an Elbe und Oder.

5. April: Jarcke moniert die Antwort auf seinen Brief vom *15. Dezember 1844.*

21. April: Eichendorff beantwortet einen Brief von Bogumil Goltz (1801–1870) vom *10. Februar.* Er bedauert nicht imstande zu sein, Goltz' »Novellette einen Platz in einer renommierten Zeitschrift zu verschaffen, da ich weder mit Tieck noch mit irgend einer Redaktion in Verbindung stehe« (Wächter 1918 84). Goltz' bekanntes ›Buch der Kindheit‹, aus dem die hier erwähnte »Novellette« ein Teil ist, erscheint *1847*.

6. Juni: Aus Danzig kommend erreicht Eichendorff Wien.

7. Juni: Eichendorffs Sohn Rudolf kommt in Wien an. Die Reise steht vermutlich in Zusammenhang mit der Nachlaßregulierung von Eichendorffs Onkel Rudolf Joseph.

11. Juni: In Jarckes Stammbuch trägt Eichendorff die Verse »Manche Boten gehn und gingen« (W I 47) ein (Puličar 355).

13. Juni: Eichendorff und sein Sohn reisen nach Sedlnitz weiter, wo sie sich mit Wilhelm von Eichendorff treffen. Es ist das letzte Zusammensein der Brüder (Biographie 172 f.).

14. August: Die Zeitungen berichten von blutigen Unruhen in Leipzig.

16. September: »Die Zeitung wimmelt von kirchlichen Bewegungen und Regierungsverboten. Verbieten und immer verbieten, weiter können diese Leute nichts; das nennen sie regieren.« (Devrient 292)

19. Oktober: Theodor von Schön erwartet in Marienburg den Besuch Eichendorffs (HKA XIII 282). – In Münster stirbt der Kölner Erzbischof Clemens August von Droste zu Vischering.

22. Dezember: Eichendorff bedankt sich bei Adolf Böttger (1816–1870) für die Zusendung von dessen Drama ›Agnes Bernauer‹ (1845, 3. Auflage 1850; AK). *1855* freut er sich über die »ganz artige Bibliothek von Schriften«, die durch solche Zusendungen entsteht: »Das wäre recht schön, wenn ich nur nicht darauf zu antworten brauchte.« (HKA XII 178)

Auch im Jahre *1845* arbeitet Eichendorff an autobiographischen Schriften. Entwürfe zu einer »autobiographischen Novelle« ›Tröst-Einsamkeit‹ (Jb FDH 1968 350 ff.) und die Skizze »Trösteinsamkeit; aus dem Tagebuch eines Einsiedels« (HKA X 376–378) stammen vermutlich aus diesem Jahr. Im *Winter 1845/46* hat Eichendorff – Jarckes Anregung und sicher auch den genaueren Abmachungen mit ihm im *Juni* folgend – die Artikelserie ›Zur Geschichte der neuern romantischen Poesie in Deutschland‹ ausgearbeitet, die *1846* in den ›Historisch-politischen Blättern‹ erscheint. Der Erfolg dieser Aufsatzserie ermuntert Eichendorff, in der Folgezeit in großem Umfang, weniger literarhistorische, als literaturkritische und -polemische Arbeiten zu schreiben.

August Wilhelm Schlegel stirbt. – Richard Wagners ›Tannhäuser‹ wird erstmals aufgeführt. – Friedrich Engels' Buch ›Die Lage der arbeitenden Klasse in England‹ erscheint. Karl Marx und andere Mitarbeiter des ›Vorwärts‹ werden aus Frankreich ausgewiesen.

1846

7. April: Wegen Krankheit sagt Eichendorff einen Besuch bei Schön in Marienburg ab.

17. September: Eichendorff teilt Theodor von Schön mit, daß er vorhat, den Winter in Wien zu verbringen und im *Sommer 1847* in Baden bei Wien, wo seine Schwester Louise inzwischen ein eigenes Haus besitze, »die Badesaison mitmachen« wolle (HKA XII 82).

21. September: Eichendorff reist, mit seiner Frau, seinem Schwiegersohn und dessen Familie, über Breslau und Sedlnitz nach Wien. In Breslau führt er »eine junge Verwandte, die mehrere Jahre als Pflegetochter seinem Hause angehört hatte, ... dem Mutterhause der Ursulinen als Novize [zu]. Er hatte lange gezögert, bevor er dem Wunsch des geliebten Zöglings nachgab ...« (Biographie 173)

10. Oktober: Aus den Reden der Germanistenversammlung in Frankfurt erschließt Eduard Devrient den historischen Vorgang, »daß die geistigen Kapazitäten so ohne alle politische Mission sich des politischen Geistes in einem Lande bemächtigen, das unter dem schwersten Polizeidrucke liegt«. (Devrient 361)

27. Oktober: Die Familien Eichendorff und Besserer kommen in Wien an. Außer der »Wiener Zeitung« melden alle übrigen Zeitungen des Dichters Ankunft in Wien erst Anfang *1847.*

Anfang November: Im Verlag Cotta erscheint: ›Geistliche Schauspiele von Don Pedro Calderon de la Barca. Übersetzt von Joseph Freiherrn von Eichendorff‹. Der Band enthält fünf Schauspiele, weitere sechs erscheinen in einem zweiten Band

1853, ein Calderon-Schauspiel wird *1864* aus Eichendorffs Nachlaß veröffentlicht. Das Echo der Kritik – und entsprechend der Absatz – ist sehr schwach. (Zur Übersetzung vgl. Kommentar II 174 ff. und die dort angegebene Literatur.)

Emilie von Binzer (1801–1891), die Gattin des als Burschenschaftler bekannt gewordenen Autors August Freiherr von Binzer (1793–1868), die unter dem Pseudonym Ernst Ritter *1846* zwei Bände ›Mohnkörner. Gesammelte Erzählungen‹ veröffentlicht, erzählt in ihren ›Erinnerungen an Grillparzer‹ (*1872*; vgl. Kalender 1912 62 f.), daß sie *1846* in Wien, zusammen mit ihren beiden Töchtern, von Eichendorffs Jugendfreund Joseph Christian von Zedlitz mit Grillparzer, Stifter und Eichendorff zu einem Essen eingeladen wurde: »Das Mittagsmahl mit den vier Dichtern war reizend, meine Töchter sangen Eichendorffs Lied: ›In einem kühlen Grunde‹, das er bei einer Mühle bei Neisse gemacht hat; Grillparzer erfreute mich, indem er meine eben erschienenen Erzählungen lobte – und Stifter war in seiner liebenswürdigsten Laune.«

Im gleichen Jahr wird in ›Meyer's Konversations-Lexikon‹ (im Artikel »Deutsche Nationalliteratur«) Eichendorff als *1846* gestorben gemeldet (Niggl II 687).

Der Volkswirtschaftler Friedrich List verübt Selbstmord. Friedrich Wilhelm Bessel stirbt in Königsberg. – Unter dem Einfluß von Karl Marx veröffentlicht Freiligrath seine Revolutionsgedichte ›Ça ira‹. Gottfried Kellers' Gedichte und Willibald Alexis' Geschichtsroman ›Die Hosen des Herrn von Bredow‹ erscheinen.

1847

2. Januar: Besuch Robert Schumanns bei Eichendorff in Wien.

7. Januar: Eichendorff teilt Simion mit, daß er »soeben ein Werkchen wissenschaftlichen Inhalts vollendet habe« (›Über die ethische und religiöse Bedeutung der neueren romantischen Poesie in Deutschland‹). Gemäß dem Optionsparagraphen seines Vertrages mit dem Verleger, bietet er die Schrift Simion (zu überhöhten Honorarbedingungen) an: »Sollten Ew. Hochwohlgeboren auf dem Verlage des Buches zu einem geringeren Honorarpreise bestehen wollen, so würde ich vorziehen, dasselbe gänzlich ungedruckt zu lassen.« (Wächter 1918 23 f.)

9. Januar: Neues Zusammentreffen Eichendorffs mit Schumann, der allein *1840* fünfzehn Eichendorfflieder vertont hat.

15. Januar: Abschiedsmatinee in Wien bei Clara und Robert Schumann. U. a. nehmen daran teil: der Wiener Lustspieldichter Eduard von Bauernfeld (1802–1890), der Dramatiker, Übersetzer (und Zensor) Johann Ludwig Deinhard von Deinhardstein (1794–1859), der Liederkomponist Joseph Dessauer (1798–1876, Komponist zahlreicher Eichendorff-Lieder), der Schriftsteller Ludwig August Frankl (1810–1894), Franz Grillparzer, Adalbert Stifter, die Sängerin Jenny Lind (1820–1887, die »schwedische Nachtigall«, die als Siebzehnjährige in der Rolle der Agathe aus Webers ›Freischütz‹ schon Triumphe gefeiert hat). Eichendorff ist mit seiner ganzen Familie eingeladen, »einige tiefgefühlte Lieder Eichendorffs, von Schumann im Geiste des Dichters komponiert, wurden von Herrn von Marchion wirksam vorgetragen«. Clara Schumann notiert dazu in ihr Tagebuch, daß Eichendorff ihr gesagt, »Robert habe seinen Liedern erst Leben gegeben, ich erwiderte aber, daß seine Gedichte erst der Komposition das Leben gegeben ...« (Aurora 1957 73).

17. Januar: Die siebenjährige Geigerin Wilhelmine Neruda trägt in ihrem zweiten öffentlichen Konzert in Wien auch ein von Ferdinand Gumbert komponiertes Lied Eichendorffs (evtl. ›Herbstweh‹) vor.

19. Januar: Clara Schumann bittet Eichendorff um ein Stammbuchblatt. Eichendorff trägt auf das ihm übersandte Blatt die Verse »Es träumt ein jedes Herz« (Wächter 1930 7; Puličar 375) »zur gütigen Erinnerung« ein.

23. Januar: Eichendorff wird in der Künstlergesellschaft ›Concordia‹ (seit 1846 von der Metternichschen Administration zugelassen) gefeiert. Ludwig August Frankl und der Journalist Adolf Schmidl (1802–1863) sprechen Begrüßungsgedichte (Frankls Text: Biographie 174 f.), die Sänger »Reichard, de Marchion und Becker« tragen Eichendorff-Lieder von Dessauer, Gumbert und Gustav Barth (1811–1897) vor (Aurora 1957 74 f.). In der ›Concordia‹ lernt Eichendorff Anastasius Grün (1806–1876), Eduard von Bauernfeld und Ignaz Franz Castelli (1781–1862) kennen. Als sein ›Gruß an die Eintracht‹

erscheint in der Beilage zu den ›Sonntagsblättern‹, dem ›Wiener Boten‹, datiert »Wien, im Februar 1847« das Gedicht »Lerche, wo sie's grünen sieht« (GA I 168, ohne die Schlußstrophe).

25. Januar: Der Wiener Männergesangsverein feiert Eichendorff und Giacomo Meyerbeer. Vor »etwa nur 20 Zuhörern [sangen] 200 Männerstimmen ...; etwas, das man, wie ... Meyerbeer versichert, in ganz Europa nicht so vollkommen hört« (HKA XII 85). Außer Chören von Meyerbeer und anderen Liedern werden am Schluß der Feier »dem mit anwesenden Eichendorff zu Ehren, ein Lied von ihm und Arndt's bekanntes deutsches Lied vorgetragen« (Aurora 1957 76f.; Niggl II 696).

29. Januar: In Ignaz Franz Castellis Stammbuch trägt Eichendorff die Verse »Scherz im Ernst und Ernst im Scherz« ein (Aurora 1957 76).

31. Januar: In den Wiener ›Sonntagsblättern‹ erscheint ein Aufsatz von Christoph Theodor Schwab unter der Überschrift ›Joseph Freiherr von Eichendorff. Der letzte Romantiker‹, der den Tenor aller Wiener Eichendorff-Feiern verdeutlicht: Gefeiert wird der »letzte Romantiker« – nach einer Redaktionsnotiz der ›Sonntagsblätter‹ eine von Tieck stammende Bezeichnung –, in Erinnerung an die große Zeit der Wiener Romantik zu Beginn des Jahrhunderts; gefeiert wird auch, indem man den von der Restauration unterdrückten Geist der Freiheitskriege beschwört, der »deutsche« Sänger Eichendorff, der als Kronzeuge eines in der Tradition wurzelnden freiheitlichen Denkens gilt. In diesem Sinne ist es zu verstehen, wenn Eichendorff zwei Vereinigungen, die schon im folgenden Jahr in der Revolution eine führende Rolle spielen, zu ihren Versammlungen einladen: die niederösterreichischen Landstände (das »österreichische Vorparlament«) und der »juridisch-politische Leseverein«, nach Frankl das »Thermometer für die Stimmung in Wien«, nach Grillparzer die »Pulvermühle für eine künftige Explosion« (Aurora 1957 77).

1. Februar: Die Familie Eichendorff nimmt an einem Ball teil, den der Künstlerverein im Sophienbadsaale gibt.

8. Februar: Eichendorff mahnt bei Simion die Beantwortung seines Briefes vom *7. Januar* an.

9. Februar: Eichendorff bittet seinen Sohn Hermann, den Brief an Simion vom *8. Februar* persönlich dem Verleger zu überbringen und seinen Empfang bestätigen zu lassen. Er berichtet von der freundlichen Aufnahme in Wien. Die Sonnabende verbringt er bei seinem Freund Karl Ernst Jarcke, mit Metternichs Reichshistoriographen Friedrich von Hurter (1787–1865) und dem Maler Joseph von Führich (1800–1876) (HKA XII 84 ff.). Da seine Artikelserie über die Romantik in Jarckes Freundeskreis »wahrhaft furore gemacht hat«, ist er ständiger Mitarbeiter der ›Historisch-politischen Blätter‹ geworden. *1847* erscheinen in dieser Zeitschrift seine literaturkritischen Aufsätze ›Brentano und seine Märchen‹, ›Die deutsche Salon-Poesie der Frauen‹, ›Novellen von Ernst Ritter‹, ›Lanzknecht und Schreiber‹, ›Die neue Poesie Österreichs‹, ›Die geistliche Poesie in Deutschland‹ (vgl. W III 78 ff.).

15. Februar: Die Wiener ›Allgemeine Theaterzeitung‹ berichtet, daß der Hofkapellmeister Gottfried Preyer »an einer heroisch-romantischen Oper [arbeite], zu der ihm der alte Eichendorff das Textbuch geliefert« (Aurora 1957 80). Ein entsprechender Text Eichendorffs ist nicht überliefert.

17. Februar: Ludwig I., König von Bayern, entläßt (im Zusammenhang der Lola-Montez-Affäre) das Ministerium Abel.

28. Februar: Simion hat den Verlag der Schrift ›Über ethische und religiöse Bedeutung‹ abgelehnt (vgl. HKA IX 503; AK).

8. April: In Jarckes Stammbuch trägt Eichendorff das Gedicht »Selig, wo sich zwei gesellt« ein (GA I 169).

19. April: An seinem Geburtstag heiratet Eichendorffs Sohn Rudolf Friederike Bertram aus Graudenz (die schon im *Oktober 1848* stirbt).

30. April: Erzherzog Karl von Österreich stirbt in Wien.

2. Mai: Eichendorff trägt sich zum Abschied in das Stammbuch von Adam Müllers Töchtern Cäcilie Endlicher und Marie von Pilat ein (Kalender 1927/28 33 f.).

3. Mai: Abreise der Familie Eichendorff von Wien nach Baden (bei Wien) zu Eichendorffs Schwester Louise.

20. Mai: Der Wiener Buchhändler Johann Nepomuk Passy sendet das Manuskript von Eichendorffs ›Über ethische und religiöse Bedeutung‹ an den Leipziger Verlagsbuchhändler A. G. Liebeskind (HKA XIII 304).

21. Mai: Eichendorffs Schwiegersohn Louis Besserer von Dahlfingen wird zum Premier-Leutnant befördert.

10. Juni: Eichendorff bedankt sich bei Hermann Kletke

(1813–1886) für die Zusendung von dessen ›Kinderliedern‹ (1846; AK).

17. Juni: Liebeskind bestätigt Passy den Empfang von Eichendorffs Manuskript, um dessen Druck und Verlag er sich bemühen will.

28. Juni: Nach Beendigung des preußischen Landtags notiert Eduard Devrient: »Der Traum einer gütlichen Verständigung ist zerronnen …« (Devrient 390)

Ende Juni/Anfang Juli: Da Therese Besserer von Dahlfingen *Ende Juli* ein Kind erwartet (das vermutlich noch vor *Januar 1848* stirbt), kehrt die Familie Eichendorff nach Danzig zurück.

9. Juli: Eichendorff berichtet Schön über seinen Wien-Aufenthalt. – Hermann von Eichendorff hat seine Assessorenprüfung bestanden.

20. Juli: Die Mehrheitskantone in der Schweiz beschließen die Auflösung des »Sonderbundes«, zu dem sich die katholischen Kantone in Abwehr der Schmälerung kirchlicher Rechte zusammengeschlossen haben.

Juli: Wilhelm von Eichendorff gerät in den Verdacht liberaler Gesinnung, da er eine von Rossini komponierte, in der Trienter Oper gesungene, antiösterreichische Papsthymne nicht rechtzeitig verbietet. In Trient häufen sich antiösterreichische Gewalttaten und Anschläge.

3. August: Jarcke übersendet Eichendorff das Honorar für die Beiträge zu den ›Historisch-politischen Blättern‹ und bittet um weitere Mitarbeit. »Der ›Landsknecht‹ [das heißt Friedrich Fürst von Schwarzenberg (1800–1870), dessen Memoiren ›Aus dem Wanderbuche eines verabschiedeten Lanzknechtes‹ *(1844)* Eichendorff in ›Lanzknecht und Schreiber‹ rezensiert hat] war über Ihren Artikel fast zu Tränen gerührt.« (HKA XIII 166)

5. September: Theodor von Schön lädt Eichendorff für den *24. oder 25. September* nach Marienburg ein, »um in Absicht der in Marienburg auszuführenden Freskobilder in Beziehung auf die Herren [Philipp] Veit und [Peter von] Cornelius einen Beschluß fassen zu können«. (HKA XIII 167)

18. September: Jarcke teilt Eichendorff mit, daß Liebeskind in Leipzig seine Schrift ›Über die ethische und religiöse Bedeutung‹ verlegen wolle. Er freut sich, in Eichendorff »eine besondere Gabe für die ästhetische Kritik« entdeckt zu haben (HKA XIII 167ff.).

24. September: In einem Brief an Liebeskind, den dieser am *30. September* beantwortet, meint Eichendorff, seine Schrift bewege sich »auf einem Felde, das jetzt, neben der Politik, fast ausschließlich das Interesse des großen Publikums in Anspruch nimmt« (HKA IX 503). Entgegen dieser optimistischen Prognose werden bis *Mitte 1854* nur 67 Exemplare verkauft, die restlichen 611 an einen Antiquar abgegeben (HKA XIII 204), der sie an den [*1844* in Bonn gegründeten] Borromäus-Verein weiterverkauft (HKA XII 190).

September: Wilhelm von Eichendorff wird Mitglied des Venezianischen Gelehrtenvereins.

8. Oktober: Eichendorff bittet Liebeskind, ein Exemplar seiner um diese Zeit erscheinenden Schrift ›Über die ethische und religiöse Bedeutung‹ an Wolfgang Menzel zur Rezension zu senden. Das Echo der Kritik ist reichhaltiger als bei den meisten poetischen Werken des Dichters (vgl. Niggl II 712 ff.). Friedrich Theodor Vischer überschreibt seine Rezension in den ›Jahrbüchern der Gegenwart‹: »Ein literarischer Sonderbündler« und wendet das romantische Ideal einer Poetisierung des Lebens gegen die Romantik selbst, wenn er mit Bezug auf den Sonderbundskrieg seine Kritik beginnt: »Eine gründliche Kritik der Romantik ist in diesen letzten Tagen geschrieben worden, geschrieben mit Bajonetten und wohlgezielten Kugeln wackerer Schützen, belegt mit den schlagenden Gründen des Kanonendonners.« (Januar 1848; Niggl II 729)

4. November: Felix Mendelssohn-Bartholdy stirbt in Leipzig. Die Leiche wird nach Berlin überführt und dort beerdigt. – Die Mehrheitskantone in der Schweiz beschließen den gewaltsamen Vollzug ihrer Entscheidung vom *29. Juli.* Damit beginnt ein blutiger Bürgerkrieg, Vorspiel der revolutionären Bewegungen des Jahres *1848.* Durch den raschen Sieg der Mehrheitskantone (bis *Ende November*) wird die von Metternich erstrebte Intervention verhindert.

25. November: Louis Besserer von Dahlfingen wird als Lehrer des Kadettenkorps nach Berlin versetzt. Eichendorff setzt die in Danzig bewährte Wohngemeinschaft mit Tochter und Schwiegersohn fort und übersiedelt *Ende Dezember* nach Berlin in das Kadettenhaus.

8. Dezember: Der Verleger Brockhaus fordert Eichendorff zu einem Beitrag für die ›Urania‹ *1849* auf. Eichendorff lehnt am *13. Dezember* (noch aus Danzig) ab.

9. Dezember: Auf die Siege »der alten freien Schweiz« komponiert Robert Schumann Eichendorffs Lied ›Der Tiroler Nachtwache‹ (Kalender 1917 56).

10. Dezember: Der Historiker Joseph Fick (1800–1881), den Eichendorff in Wien kennengelernt hat, regt als »ein recht ausgiebiges Antidot« gegen Georg Gottfried Gervinus' ›Geschichte der poetischen Nationalliteratur der Deutschen‹ (5 Bände, Leipzig 1835–1842) eine Literaturgeschichte von Eichendorff an (in einem Brief an Jarcke, den dieser Eichendorff zusendet). Jarcke unterstützt diesen, von Eichendorff in seiner ›Geschichte der poetischen Literatur Deutschlands‹ *(1856)* dann verwirklichten, Vorschlag. Er macht gleichzeitig auf Wolfgang Menzels Kritik von Eichendorffs Romantikschrift (in Cottas Literaturblatt vom *7. Dezember*; vgl. Niggl II 712 ff.) aufmerksam und fügt kritische Anmerkungen dazu bei. Die Honorarankündigung im gleichen Brief bezieht sich vermutlich auf Eichendorffs *1848* in den ›Historisch-politischen Blättern‹ erscheinenden Aufsatz ›Die deutschen Volksschriftsteller‹, mit dem seine Mitarbeit an der Münchener Zeitschrift endet (HKA XIII 170 ff.).

Im Jahr *1847* hat Eichendorff letztmals – nach den Studienjahren und dem Jahr der Übersiedelung nach Berlin *(1831/32)* – seinen Freundes- und Bekanntenkreis entscheidend erweitert. Außer den schon erwähnten Bekannten sind zu nennen: der Arzt und Schriftsteller Ernst Freiherr von Feuchtersleben (1806–1849); eventuell der Schriftsteller Friedrich Halm (1806–1871); der Archivar und Lyriker Johann Paul Kaltenbäck (1804–1861); der spätere Unterrichtsminister Graf Leo Thun (1811–1888); der Mitbegründer des juridisch-politischen Lesevereins Franz Freiherr von Sommaruga (1815–1884); die Herzogin Julie von Anhalt-Cöthen (1793–1848). Belegt ist die Bekanntschaft mit den Brüdern Clemens von Hügel und Karl Alexander von Hügel (1796–1840; Weltreisender und Naturforscher), mit Anton Freiherrn von Doblhoff-Dier (1800–1872; Mitbegründer des juridisch-politischen Lesevereins, mit Eichendorff seit *1838* bekannt), mit den Redemptoristen im Kloster Maria Stiegen in Wien (vgl. zu diesem Bekanntenkreis Puličar 380–435). – Zugleich ist das Jahr *1847* das erste und einzige Jahr in Eichendorffs Leben, in dem er (in Wien) seinen Ruhm öffentlich genießen kann; daß dieser

Ruhm lokal begrenzt ist, beweisen Wigands Konversations-Lexikon von *1847* und das Konversations-Lexikon für das katholische Deutschland (Regensburg *1847*), die beide Eichendorff als *1846* gestorben verzeichnen (Niggl II 790, 793).

Geboren werden Paul von Hindenburg, Thomas Edison. – Franz Grillparzers Erzählung ›Der arme Spielmann‹ erscheint. – Ignaz Semmelweis, genannt »Retter der Mütter«, entdeckt die Kontaktinfektion als Ursache des »Kindbettfiebers«. James Young Simpson führt die erste Chloroformnarkose durch.

1848

19. Januar: Wilhelm von Eichendorff erklärt sich mit Josephs Vorschlag vom *27. Dezember 1847* (schon aus Berlin) einverstanden, die vorläufige Verwaltung von Sedlnitz »dem Amtsschreiber Johann Bayer anzuvertrauen« (HKA XIII 174).

29. Januar: Joseph Görres stirbt in München.

9. Februar: Eichendorff teilt Lebrecht Dreves (1816–1870; Lyriker und Notar in Hamburg, Freund Jarckes) mit, er wolle dessen gesammelte Gedichte beurteilen (HKA XII 87 f.).

14./15. Februar: Im Norden Deutschlands treffen die Nachrichten von den Unruhen in München (im Zusammenhang der Lola-Montez-Affäre) ein (Devrient 416 f.).

15. Februar: Dreves sendet das Manuskript seiner Gedichte an Eichendorff und teilt am *19. Februar* einem Jugendfreund mit, Eichendorff sei »eben im Begriff, sie als beeidigter Taxator zu taxieren« (HKA XII 290).

22. Februar: Revolution in Frankreich.

24. Februar: König Louis Philippe flieht nach England. Er wird zur Abdankung gezwungen, in Frankreich die Republik ausgerufen.

27. Februar: Theodor von Schön schreibt Ignaz von Olfers, daß Eichendorff Peter von Cornelius und seine Schüler für die Ausführung der Hochmeisterbildnisse in der Marienburg gewonnen habe (HKA XIII 283 f.).

10. März: Eichendorff feiert in Berlin seinen 60. Geburtstag.

13. März: Revolution in Wien, der Petitionen, Entschließungen und Kundgebungen u. a. des juridisch-politischen Lesevereins *(6. März)* und der Studenten *(12. März)* vorausgegangen sind. Metternich wird gestürzt und flieht nach England.

14. März: Beginn der Revolution in Berlin.

18. März: Straßen- und Barrikadenkämpfe in Berlin, wo die königstreue Armee gegen die revolutionäre bürgerliche Bewegung antritt. »Der Straßen- und Barrikadenkampf setzte sich gerade in dem von Eichendorff bewohnten Stadtteil mit besonderer Heftigkeit fest, so daß der Dichter mit seiner und des Schwiegersohns Familie während der Nacht zur Sicherung des Lebens wiederholt den Aufenthalt wechseln und in fremden Häusern Zuflucht nehmen mußte.« (Biographie 181)

19. März: Friedrich Wilhelm IV. erläßt die Proklamation »An meine lieben Berliner«; er wird gezwungen, sich vor den Leichen der gefallenen Revolutionäre im Schloßhof zu Berlin zu verneigen.

20. März: Eduard Devrient notiert über das Berliner Gemetzel: »Menschen, die sich nicht hassen, Landes- und Stadtgenossen würgen einander auf Kommando. Greuel über Greuel! Dürfen in deiner Schöpfung Könige so hausen!« (Devrient 424) – König Ludwig I. von Bayern dankt ab und übergibt die Regierung seinem Sohn Maximilian.

21. März: Friedrich Wilhelm IV. versucht, sich an die Spitze einer deutschen Revolution zu setzen. Mit Prinzen, Ministern und Generälen reitet er, angetan mit schwarz-rot-goldener Schärpe, durch Berlin und erläßt den Aufruf »An mein Volk und an die deutsche Nation«.

28. März: Eichendorff sendet (aus Berlin) Dreves das Manuskript seiner Gedichte, »eine wahre Bereicherung unserer poesielosen Zeit«, zurück (HKA XII 89).

29. März: In Preußen wird das liberale Ministerium Camphausen gebildet, die Nationalversammlung gewählt.

1. April: Eichendorff lehnt einen Beitrag zu Karl Herloßsohns Taschenbuch ›Vergißmeinnicht‹ ab (Aurora 1953 36).

6. Mai: Dreves bedankt sich bei Eichendorff und kündigt einen Besuch in Berlin an.

17. Mai: Vor der sich radikalisierenden Revolution flieht der österreichische Kaiser aus Wien nach Innsbruck.

18. Mai: In Frankfurt tritt die Deutsche Nationalversammlung zusammen.

22. Mai: In Berlin tritt die Preußische Nationalversammlung zusammen.

25. Mai: Aus Dresden, wohin sich die Familie Eichendorff »vor der Berliner Wirtschaft einstweilen geflüchtet«, schreibt Eichendorff an Dreves. Er bittet um dessen Besuch in Dresden und berichtet von einem Lebenszeichen Jarckes *Ende März* (HKA XII 89 f.).

26. Mai: Wilhelm von Eichendorff, der allzu nachgiebige Kreishauptmann von Trient, wird seines Amtes enthoben und nach Innsbruck »als Gubernialrat zur Tiroler Landesstelle« strafversetzt (Aurora 1966 15).

23. Juni: Aufstand des Pariser Proletariats, der am *25. Juni* niedergeschlagen wird.

30. Juni: Die deutschen Zeitungen berichten »über das viertägige Blutbad in Paris« (Devrient 440).

3. Juli: Wilhelm von Eichendorff wird Leiter des Innsbrukker Präsidialbüros des Landesgouverneurs.

16. Juli: Theodor von Schön erwartet einen Besuch Eichendorffs in Berlin.

22. Juli: In Wien wird die österreichische Nationalversammlung eröffnet.

11. August: Wilhelm von Eichendorff reist mit seiner Frau nach München.

24. September: Lebrecht Dreves kündigt Eichendorff seinen Besuch in Dresden an; er flieht aus Hamburg vor der Cholera (HKA XII 91) und kehrt erst *Mitte November* wieder nach Hamburg zurück.

28. September: Ungarischer Aufstand gegen die Habsburger Monarchie.

6. Oktober: Zweite Revolutionswelle in Wien.

Mitte Oktober: Eichendorff schreibt ein Vorwort zu den Gedichten von Dreves (W III 168 ff.). Die ›Gedichte von Lebrecht Dreves. Herausgegeben von Joseph Freiherrn von Eichendorff‹ erscheinen im *Juli 1849* bei Alexander Duncker in Berlin.

21. Oktober: Schwere Erkrankung von Eichendorffs Gattin.

26. Oktober: Eichendorff kondoliert seinem Sohn Rudolf zum Tod von dessen Frau Friederike (Kalender 1913 39 f.).

31. Oktober: Windischgrätz erobert Wien. Der Aufstand der von radikaler Intelligenz geführten proletarischen Massen wird blutig niedergeschlagen (vgl. Schieder 127).

9. November: In Wien wird mit der Erschießung Robert Blums, des Abgeordneten der Deutschen Nationalversammlung, die neu gewonnene Macht des monarchischen Österreich demonstriert.

10. November: Berlin wird von preußischen Truppen besetzt, der Belagerungszustand verhängt.

20. November: Eichendorff freut sich auf einen Weihnachtsbesuch seines Sohnes Rudolf, der als Leutnant im 5. Infantrie-Regiment zur Bekämpfung der Revolution (bis *1851*) in Liegnitz stationiert ist.

22. November: Eichendorff berichtet seinem Sohn Hermann, der seit kurzem Regierungsassessor in Potsdam ist, von den Ereignissen in Dresden. Über den Dresdener Trauerzug für Blum (am *18. November*) berichtet auch Devrient (456). – Am gleichen Tag meldet Dreves aus Hamburg seine glückliche Rückkehr.

2. Dezember: Franz Joseph I. wird an Stelle seines schwachsinnigen Bruders Ferdinand I. Kaiser von Österreich.

5. Dezember: Die Preußische Nationalversammlung wird aufgelöst, vom König eine Verfassung oktroyiert.

10. Dezember: Louis Napoléon wird zum Präsidenten der Republik Frankreich gewählt.

Eichendorffs Stellung zur Revolution von *1848* ist nicht völlig geklärt. Es ist deutlich, daß er die bürgerliche Freiheitsbewegung gegen das Gespenst des Absolutismus und der mechanistischen Administration begrüßt, die Radikalisierung der Revolution aber abgelehnt hat: »Das Pöbelregiment ist dumm, das Säbelregiment noch dümmer ...«, schreibt er am *25. Januar 1849* an Schön. Seine Gedichte über die Ereignisse des Jahres *1848* wurden erst von seinem Sohn Hermann, zum Teil entstellt, veröffentlicht. Sie sind zusammengestellt in: Aurora 1956 42ff.; Kommentar I 98ff. Auch der Entwurf eines »allegorisch-dramatischen Spieles in Versen (wie die Autos)« (GA I 955f.) wird auf *1848/49* datiert. – Wie sehr die Person Eichendorffs hinter seinem Werk schon zu dieser Zeit zurücktritt, belegen die Erinnerungen Hyazinth Hollands: »In der Münchener Liedertafel entfachten [um 1848] Mendelssohns einschmeichelnde Chöre ... Stürme von Begeisterung, wahre Volkslieder, die auf den Flügeln des Gesanges von Mund zu Mund, von Herz zu Herz gingen. Von dem Dichter dieser wundersamen Weisen Eichendorff wußte jedoch in München kein Mensch etwas.« (Kalender 1923 35)

Es sterben Annette von Droste-Hülshoff, François René Chateaubriand. – In der von Karl Marx herausgegebenen ›Neuen Rheinischen Zeitung‹ erscheint Georg Weerths Roman ›Leben und Taten des berühmten Ritters Schnapphahnski‹. Das von Karl Marx und Friedrich Engels im Auftrag des ›Bundes der Kommunisten‹ im Winter 1847/48 *ausgearbeitete ›Manifest der Kommunistischen Partei‹ erscheint in London im* Februar 1848.

1849

7. Januar: Wilhelm von Eichendorff stirbt in Innsbruck.

19. Januar: Wilhelm von Eichendorffs Testament wird beim Stadt- und Landgericht in Innsbruck hinterlegt. (Zum Inhalt des Testaments vgl. Aurora 1966 15 ff.) Seine Frau findet in seinem Nachlaß: »ein Gedicht ›Abschied von Joseph‹, mehrere unvollendete Dichtungen, teils heiteren teils schwermütigen Inhalts, und ein mir gewidmetes Gedicht aus dem Jahre *1848*, da er schon seinen Tod ahnte«.

25. Januar: Eichendorff antwortet auf einen Brief Schöns vom *15. Januar,* daß er den Winter über mit Frau und Enkelkindern noch in Dresden bleiben werde: »Berlin war ... niemals mein Eldorado, am wenigsten jetzt in der hochseligen Wirtschaft des Belagerungszustandes, wo aller alter Sauerteig sich wieder aufbläht.« (HKA XII 96 f.)

28. Februar: Eichendorff will an § 4 seines Verlagsvertrages mit Markus Simion, der bestimmt, daß bis zum *1. April 1842* eine Separatausgabe des ›Taugenichts‹ in einer Auflage von 4000 Exemplaren gedruckt werden kann, nicht festhalten und zugestehen, daß die vereinbarten 4000 Exemplare auf mehrere Auflagen verteilt werden, wenn Simion seinerseits bei wissenschaftlichen Werken des Dichters von seinem Vorkaufsrecht keinen Gebrauch macht.

4. März: In Österreich wird eine Verfassung oktroyiert.

7. März: Eichendorff berichtet Dreves, daß seine satirische Erzählung ›Libertas und ihre Freier‹ »ungefähr über die Hälfte fertig [ist]. Das dafür projektierte Drama hat sich mir aber unter den Händen unversehens in ein Märchen in Prosa verwandelt, zu klein um selbständig zu erscheinen, und etwa für die Brockhaussche Urania passend.« (HKA XII 98)

28. März: Die Deutsche Nationalversammlung wählt Friedrich Wilhelm IV. zum Reichsoberhaupt.

3. April: Der preußische König lehnt die ihm angetragene Kaiserwürde vorläufig, am *28. April* endgültig ab; zugleich verwirft Preußen die deutsche Reichsverfassung.

3. Mai: Republikanischer Aufstand in Dresden. Barrikaden werden gebaut, das Zeughaus wird erstürmt.

4. Mai: Der König von Sachsen und seine Minister fliehen.

5. Mai: Preußische Truppen werden zur Niederwerfung des sächsischen Aufstandes aufgeboten. Die Eichendorffs fliehen »auf einen Weinberg bei Meißen ..., von dessen sehr hochgelegener Villa wir den Kanonendonner deutlich hören konnten und bei Tag und Nacht die Feuer in Dresden aufgehen sahen ...« (HKA XII 99). Da auch dieser Platz durch die Kampfhandlungen unsicher wird, fliehen sie weiter nach Cöthen in das Haus des Majors von Holly-PonienczIecz (1801–1883), eines Verwandten von Eichendorffs Gattin.

8. Mai: Der Dresdener Aufstand wird von preußischen Truppen niedergeschlagen. Eduard Devrient notiert: »Das Unglück hatte eine fast elegante Promenade veranlaßt. Bahren mit Verwundeten zogen hindurch, halbgebrochene Augen schweiften an der Menge hin. Ich vernahm keinen Laut des Bedauerns, kaum sah man mitleidige Blicke, jeder bewachte seine Mienen ... Das ist das Quälende, sagte Therese, daß wir glücklich sein müssen, diese Greuel beendet zu sehen, glücklich, uns dem Soldaten- und Fürstenregiment wieder beugen zu können. Was aber für die menschliche Seele erniedrigender ist, unter brutaler Roheit zu leiden oder vor geregeltem Despotismus sich zu demütigen, das steht dahin.« (Devrient 485)

13. Mai: Simion geht auf Eichendorffs Vorschlag vom *28. Februar* ein. Nachdem die mit der Jahreszahl *1842* erschienene Miniaturausgabe des ›Taugenichts‹ in 2000 Exemplaren aufgelegt worden ist, will er nun *1850* eine honorarfreie, neue Miniaturausgabe in 1000 Exemplaren veranstalten, dafür auf sein Optionsrecht bei wissenschaftlichen Werken verzichten.

26. Mai: Das Dreikönigsbündnis zwischen Preußen, Sachsen und Hannover soll eine deutsche Union vorbereiten.

30. Mai: Das unter den Einfluß der Radikalen geratene Frankfurter »Rumpfparlament« wird nach Stuttgart verlegt und dort nach kurzer Zeit von württembergischen Truppen auseinandergejagt.

31. Mai: Die Familie Eichendorff kehrt von Cöthen nach Dresden zurück. Therese Besserer von Dahlfingen reist mit ihrem Bruder Hermann für einige Wochen nach Berlin zu ihrem Mann.

1. Juni: Eichendorff berichtet Dreves (und am folgenden Tag fast mit den gleichen Worten Schön) über sein »Geschick in den Dresdner Wirren« (HKA XII 101). – Er bestätigt die Abmachung mit Simion (s. *28. 2.* und *13. 5.*) und stimmt der honorarfreien neuen Miniaturausgabe des ›Taugenichts‹ zu. Diese erscheint mit der Jahreszahl *1850* (als 3. Auflage) vermutlich noch *Ende 1849.* Die letzte aus diesen Vertragsverhandlungen resultierende Ausgabe des ›Taugenichts‹ in Höhe von 1000 Exemplaren erscheint in Leipzig bei Voigt und Günther, dem Nachfolgeverlag von Simion. Druckbeginn am *17. Januar 1856* (HKA XIII 212).

19. Juni: »Die Zeitungen melden den Beginn des Bürgerkrieges im Süden.« (Devrient 493)

1. August: In einem Brief an seine Schwägerin, den er einem Brief an den Sedlnitzer Verwalter Bayer beifügt, lehnt Eichendorff »jede Zahlung aus den Sedlnitzer Renten nach Innsbruck entschieden ab« (HKA XII 103). – Am gleichen Tag bedankt er sich bei Dreves für die Zusendung von dessen Gedichten: »Ein paar Autos von Calderon sind wieder übersetzt; auch Frau Libertas ist längst fix und fertig, aber einstweilen ad acta gelegt, da sie wohl mit der gegenwärtigen Zeit zu sehr kollidiert, um sich in ihr zu produzieren.« (HKA XII 104) Das satirische Märchen ›Libertas und ihre Freier‹ erscheint, erheblich entschärft, erst postum in den von Hermann von Eichendorff herausgegebenen ›Sämtlichen Werken‹ *1864* (vgl. Aurora 1956 41; Kommentar I 163 ff.). – Ebenfalls am *1. August* schreibt Eichendorff an Theodor von Schön: »Wahrlich, wenn ich jünger und reicher wäre, als ich leider bin, ich wanderte heut nach Amerika aus; nicht aus Feigheit ... sondern aus unüberwindlichem Ekel an der moralischen Fäulnis, die – mit Shakespeare zu reden – zum Himmel stinkt.« (HKA XII 106) – In Berlin wütet die Cholera.

13. August: Der ungarische Aufstand gegen Österreich ist mit Hilfe Rußlands niedergeschlagen.

Ende September: Die Familien Eichendorff und Besserer von Dahlfingen ziehen von Dresden zurück in die Berliner Winterquartiere (das Kadettenhaus).

6. November: Mit Jarcke ist wieder eine lose Briefverbindung hergestellt. Für Dreves' Gedichte findet Eichendorff keinen Rezensenten, da er mit Adolf Schöll (jetzt in Weimar) »total auseinandergekommen« ist (HKA XII 104), er »diese zarten Blüten« auch den »groben und zuweilen schmutzigen Händen« von Willibald Alexis, Ludwig Rellstab (1799–1860) u. a. »um keinen Preis anvertrauen möchte« (HKA XII 108). – Am gleichen Tag soll Eichendorff Schön mitgeteilt haben, daß er sich dauernd in Berlin niederlassen werde (Biographie 188). Er baut sich dort in den folgenden Jahren einen neuen Freundeskreis auf, dem u. a. Friedrich Karl und Gunda von Savigny angehören; sowie Savignys Schwägerinnen Bettine von Arnim und Lulu Freifrau von des Bordes (geb. Brentano; 1787–1859); der Maler Peter von Cornelius und sein bei ihm wohnender Neffe, der Musiker und Dichter Peter Cornelius (1824–1874); der Bildhauer August Kiß (1802–1865), mit dem Eichendorff dessen Reiterstandbild Friedrich Wilhelms III. für Königsberg (1851) beraten haben soll; und August Reichensperger (1808–1895), Führer der katholischen Fraktion in der preußischen Volkskammer (vgl. Biographie 188; Niggl II 806 ff.).

26. November: Julius Eduard Hitzig stirbt in Berlin.

2. Dezember: Eichendorffs Lustspiel ›Die Freier‹ werden vom Liebhaber-Theater in der Ressource zur Einigkeit in Graudenz erstmals aufgeführt (Faksimile des Theaterzettels: Niggl II nach 800).

7. Dezember: Karl von Holtei bittet für die Autographensammlung seines Schwiegersohnes um eine Handschrift Eichendorffs und solche seiner Bekannten und Freunde. Eichendorff sendet am *9. Dezember* Autographen von sich, Görres und Otto Heinrich Grafen von Loeben.

Um *1849* oder in den fünfziger Jahren entwirft Eichendorff eine autobiographische Erzählung ›Anfang und Ende oder Wie ich ein Einsiedler ward‹, für die er seine »Libertas« umzuarbeiten plant, »das Gefährliche in ihr ins Harmlose verwandelnd, und besonders den verworrenen Schluß abändern ...« (Jb FDH 1968 337–341). – Auch in diesem Jahr entstehen noch mehrere politische Gedichte (vgl. Kommentar I 100).

August Strindberg wird geboren. In der ungarischen Revolution fällt Alexander Petöfi. Es sterben Edgar Allan Poe, Frédé-

ric Chopin, Johann Strauß (Vater). Dostojewskij wird als Verschwörer zum Tode verurteilt und zu 10 Jahren Zwangsarbeit in Sibirien begnadigt. – Friedrich Hebbels Tragödie ›Herodes und Mariamne‹ wird in Wien erstmals aufgeführt.

1850

24. Januar: An Schön berichtet Eichendorff, daß er wieder »Calderons Autos« übersetze und »Vorstudien zu einer ... Geschichte des deutschen Romans« in der Art seiner Romantik-Schrift betreibe (HKA XII 110).

29. Januar: »Die preußischen Kammern haben die königlichen Verbesserungen der [am *31. Januar* verkündeten] Verfassung gehorsamst angenommen. Nun wird's ruhiger werden, die Mieten in Berlin werden wieder steigen, ...«, notiert Eduard Devrient (515).

13. Februar: Eichendorff ist bereit, bei der Abfassung von Schöns Biographie die »vorgeschlagene Ehe« mit dem Historiker Johann Gustav Droysen (1808–1884; seit 1840 Professor in Kiel, Abgeordneter der Frankfurter Nationalversammlung, »erbkaiserlich« gesinnt) einzugehen (HKA XII 112).

22. Februar: Eichendorff schreibt Dreves, daß seine »Jungfrau Libertas ... noch immer im Pult« schmachte. »Im zweiten Band des Calderon bin ich schon ziemlich weit vorgerückt ... Auch die Studien und Rüstungen zu einer literarisch-historisch-kritischen Arbeit beschäftigen mich jetzt. Der Titel ›Der deutsche Roman in seinem Verhältnis zum Christentum‹ würde ungefähr ziemlich genau Zweck und Inhalt bezeichnen.« (HKA XII 113) – Therese Besserer von Dahlfingen erwartet im *August/September* ein neues Kind (das nicht überlebt).

28. Februar: Schön teilt Droysen mit, daß Eichendorff bereit sei, »eine biographische Ehe« mit ihm einzugehen, »so, daß nach meinem Tode Ihnen und ihm, auf den Grund eines Abkommens meine sämtlichen Papiere ausgeliefert werden könnten«. Eichendorff habe seine Persönlichkeit »am vollständigsten und klarsten ... aufgefaßt. Wir lebten Jahre lang mit einander in nahen Verhältnissen. Er sitzt in der Götter uraltestem Rate, und kennt das spezifische Preußentum wie in seiner Notwendigkeit, so auch in seiner Einseitigkeit.« (Rühl 135)

9. März: Droysen verspricht Schön, sich zu Ostern in Berlin mit Eichendorff zu besprechen, er werde ihn »gleich jetzt, in Folge Ihres Schreibens mich ihm präsentierend, brieflich« um eine Unterredung bitten (Rühl 137).

10. März: Um diese Zeit schreibt Eichendorff das Gedicht ›An meinem Geburtstage‹ (Findlinge. Zur Geschichte deutscher Sprache und Dichtung von Hoffmann von Fallersleben, Leipzig *1860*, Bd. 1, 233 f.).

März/April: Unionsreichstag in Erfurt. Der preußisch-österreichische Dualismus wird offenkundig.

19. April: Eichendorff hat die ihm von Schön zugesandten Papiere aus dessen Leben durchgesehen. An Schön schreibt er über die preußische Reformzeit: »Welcher Abstand zwischen jener Zeit, wo man klar wußte, was man wollte, und der heutigen, wo das keiner recht zu wissen scheint, und wo man die deutsche Einheit frischweg mit der deutschen Entzweitheit anfängt!« (HKA XII 115)

3. Mai: Jahrestag des Dresdener Aufstandes. Eduard Devrient notiert: »Mir ist, als wären zehn Jahre seitdem vergangen. Verschollen und verweht die Begeisterung des Revolutionsjahres, alle Hoffnungen zerstoben. Aber welcher Grimm brütet im stillen fort.« (Devrient 526)

11. Mai: Besuch Droysens bei Eichendorff, über den dieser am *12. Mai* an Schön berichtet.

28. Mai: Eichendorff hat den von Dreves empfohlenen Maler Friedrich Wasmann kennengelernt, der über diese Begegnung am *20. Juni* an Dreves berichtet: »Ich hatt' ihn mir ganz anders vorgestellt und fand einen schlichten, gemütlichen Mann, der lieber mich reden ließ als selber viel sprach.« (Kalender 1914 72) An Dreves schreibt Eichendorff, das Erscheinen des »noch sehr zukünftigen Opus über den Roman« sei wegen der Calderon-Übersetzungen nicht abzusehen (HKA XII 118).

1. Juni: In einem Brief, dessen Hauptteil schon am *30. April* entworfen wurde, schüttet Schön Eichendorff, in einer Analyse der Vorgänge seit *1848*, sein Herz aus: »Summa Summarum: Tiefe Unwissenheit, und tiefe Unkultur, und Täuschung und Betrug, waren die Basis der Erfurter Verhandlungen.« (HKA XIII 188)

9. Juni: Eichendorff rühmt Droysen als einen Mann, »der von Servilismus auf keine Weise infiziert ist« (HKA XII 119).

15. Juni: Louis Besserer von Dahlfingen, seit *1848* Mitglied der Ober-Militär-Examinations-Kommission, wird zum Hauptmann und Kompanie-Chef befördert.

18. Juni: Schön ist wegen Droysens Qualifikation bedenklich geworden und bittet erneut um Eichendorffs Urteil. Eichendorff kann sich für seinen flüchtigen Eindruck nicht verbürgen und bittet Schön, am *8. Juli,* Droysens weitere wissenschaftliche Tätigkeit abzuwarten.

27. Juli: Im ›Berliner Wochenblatt‹ erscheint ein Rätsel, dessen Auflösung den Namen »Eichendorff« ergibt (Niggl II 812).

Anfang August: Justinus Kerner gibt dem Schriftsteller Richard Georg Hauenschild (1825–1855; unter dem Pseudonym Max Waldau bekannt geworden) einen Brief an Eichendorff mit, der diesen aber nie erreicht: »H. v. Hauenschild, mein Freund, soll die Güte haben, Ihnen zu sagen, wie es mir geht u. wie herzlich ich Sie liebe. Könnt' ich Sie doch endlich einmal hier umarmen. Ich bin alt u. blind geworden. ... *»In einem kühlen Grunde«* da war ich noch jung, als Sie mir dieses herrliche Lied sandten, ewig blieb es mir im Herzen.« (Wächter 1922 78)

3. Oktober: Franz Kugler bittet Eichendorff um zwei Autographen. Eines für seine Schwester und eines für Eichendorffs Patenkind, Kuglers Tochter Margarete, »die jetzt ein großes Frauenzimmer von 16¼ Jahren ist« (*1854* in Berlin den Schriftsteller Paul Heyse heiratet, *1862* stirbt).

2./3. November: Kriegsgefahr zwischen Preußen, Bayern, Sachsen, Österreich und anderen deutschen Staaten.

16. November: Louis Besserer von Dahlfingen wird dem 15. Infanterieregiment zugeordnet.

30. November: Die zwischen Preußen und Österreich abgeschlossene Olmützer Punktation beseitigt die unmittelbare Kriegsgefahr in Deutschland. Die deutsche Politik tritt »in das Zeichen des offenen politischen und militärischen Dualismus. Dies ist der eigentliche Ertrag der Revolution und Gegenrevolution für die deutsche Frage gewesen« (Schieder 136).

14. Dezember: Der Schweizer Idylliker August Corrodi (1826–1885) bittet, in einem für das dilettantische Mißverständnis Eichendorffs im 19. Jahrhundert charakteristischen Brief, um ein Urteil über seine Gedichte: »O daß mir vergönnt wäre, diesen bescheidenen Wiesenblumenkranz in Ihre weißen

Locken zu legen, daß auf dieses Büchleins Stirn Ihre Hand den Talisman schriebe, der ihm die Bahn eröffnete ins laute, geschäftige Leben!« (Wächter 1931 120)

21. Dezember: Louis Besserer von Dahlfingen wird »in das 12. Inf.-Reg. einrangiert« (Aurora 1941 47).

In die Zeit *um 1850* wird eine große Zahl von Entwürfen Eichendorffs zu Erzählungen und Versepen datiert. So z. B. das ausgeführte ›Vorwort‹ zu der autobiographischen Erzählung ›Anfang und Ende‹ (vgl. zu *1849*); die Entwürfe zu einer ›Novelle in Versen, aus dem 30jährigen Kriege‹ (Jb FDH 1968 342–345); der sogenannte ›Richard-Entwurf‹ (vgl. Kommentar I 208); der Entwurf einer humoristischen Raubritter-Erzählung (Jb FDH 1968 346); die Skizze eines Textes über den »heldenmütigen Kampf und Tod des ritterlichen heil. Sebastian« (Jb FDH 1968 346–349, Vorentwurf zum Versepos ›Lucius‹; vgl. Kommentar I 208 f.); das ungedruckte Fragment eines epischen Gedichtes über Juan di Dios (Kommentar I 219); Entwürfe zu dem sogenannten ›Bilderbuch aus meiner Jugend‹ (GA II 1079 ff.; vgl. Kommentar II 126 f.).

Es sterben Balzac, Lenau, Gustav Schwab, Johann Gottfried Schadow. – Die Publikation von Karl Gutzkows Fortsetzungsroman ›Die Ritter vom Geiste‹ beginnt. Theodor Storms Novelle ›Immensee‹ erscheint. Richard Wagners Oper ›Lohengrin‹ wird erstmals aufgeführt.

1851

Mitte/Ende Januar: Eichendorff ist »unter den 60 000 Berlinern«, die an einer cholera-artigen Grippe leiden (HKA XII 121).

7. Februar: Eichendorff sendet ihm überlassene Papiere Schöns mit seiner Beurteilung wieder zurück. Gegenüber Schöns Verstandesbetontheit erklärt er, »daß zu einem kräftigen und gesunden Staatsleben beide Elemente: Intelligenz oder Idee *und* Gefühl gleich unentbehrlich sind ... So würde ohne Zweifel z. B. im Jahre 1813 ohne das allgemeine Volksgefühl die Kugel doch wohl im Laufe stecken geblieben sein.« (HKA XII 122)

8. Februar: Durch Dreves hat Eichendorff Nachrichten von Justinus Kerner bekommen. – Bei den Neuausgaben seiner Gedichte und des ›Taugenichts‹ (beide mit der Jahreszahl *1850* erschienen) hat er die »buchhändlerische Niedertracht« kennengelernt: »Es ist ja jetzt die Zeit der Assoziationen, wäre es denn nicht irgend möglich, daß ein Schriftstellerverein in Deutschland endlich einmal gegen diese ›Blutsauger‹ ernstlich Front machte?« (HKA XII 124) – Den ihm schon von Jarcke *1847* empfohlenen Schriftsteller Wilhelm Meinhold (1797–1851), der *1850* wegen einer Neigung zum Katholizismus sein Pfarramt aufgegeben hat, kennt er nicht persönlich, die *1850* vollzogene Konversion von Ida Gräfin Hahn-Hahn (1805 bis 1880) hat er mit Verwunderung zur Kenntnis genommen: »Ich hatte ihr diese Tiefe nicht zugetraut.« (HKA XII 124)

9. Februar: Eichendorff rät August Corrodi, noch mehr in Almanachen und Journalen zu publizieren, ehe er die gesammelten Gedichte erscheinen lasse (Wächter 1931 121).

8. März: Besserer kehrt zum Kadettenkorps zurück.

17. März: Otto von Bismarck, der am Anfang seiner politischen Karriere steht (er wird im *Mai* Legationssekretär der preußischen Gesandtschaft beim Deutschen Bund, im *August* preußischer Gesandter beim Deutschen Bund) entdeckt die Dichtung Eichendorffs. An seine Frau schreibt er: »Eichendorff habe ich schon; weißt Du, daß der Mann noch lebt? wohnt hier im Kadetten-Korps bei seinem Schwiegersohn, der dort Lehrer oder Offizier ist. Laß es Deiner Begeisterung keinen Eintrag tun, daß er – Geheimer Regierungsrat ist.« (Kalender 1912 62)

24. März: Hermann von Eichendorff wird als Hilfsarbeiter zur Regierung in Aachen versetzt (*1859* Regierungsrat, *1882* Geheimer Regierungsrat).

2. April: Eichendorff bietet dem Verleger A. G. Liebeskind in Leipzig, der schon seine Romantikschrift verlegt hat, ein »so eben vollendetes, neues Werk« zum Verlag an: »Titel dieser neuen Schrift ist ›Der deutsche Roman des achtzehnten Jahrhunderts, in seinem Verhältnis zum Christentum‹. Sie gibt jedoch zum Schluß noch über das 18te Jahrhundert hinaus einen kritischen Überblick der jüngsten Poesie …« (Wächter 1931 117)

12. April: Liebeskind fordert das Manuskript zur Prüfung an, das ihm Eichendorff am *17. April* druckfertig zusendet. Ein

Freiexemplar bittet er, nach Erscheinen des Buches, an Wolfgang Menzel zu senden (Aurora 1938 14). Die Verhandlungen mit Liebeskind haben sich dann offensichtlich zerschlagen. Das Buch erscheint zur *Herbstmesse 1851* (mit Vorausexemplaren vermutlich schon im August) beim Verlag F. A. Brockhaus in Leipzig. Es wird häufig rezensiert, u. a. von Willibald Alexis, Wolfgang Menzel, Julian Schmidt (vgl. Niggl II 829 ff.).

25. April: In einem Brief an seinen Schwiegersohn Kurt von Bardeleben meint Theodor von Schön, er sei mit dem Plan, Droysen und Eichendorff zu seinen Biographen zu bestimmen, zufrieden. Bei Droysen finde nicht nur jede Idee Anklang, sie komme auch bei ihm selbst zum Durchbruch: »Und das ist, wie meine Freundschaft mit Eichendorff zeugt, für mich genug.« (HKA XIII 285)

April/Mai – 15. September: Aufenthalt der Familie Eichendorff in Sedlnitz. Eichendorff übersetzt Calderon. – Während der Ferienzeit *(August)* kommt sein Schwiegersohn Besserer auf Besuch.

8. Juni: Eichendorff beendet die Korrekturen an seinem Buch über den ›Deutschen Roman‹ (AK).

3. August: In Königsberg wird, in Anwesenheit Friedrich Wilhelms IV., das Reiterstandbild Friedrich Wilhelms III. enthüllt (vgl. zum *6. 11. 1849*).

15. August: Schön bittet Droysen, doch wieder Eichendorff zu besuchen: »Sagen Sie ihm, der König habe bei der Enthüllungs-Szene des Stand-Bildes mich als den Volks-Tribunen betrachtet, und alle guten Worte, und Herzens-Ergießungen über das schöne Fest öffentlich an mich gerichtet.« (Rühl 203)

15. September: Abreise der Familie Eichendorff von Sedlnitz nach Berlin über Ratibor und Breslau. Auf dem Bahnhof in Ratibor Wiedersehen mit Carl Albert Schaeffer (seit 1819 Zeichenlehrer am evangelischen Gymnasium in Ratibor).

16. September: Ankunft in Berlin. Dem Sedlnitzer Verwalter Bayer und seiner ältesten Tochter zeigen die Eichendorffs in den folgenden acht Tagen Berlin.

19. September: Der Verleger Heinrich Brockhaus teilt Eichendorff das Erscheinen seines Buches ›Der deutsche Roman des achtzehnten Jahrhunderts in seinem Verhältnis zum Christentum‹ mit.

6. Oktober: Eichendorff bittet Brockhaus, ein Freiexemplar seines Roman-Buches an Jarcke zu senden, dessen Wohnort der Verleger wohl leichter ermitteln könne als er selbst (Sammlung Matheson. ... Eine Ausstellung des Goethe-Museums Düsseldorf. 23.10.–21.11.1976, Nr. 125).

17. Oktober: Eichendorff berichtet seinem Sohn Hermann über die Ereignisse seit seinem letzten Brief im *August* (aus Sedlnitz): »Ein neuer Band von Calderons Autos ist auch bald wieder fertig, ob aber Cotta einen zweiten Band wird übernehmen wollen, ist sehr zweifelhaft.« (HKA XII 127)

4. November: Aus Anlaß von Eichendorffs neuestem, »heillos schönem Buche« charakterisiert Schön gegenüber Droysen Eichendorffs Katholizismus, der »ganz verschieden von dem der katholischen Geistlichkeit und der Welt« sei: »... Er lebt in einem idealisierten Katholizismus und diesen kann man bei ihm, bei einer durchaus edlen Natur wohl gelten lassen. Er hätte nur seinen Katholizismus im Buche näher bezeichnen sollen.« (Rühl 205)

7. November: Zu seinem Romanbuch, bei dessen Lektüre ihm gewesen sei, »als wenn Sie in meiner Stube wären und ich mit meinem verehrten Freunde, disputierend auf und nieder ginge« (HKA XIII 191), stellt Schön an Eichendorff sechs Fragen eines Kantianers über »die welthistorischen Unterschiede zwischen Naturreligion und Christentum, zwischen Vernunft und Offenbarung« (Eichendorff an Schön), die Eichendorff am *19. November* seinem »innersten Wesen nach ... entschieden mit: Nein« beantwortet (HKA XII 129).

18. November: Schön plant für das *Frühjahr 1852* eine Zusammenkunft mit seinem Schwiegersohn, Flottwell und Eichendorff bei Magnus von Brünneck in Trebnitz (HKA XIII 285).

Weihnachten: Hermann von Eichendorff besucht seine Eltern in Berlin.

Heinrich Heines Gedichtssammlung ›Romanzero‹ erringt einen großen Publikumserfolg. Das Buch wird in Österreich von der Zensur unterdrückt. Schlüter ediert ›Das geistliche Jahr‹ der Annette von Droste-Hülshoff. – Mit einem Staatsstreich gelingt Louis Napoléon seine Wahl zum Präsidenten der französischen Republik für 10 Jahre.

1852

4. Januar: Schön bittet Brünneck, Eichendorff den Tod seiner Tochter Malvina melden zu lassen.

Mitte Januar: Eichendorff ist erkrankt.

24. Januar: Peter von Cornelius schreibt das Gedicht ›An Eichendorff‹ (Kalender 1914 81; Niggl II 920).

17. März: Beginn der Freundschaft zwischen Eichendorffs Schwester Louise und Adalbert Stifter.

2. April: Die Sedlnitzer Reisepläne werden aufgeschoben, eine Sommerwohnung in Berlin für *Ende Mai* wird gemietet.

3. Mai: Helene Besserer von Dahlfingen (das vierte Enkelkind Eichendorffs) wird in Berlin geboren.

8. Mai: Schön bittet Eichendorff, sich nach der Genehmigung der Pläne für die neuen Bauten in Marienburg zu erkundigen. Er sieht den König, den er stets verteidigt hatte, nun in den Händen der Reaktionäre. Eichendorff antwortet am

18. Mai: »Was Ew: Exzellenz über den König sagen, ist recht wie aus meiner Seele geschrieben, so ganz teile auch ich diese Wehmut um das schöne zerstörte Bild.« (HKA XII 135)

20. Mai: Eichendorff bedankt sich bei Emanuel Geibel für das ihm von den beiden Übersetzern handschriftlich gewidmete ›Spanische Liederbuch von Emanuel Geibel und Paul Heyse‹ (Berlin *1852*) (Aurora 1938 15).

3. Juni: August Reichensperger bemüht sich um den Druck des zweiten Bandes von Eichendorffs Calderon-Übersetzung. Eichendorff schreibt ihm am

15. Juni, daß Cotta bereit sei, den Verlag zu übernehmen, »wenn der Borromäus-Verein sich gegen ihn schriftlich verbindlich macht, vom 1. und 2. Bande gegen gleich bare Bezahlung 400 Exemplare mit einem Rabatt von 50 Prozent vom Ladenpreis übernehmen zu wollen« (HKA XII 136). Der Borromäus-Verein ist auf dieses Angebot offensichtlich eingegangen, denn *1853* erscheint bei Cotta Band 2 der ›Geistlichen Schauspiele von Don Pedro Calderon de la Barca. Übersetzt von Joseph Freiherrn von Eichendorff‹.

8. Juli: Eichendorff schließt mit der J. G. Cotta'schen Buchhandlung einen Vertrag über den zweiten Band seiner Calderon-Übersetzung. Die Vereinbarung wegen des Borromäus-Vereins ist in diesen Vertrag nicht aufgenommen (HKA XIII 309 f.).

Juli/August: In den ›Grenzboten‹ beschreibt Julian Schmidt Eichendorff als Vertreter der deutschen Restaurationsliteratur (Niggl II 921 ff.).

1. August: Nikolaus Heinrich Julius sendet Eichendorff seine Übersetzung von George Ticknors ›Geschichte der schönen Literatur in Spanien‹, die er mit Anmerkungen versehen hat (die Eichendorff betreffenden Anmerkungen bei Niggl II 919 f.). Er macht Eichendorff auf Agustin Duráns ›Romancero generál‹ (Madrid 1832, 2. Aufl. 1852) aufmerksam, den dieser jedoch schon besitzt und als Quellenschrift für sein Buch ›Zur Geschichte des Dramas‹ verwendet (vgl. Aurora 1938 15 f.; HKA VIII, 2 514).

15. August: Auf Schöns Wunsch gibt ihm Eichendorff eine Beschreibung seiner selbst: »Ich habe Muße genug, zu meinen Lieblings- und, wie ich mir einbilde, eigentlichen *Berufs*beschäftigungen, bin eigentlich gesünder als in meinen mittleren Jahren, und lebe in willkommener Zurückgezogenheit im Kreise meiner Familie ...« (HKA XII 137) Der Hinweis auf »eine selbständige kleinere *poetische* Arbeit«, mit der Eichendorff versuchen will, ob er »auf dem Pegasus noch einigermaßen sattelfest« ist (im gleichen Brief), bezieht sich vermutlich auf das Versepos ›Julian‹, das schon zur *Ostermesse 1853* erscheint.

16. September: Eichendorff bedankt sich bei Julius und übersendet ihm den ersten Band seiner Calderon-Übersetzung (Aurora 1938 15 f.). – Die Familie Eichendorff ist aus ihrer Sommerwohnung wieder in das Winterquartier im Kadettenhaus gezogen.

9. November: Schön teilt Eichendorff mit, daß er Droysen den Auftrag, seine Biographie zu schreiben, entzogen habe. Anscheinend zweifelt er an Droysens Willen, die ihm überlassenen Dokumente im Sinne Schöns zu verarbeiten. Eichendorff schlägt als Ersatz am

16. November Karl Rosenkranz in Königsberg vor (HKA XII 139).

7. Dezember: Eichendorff lädt den Schriftsteller und Weltreisenden Jegór von Sivers (1823–1879) für den Abend des *8. Dezember* zu einem Besuch ein (HKA XII 306). Sivers' ›Gedichte‹ sind *1847* erschienen; seine »Dichtungen« ›Palmen und Birken‹ *1852*, sie werden *1853* ein zweites Mal aufgelegt.

25. Dezember – Mitte Januar: Eichendorff ist krank.

28. Dezember: Karl Ernst Jarcke stirbt in Wien.

1852 soll das Versepos ›Julian‹ schon »in der Handschrift vollendet« worden sein (Biographie 197; zu den von Eichendorff dazu benutzten Quellen vgl. ebd. 201 f. und Kommentar I 105); ob Eichendorff schon *1852* Vorstudien für seine Schrift ›Zur Geschichte des Dramas‹ gemacht hat (vgl. HKA VIII,2 514 f.; W III 979), ist aus den erhaltenen Quellen nicht zu belegen.

Nikolai Gogol stirbt. – Theodor Storms ›Gedichte‹ erscheinen. Friedrich Hebbels Tragödie ›Agnes Bernauer‹ und Gustav Freytags Lustspiel ›Die Journalisten‹ werden erstmals aufgeführt. Willibald Alexis' Roman ›Ruhe ist die erste Bürgerpflicht‹ erscheint. – Felix Fürst von Schwarzenberg stirbt. Louis Napoléon läßt sich zum Kaiser der Franzosen erklären.

1853

15. Januar: Da Eichendorff auf eine weihnachtliche Marzipansendung von Schön (vom *18. Dezember 1851*), wegen seiner Krankheit nicht antwortet, drängt Schön Magnus von Brünneck in Briefen vom *15., 17. und 23. Januar*, sich nach ihm zu erkundigen: »Berlinische Verwilderung kann bei ihm nicht stattfinden. Er muß entweder krank oder tot sein.« (HKA XIII 286)

20. Januar: Eichendorff hat auf Schöns Bitte das Urteil von August Meinecke (dem Direktor des Joachimsthalschen Gymnasiums) über George Grotes ›History of Greece‹ (London 1846–1850) eingeholt. Er kündigt einen »Zyklus von Romanzen: ›Julian‹ betitelt, [an], die zusammen ein winziges Miniaturbändchen ausmachen werden ... In dem Gedicht ist der bekannte Kaiser Julianus Apostata gemeint.« (HKA XII 141)

21. Januar: Eichendorff gratuliert Dreves zur Verlobung; er bittet ihn, sich durch Führich, Fick oder den Kirchenrechtler George Phillips (1804–1872) über die Umstände von Jarckes Tod zu erkundigen (HKA XII 142).

23. März: Der Buchhändler G. J. Manz aus Regensburg übersendet Eichendorff – im Auftrag des Verfassers – Hyazinth Hollands ›Geschichte der deutschen Literatur‹ *(1853)*

und empfiehlt sich ihm als eventueller Verleger eines seiner Werke (HKA XIII 192 f.).

6. April: In der Vorfreude auf den Sommer in Sedlnitz bestellt sich Eichendorff bei seinem Verwalter Bayer: vom *1. April* bis *1. Oktober* die »Berliner Vossische Zeitung«, einen Schreibtisch »mit einer geräumigen Schublade zum Verschließen«, »wieder ½ Pfund Galizier und ½ Pfund ordinären Schnupftabak und 100 Stück Zigarren von der Sorte, die ich dort vor zwei Jahren hatte ... und endlich auch wieder den Barbier aus Freiberg« (HKA XII 143). – Am gleichen Tag bedankt er sich bei Hyazinth Holland für die Zusendung von dessen Literaturgeschichte.

21. April: Jegór von Sivers übersendet Eichendorff »in dankbarer Erinnerung« sein Gedicht ›An Joseph Freiherrn von Eichendorff‹ (»O Wanderlust!«), das im gleichen Jahr noch in Otto Friedrich Gruppes ›Deutschem Musenalmanach‹ für *1854* erscheint (vgl. HKA XII 156, 310 f.). Eichendorff antwortet darauf mit dem Gedicht ›An Jegór von Sivers‹ (»Wo sie schwindeln und vor Bangen«, GA I 175), das Sivers am *4. April 1859* Hermann von Eichendorff (in Abschrift) zusendet (Wächter 1923 235 ff.). Hermann von Eichendorff hat es mit der Überschrift ›Dem Dichter der Palmen und Birken‹, datiert »Berlin im April 1853« im ›Deutschen Musenalmanach‹ *1859* veröffentlicht (Kommentar I 101).

28. April: Ludwig Tieck stirbt in Berlin. Die Zeitungen melden auch Eichendorff unter den Trauergästen, der vermutlich von Tiecks negativen und sonderbar boshaften Urteilen über seine Schriften nichts weiß (die Erzählung ›Die Entführung‹ nennt Tieck ein »Genebele« [Niggl I 494], das Buch über den Roman »einseitig und voller Mißverständnisse« [Niggl II 921]).

30. April: Eichendorff gratuliert Dreves zur Hochzeit (am *27. März*) und sendet seinen ›Julian‹.

1. Mai: Hyazinth Holland bittet Eichendorff um eine Besprechung seiner Literaturgeschichte in den ›Historisch-politischen Blättern‹, die dieser aber am *1. Juni* ablehnt, da er »schon längst alle Journal-Schriftstellerei verschworen« habe (HKA XII 148).

2. Mai: Abreise der Familie Eichendorff zum Sommeraufenthalt nach Sedlnitz, von wo sie erst am *28. September* wieder nach Berlin zurückkehrt.

16. Mai: Eichendorffs Schwester Louise schlägt ihrem Bruder vor, gegen eine Leibrente von jährlich 200 Gulden ihr Haus seinen Kindern zu vererben. Diesen Plan hat sie mit Adalbert Stifter besprochen. Eichendorff willigt am *24. Mai* (endgültig am *5. Juni*) ein, will aber seinerseits die Angelegenheit nochmals mit seinem ältesten Sohn Hermann bei dessen erwarteten Besuch in Sedlnitz besprechen (HKA XII 147f.).

17. Mai: Eichendorff bedankt sich bei Jegór von Sivers für die Zusendung seiner Gedichte.

26. Mai: Carl Albert Schaeffer wird von Eichendorff zum Besuch in Sedlnitz eingeladen (Kalender 1915 37).

Mai: Im ›Buch deutscher Lyrik. (Original-Gedichte)‹ herausgegeben von Adolf Böttger (Leipzig *1853*) erscheint Eichendorffs Gedicht ›Die Zeit geht schnell‹ (»Lieb Vöglein, vor Blüten«; GA I 242f.), das nicht nur charakteristisch ist für die Stimmung des Alterns und der literarischen Vereinsamung, sondern auch für die Vereisung der öffentlichen Atmosphäre:

»[...]
Wie balde muß lassen
Sein' Blätter der Wald,
Die Blumen erblassen,
Die Gegend wird alt,
Erstarrt ist im Eise
der muntere Quell –
Rüst die Flügel zur Reise,
Denn die Zeit geht schnell!«

Schon am *9. November 1851* schrieb Eichendorff an Theodor von Schön, die Zeit in Berlin scheine ihm »während der paar Monate [seiner] Abwesenheit [in Sedlnitz] wenigstens um 50 Jahre älter geworden zu sein« (HKA XII 128f.).

5. Juni: Bei Adalbert Stifter bedankt sich Eichendorff für die Beratung Louise von Eichendorffs »in betreffe der Leibrentenangelegenheit«. Er empfiehlt seine »arme vereinsamte Schwester« Stifters weiterer Teilnahme (HKA XII 149f.).

16. Juli: Carl Albert Schaeffer bis *Mitte August* zu Besuch in Sedlnitz.

August: Louise von Eichendorff (Tante Lois) zu Besuch in Sedlnitz.

18. September: Eichendorff verabredet mit Schaeffer für den *28. September* (auf der Rückreise nach Berlin) ein Treffen auf dem Bahnhof in Ratibor. – Am gleichen Tag beklagt sich Eichendorffs Frau in einem Brief an ihre Verwandte Therese von Burkhardt: »Das Schlimmste, was wir immer befürchtet haben, ist geschehen. Tante Julie aus Innsbruck ist da. Am 15. 8. hatte Tante Lois mit sehr liebenswürdiger Laune von uns Abschied genommen ... Um 11 Uhr etwa kamen zwei Wagen vorgefahren, der unsrige und noch ein anderer, und denke Dir unseren Schreck! Tante Lois steigt aus dem erstern mit einer uns unbekannten Dame, welche uns als Schwägerin Julie, Frau von Eichendorffs verstorbenem Bruder, sich zu erkennen gab.« Das Zusammensein mit Julie von Eichendorff (bis *Ende September*) gestaltet sich so unangenehm, wie es sich Luise von Eichendorff vorgestellt hat: »... wir machen einander alle Tage eine Staatsvisite von einer halben Stunde ungefähr, weil dann Julie das Sprechen angreift ...« (Aurora 1942 47 f.)

23. September: Louise von Eichendorff (Schwester) sendet Stifter das Versepos ›Julian‹ ihres Bruders (Stifter 113).

Ende September: Zur Herbstmesse erscheint im ›Deutschen Musenalmanach‹ für *1854* (herausgegeben von Otto Friedrich Gruppe) Eichendorffs Gedicht ›Prinz Rokoko‹ (»Prinz Rokoko, hast dir Gassen«; GA I 176).

September/Oktober: Endlich erscheint auch der lange erwartete zweite Band von Eichendorffs ›Geistlichen Schauspielen von Don Pedro Calderon de la Barca‹. Das Echo der Kritik ist minimal (Niggl II 969 f.).

4. Oktober: Eichendorff bedankt sich bei Jegór von Sivers für die Zusendung der zweiten Auflage seiner Gedichtsammlung ›Palmen und Birken‹ (HKA XII 151).

6. Oktober: Eichendorffs Sohn Rudolf heiratet in Danzig Maria Amalia Ferdinande, geb. Thymian aus Oliva (1832 bis 1912) (vgl. Aurora 1937 96 ff.).

21. Oktober: Schön fragt bei Eichendorff erneut an, welchen Historiker er, neben Eichendorff, mit der Ausarbeitung seiner Biographie betrauen solle. Noch immer ist Droysen im Gespräch (HKA XII 153).

7. November: Schön möchte Eichendorff seine gesammelten Papiere zur Aufbewahrung übergeben.

14. November: Eichendorff lehnt ab, da er wieder einmal daran denkt, Sedlnitz zu verkaufen. – Für die Biographie Schöns, die er nur zusammen mit einem »Historiker von Profession« schreiben will, schlägt er nochmals Droysen oder Karl

Rosenkranz vor, dessen eben erschienene ›Ästhetik des Häßlichen‹ (1853) ihm Schön gerühmt hat. – Dem Brief ist zu entnehmen, daß Joseph Maria von Radowitz (1797–1853), der ehemalige Berater Friedrich Wilhelms IV., der Erfinder der »Deutschen Union«, nicht zu den Freunden, wohl aber zu den Bekannten des Dichters in Berlin gehört: »Radowitz kenne ich fast nur vom Ansehen …« (HKA XII 154) – Am gleichen Tag schreibt Eichendorff an Jegór von Sivers, der in Livland ein Rittergut bewirtschaftet: »Überhaupt kann ein Dichter wohl vom Glücke sagen, wenn er eine *ländliche* Heimat hat, ich kann mir nicht einmal recht denken, wie einem reinen Stadtvogel zumute ist.« (HKA XII 156) Er arbeitet an einer kleinen Schrift ›Zur Geschichte des Dramas‹, kennt Julian Schmidts ›Geschichte der deutschen Nationalliteratur‹ (Leipzig *1853*, vgl. Niggl II 976 ff.) noch nicht und freut sich über Adolf Böttgers – Sivers zugeeignete – Dichtung ›Habana‹ (Leipzig *1853*).

28. November: Eichendorff akzeptiert die ihm angetragene Patenschaft bei dem ersten Kind von Lebrecht Dreves, das Ende des Jahres geboren werden soll. Am gleichen Tag bittet er seinen Hamburger Freund Nikolaus Heinrich Julius, in seinem »Namen die Patenstelle vertreten zu wollen« (Wächter 1918 83). Das erwartete Kind ist vermutlich tot geboren worden und Eichendorff übernimmt erst die Patenschaft bei Guido Maria Dreves, der am *27. Oktober 1854* in Hamburg geboren wird († 1909). – Maximilian II., König von Bayern, ernennt Joseph von Eichendorff »in Anerkennung seiner hervorragenden Leistungen im Gebiete der Kunst zum Mitgliede Unseres Maximilians-Ordens für Wissenschaft und Kunst« (Niggl II 973, Faksimile: nach 972). Der bayerische Minister Ludwig von der Pfordten benachrichtigt ihn, daß er zu den ersten Mitgliedern des am *28. November 1853* gestifteten Ordens gehört und übersendet die im ›Regierungs-Blatt für das Königreich Bayern‹ veröffentlichten Ordenssatzungen. Dem Regierungsblatt vom *23. November* kann Eichendorff die Namen der 64 Gelehrten und Künstler entnehmen, die zu Mitgliedern des Ordens ernannt wurden, darunter viele seiner Freunde und Bekannten, z. B. Friedrich Karl von Savigny, Peter von Cornelius, Anastasius Grün, Emanuel Geibel, Franz Grillparzer, Giacomo Meyerbeer, Christian Rauch, Karl Simrock, Ludwig Uhland, Christian von Zedlitz (vgl. Niggl II 970 ff.).

7. Dezember: Eichendorff bedankt sich bei König Maximilian II. »für dieses freudigste Ereignis [seiner] langen literarischen Laufbahn« (Aurora 1938 17). – Theodor Kniewel, der Liedsprecher von Eichendorffs Begrüßungsgedicht für den preußischen Kronprinzen (vgl. *20. 6. 1822*) bedankt sich für die Zusendung der Calderon-Übersetzung (HKA XIII 193 ff.).

25. Dezember: Rudolf von Eichendorff mit seiner Frau (aus Danzig) und Hermann von Eichendorff (aus Aachen) zu Besuch bei ihren Eltern in Berlin. – Joseph Maria von Radowitz, über dessen Todeskrankheit Eichendorff schon im *November* an Julius berichtet hat (Wächter 1918 83), stirbt in Berlin.

28. Dezember: Eichendorff hat für die ihm im September übergebenen Schriften seines Freundes Schaeffer (›Theone‹ und ›Ismene‹) bei ihm bekannten und unbekannten Verlegern in Berlin keinen Abnehmer gefunden: »... diese Buchhändler sind hier wie überall, ein gemeines vertracktes Volk ...« (Kalender 1915 40)

Vermutlich *1853* schreibt Eichendorff eine – erst aus seinem Nachlaß veröffentlichte – Besprechung von ›L. des Bordes, geb. Brentano von la Roche: Geistliche Lieder. Regensburg 1853‹, die für die ›Neue Preußische Zeitung‹, also die *1848* gegründete konservative Kreuzzeitung, bestimmt gewesen sein soll (HKA VIII, 1 162 f.; 227 f.; W III 956). – Aus August Corrodis ›Liedern‹ (Kassel *1853*) an Eichendorff spricht unverfälscht der unfreiwillig-komische Ton der Dilettantenkultur des 19. Jahrhunderts:

»[...]
Darum in Deine Locken,
Du teurer Sängergreis,
Wind' ich mit treuer Liebe
Mein Alpenrosenreis.«
»[...]
Mein Eichendorff, mein Mendelssohn,
Du schöne, reine Terze!
Es jubelte, Euer eingedenk,
Mein tiefstes, tiefstes Herze!«

(Kalender 1925 8 f.; Niggl II 934 ff.)

Stifters ›Bunte Steine‹ erscheinen. – Der russisch-türkische

*Krieg beginnt, aus dem sich, mit dem Eintritt Englands und Frankreichs an der Seite der Türkei, der »Krimkrieg« entwikkelt (*Januar 1854*), der »erste Stellungskrieg der Weltgeschichte« (vgl. Schieder 143).*

1854

12. Januar: Schön hat bei Eichendorff angefragt, ob er bei der beabsichtigten Biographie mit Karl August Varnhagen von Ense (1785–1858) zusammenarbeiten würde. Eichendorff, der Varnhagen nicht persönlich kennt, will ihm gerne »mündlich ... suppeditieren, was ich weiß und kann« und rät zu Verhandlungen. Er sei Droysen entschieden vorzuziehen, die von Schön vermutlich ebenfalls erwähnten Historiker Georg Heinrich Pertz (1795–1876) und Friedrich Förster (1791–1868) hält Eichendorff, wie Schön selbst, für nicht geeignet: »Pertz scheint mir stark pedantisch, und Förster ist ein eitler Geck ...« (HKA XII 159)

17. Januar: Der Verleger Ferdinand Schöningh aus Paderborn schlägt Eichendorff vor, eine »Literaturgeschichte von katholischem Standpunkte« zu schreiben, »die alle Vorzüge der Vilmarschen [›Geschichte der deutschen Nationalliteratur‹ Marburg *1845*, 24. Auflage *1894*] mit Ausschluß protestantischer Auffassungsweise in sich vereinigte« (HKA XIII 196).

21. Januar: Eichendorff mit Flottwell und anderen Gästen zum Mittagessen bei Magnus von Brünneck. Der ostpreußische Oberlandesgerichtspräsident Zander denkt »dabei zuerst« an Theodor von Schöns 82. Geburtstag (Kalender 1921 39).

26. Januar: Eichendorff rät Schön, von seinem Gegner Förster keine Notiz zu nehmen, sondern alle zur »rechten Wahrheit führenden Beweisstücke, Dokumente, Briefe und Traditionen [zu] sammeln, um sie dann dem Varnhagen zu übergeben, den ich immer mehr als den besten zu dem Werke [einer Biographie] wünschen muß« (HKA XII 160).

6. Februar: Schön teilt Brünneck mit, daß Eichendorff, der Kölner Erzbischof Graf Spiegel und der Culmer Bischof Mathy von Schmedding »nur mit Verachtung« gesprochen hätten. Er beglückwünscht Brünneck zu seinem Umgang mit Eichendorff: »Leute, wie Schmedding, Radowitz etc. verglich er, als guter Katholik, mit dem Theatermeister beim Schauspiel, dem es nur daran liegt, ohne Kenntnis des Wesens der Sache, nur durch Maschinerie seinen Zweck zu erreichen.« (HKA XIII 287)

16. Februar: Auf »Anstiftung« Theodor Storms lädt Franz Kugler für diesen Mittag Eichendorff, Storm, Theodor Fontane und Paul Heyse zum Essen ein. Bei diesem »Eichendorff-Diner« hat Paul Heyse einen gereimten Trinkspruch auf Eichendorff ausgebracht (vgl. Kalender 1929/30 28; Stellensammlung bei: Niggl II 985 ff.).

17. Februar: Schön rät Magnus von Brünneck, neben dem Umgang mit Eichendorff auch den mit Varnhagen zu suchen: »Von Eichendorff suchen Sie Freund zu werden ... Varnhagen ist dagegen nur als interessante Erscheinung wichtig.« (HKA XIII 288) Schön erkennt noch nicht, daß sich Eichendorff schon im Brief vom *12. Januar* vorsichtig von der übernommenen Aufgabe zurückzuziehen beginnt. Er hat Varnhagens Zustimmung, mit Eichendorff an seiner Biographie zusammenzuarbeiten.

19. Februar: Karoline Wolff bittet Eichendorff um eine Empfehlung für Corrodis gesammelte Gedichte (HKA XIII 197).

28. Februar: Für die Gedichte des katholischen Lyrikers Joseph Godehard Müller (1816–1883) hat Eichendorff keinen Verleger gefunden, auch seine Bemühungen für Corrodi bleiben vergeblich (HKA XII 161 f.; Wächter 1931 122).

1. März: Durch sein Patenkind Margarete Kugler (verlobt mit Paul Heyse) hat Eichendorff Heyse kennengelernt. Seine »Donnerstagsgesellschaften«, die er in Berlin regelmäßig seit *1850/51* versammelt, »leben noch«. Der Weimarer Hofmaler Johann Heinrich Schramm (1809–1865) hat ihn gezeichnet, die Schrift über das Drama »ist beinah fertig« (HKA XII 163 f.). – In den Briefen der fünfziger Jahre bedient sich Eichendorff auffallend häufig identischer Wendungen, Metaphern und Topoi.

9. März: Eichendorff bedankt sich bei Theodor Storm für die Zusendung von dessen Novelle ›Immensee‹; für Storms Gattin legt er eine Abschrift des von ihr gewünschten Liedes »Möcht' wissen, was sie schlagen« bei (Kalender 1929/30; Wächter 1918 24 [hier ist der Brief falsch auf *9. 5.* datiert]). – Am gleichen Tag lehnt er die Mitarbeit an Ludwig Langs

(1827–1895) ›Hausbuch für christliche Unterhaltung‹ ab, da er »der eigentlich poetischen Produktion überhaupt fast gänzlich entsagt habe« (Wächter 1918 83).

29. März: Wegen der Kriegsgefahr (Krimkrieg) reist die Familie Eichendorff dieses Jahr nicht nach Sedlnitz. Die Donnerstagsgesellschaften werden von den Kammerabgeordneten August Reichensperger und Joseph Lingens (1818–1902) besucht. Die Schrift ›Zur Geschichte des Dramas‹ »ist so gut wie fertig« (HKA XII 165).

19. April: Eichendorff teilt Schaeffer den Tod des Verlegers Markus Simion mit (Kalender 1915 42). – Er sendet seine Schrift ›Zur Geschichte des Dramas‹ an Brockhaus (AK).

4. Mai: Die preußische General-Ordens-Kommission erteilt Eichendorff die erbetene Erlaubnis, den Maximilians-Orden für Wissenschaft und Kunst zu tragen (HKA XIII 197f.).

24. Juni: Der Verleger Brockhaus sendet Eichendorff die Freiexemplare der soeben erschienenen Schrift ›Zur Geschichte des Dramas. Von Joseph Freiherrn von Eichendorff‹ (Leipzig 1854). (Zu den Quellen vgl. HKA VIII, 2 513ff.; W III 979) Die relativ umfangreiche Kritik urteilt im ganzen positiv.

3. Juli: Der Verleger Ferdinand Schöningh ermuntert, unterstützt von den Paderborner Jesuiten, Eichendorff nochmals, eine katholische Literaturgeschichte zu schreiben (HKA XIII 198f.).

21. Juli: Rudolf und Marie von Eichendorffs erstes Kind, Conrad, wird in Danzig geboren. Eichendorff übernimmt am *5. August* die Patenschaft.

6. August: Paul Heyse ist mit seiner Frau nach München gezogen, wo er einen Ehrensold des bayerischen Königs bezieht. »Die boshaften Berliner nennen dies eine Kleine-Dichter-Bewahranstalt.« (HKA XII 168)

23. September: Eventuell durch Vermittlung von Joseph Godehard Müller kommt der an Epilepsie leidende Otto Besserer von Dahlfingen (Eichendorffs Enkelkind) in ein Internat bei Lippstadt, um dort auf die höheren Gymnasialklassen vorbereitet zu werden (AK; HKA XII 173).

10. Oktober: Von dem Verwandten seiner Frau, dem Major Nikolaus Joseph von Holly-Ponienczíecz, kauft Eichendorff für seine Tochter Therese Besserer von Dahlfingen zum Preis von 4100 Talern ein kleines Haus mit Garten in Cöthen (Kalender 1927/28 26).

27. Oktober: Eichendorffs Patenkind Guido Maria Dreves wird in Hamburg geboren. Das Blatt, auf dem er das für das Patenkind geschriebene Gedicht, »Noch singt der Wind, der durch die Bäume« (GA I 175), aufzeichnet – er sendet es am *12. November* an Dreves –, enthält erste Entwürfe zu seinem Versepos ›Robert und Guiscard‹ (HKA I, 2 850).

13. November: Ganz Berlin ist »in eine russische und eine antirussische Partei zerspalten« (HKA XII 170).

24. November: August Ludwig Busch, einst Hauslehrer der Familie Eichendorff in Königsberg, jetzt Direktor der Königsberger Sternwarte, sendet die Schrift ›Beobachtungen und Wahrnehmungen, welche bei der totalen Sonnenfinsternis am 28. Juli 1851 gemacht worden sind‹ (Königsberg *1852*).

15. Dezember: Eichendorff bedankt sich bei Joseph Hubert Reinkens (1821–1896) für die Zusendung von dessen Gedichten ›Clemens von Rom, nebst drei kleinen Legenden‹ *(1855)*: »Die Literatur ist ... eine Weltmacht geworden und unsere katholische Literatur hat noch viel nachzuholen.« (Wächter 1931 118) – Am gleichen Tag bietet er dem Verlag Voigt und Günther das Manuskript seiner neuesten Arbeit zum Druck an: »Soeben habe ich eine poetische Erzählung in Versen: ›Robert u. Guiscard‹ zum Druck fertig, die eine Begebenheit aus der ersten französischen Revolution zum Gegenstande hat ...« (AK) Der Verlag erbittet den Text am *21. Dezember* zur Prüfung.

19. Dezember: Eichendorff bedankt sich bei Schön für Kupferstiche der Marienburg.

20. Dezember: Louise von Eichendorff sendet Stifter Eichendorffs Schrift ›Zur Geschichte des Dramas‹.

30. Dezember: Eichendorff sendet das Manuskript von ›Robert und Guiscard‹ an Voigt und Günther (Aurora 1960 71).

In diesem Jahr legt Eichendorff für eine neue Auflage seiner Gedichte eine Sammlung von Reinschriften »damals noch ungedruckter Gedichte [an] ..., von denen aber die 4. Auflage 1856 kein einziges gebracht hat, wie auch die in der Aufschrift des Heftchens enthaltene Forderung Eichendorffs, in die neue Auflage die in der 3. Auflage ›unnützerweise weggelassenen‹ Gedichte der ersten Ausgabe ... wieder aufzunehmen, unbeachtet geblieben ist« (Aurora 1956 42; vgl. Aurora 1954 29; evtl. auch Aurora 1955 38). – In J. A. Moriz Brühls ›Sammlung aus den vorzüglichsten neueren katholischen Dichtern und Prosaikern

Deutschlands‹ (Mainz *1854*) erscheint ein Neudruck von zahlreichen, bekannten Gedichten Eichendorffs (HKA XXII 114), in Band 50 der ›Modernen Klassiker‹ (Kassel *1854*), neben Gedichten und Textproben aus ›Julian‹, auch ein Neudruck der Erzählung ›Das Marmorbild‹ (Niggl II 1040 ff.).

Jeremias Gotthelf, Friedrich Wilhelm Schelling, Sulpice Boisserée sterben. – In Heinrich Heines ›Vermischten Schriften‹ werden u. a. ›Geständnisse‹, ›Die Götter im Exil‹ und ›Lutezia. Berichte über Politik, Kunst und Volksleben‹ gedruckt. Gottfried Kellers Roman ›Der grüne Heinrich‹ erscheint in erster Fassung 1854/55.

Letzte Lebensjahre. Berlin, Cöthen und Neisse (1855–1857)

1855

1. Januar: Eichendorffs Gattin erkrankt lebensgefährlich.

11. Januar: Dieser Krankheit wegen werden die Donnerstagsgesellschaften aufgegeben, sie waren zuletzt »gar zu frequent, genant und kostspielig« (HKA XII 173).

17. Februar: Eichendorff kann Hyazinth Holland den von ihm erbetenen Gedichtbeitrag (vielleicht zum Almanach ›Aurora‹) nicht geben: »Ich bin schon seit geraumer Zeit völlig ausgeplündert, und das Lyrische liegt meinem Alter so fern.« (HKA XII 175)

1. März: Eichendorff beginnt mit seiner Darstellung der poetischen Literatur Deutschlands.

15. März: Eichendorff lehnt die ihm von George Phillips angetragene Rezension des Schauspiels ›Veronika‹ (1854) von Emilie Ringseis (1831–1895) in den ›Historisch-politischen Blättern‹ ab. Er möchte die ihm verbleibenden Kräfte konzentrieren. – »In dieser Woche« erhält er auch Besuch von John Emmerich Edward Acton (1834–1902), einem Schüler Ignaz Döllingers: »Er will die projektierte reinkatholische Universität in Dublin ... mit einrichten helfen und eine Zeitschrift gründen, um die Engländer mit der deutschen Literatur und namentlich mit meinen letzten Schriften bekannt zu machen.« (HKA XII 178)

22. März: Eichendorff sendet (vermutlich den zweiten Band) seiner Calderon-Übersetzung an Paul Heyse.

29. März: Er erhält die Freiexemplare von ›Robert und Guiscard‹.

8. April: Der Münchener Dichterkreis bekennt sich zu Eichendorff. Es sind darunter Dichter, die Heyse beneiden, weil er Eichendorff »einigemal gesehen und gesprochen« (HKA XIII 201).

13. April: Eichendorffs Patenkind Conrad (Sohn von Rudolf von Eichendorff) stirbt in Danzig.

8. Mai: Louis Besserer von Dahlfingen (Schwiegersohn Eichendorffs) wird vom Kadettenkorps als Kompaniechef zum 23. Infanterie-Regiment nach Neisse versetzt.

Ende Mai: Eichendorff übersiedelt mit seiner von der Krankheit geschwächten Frau nach Cöthen in das Haus, das er für seine Tochter Therese gekauft hat.

2. Juni: Eichendorff bemüht sich bei dem »Königlichen Hofbuchhändler Alexander Duncker in Berlin« nochmals vergeblich um einen Druck von Schriften August Corrodis (Wächter 1931 123).

3. Juni: Er bedankt sich bei Joseph Hubert Reinkens für die Zusendung von dessen Buch ›Die Barmherzigen Schwestern und der hl. Borromäus, geschichtlich dargestellt‹ (1847). – Seine Literaturgeschichte kommt nur langsam voran (HKA XII 182).

4. Juni – 15. Juli: Die Eichendorffs reisen zur Brunnenkur nach Karlsbad, während der Luise von Eichendorff einen Rückfall erleidet.

16. Juli: Eichendorff kehrt über Zwickau und Leipzig, mit seiner Frau, nach Cöthen zurück.

18. Juli: In Cöthen findet Eichendorff einen Brief des Breslauer Theologen Franz Lorinser (1821–1893), vom *26. Juni*, vor, der ihn vom Plan einer Übersetzung der ›Geistlichen Festspiele‹ Calderons informiert (erschienen in 18 Bänden 1856–1872, zweite Auflage 1882–1887) und das Manuskript des ersten Bandes (Vorwort und ›Großes Welttheater‹) als Probe beifügt. Eichendorff ermuntert Lorinser zu seinem Plan.

14. August: Die neue literar-historische Arbeit ist noch »im Rohen und embryonisch« (HKA XII 184).

27. September: Seinem Sohn Hermann berichtet Eichendorff, daß sich Rudolf von Eichendorff entschlossen hat, seinen Abschied zu nehmen und »Lehen-Sedlnitz im ganzen zu pachten«.

Er ist bereits mit seiner Frau aus Danzig über Cöthen nach Sedlnitz gereist und sucht nun dort die vom Verwalter Bayer angerichtete »ungeheuere Unwirtschaft möglichst ins klare zu bringen« (HKA XII 186). – Eichendorff berichtet weiter, daß er »neulich«, von Cöthen aus allein einen Ausflug nach Halle gemacht habe. Er kam sich »auf den alten Plätzen fast wie ein Gespenst vor. Ähnliche Erinnerungen überraschten mich auch in Karlsbad, das ich als Kind, also etwa vor 60 Jahren, gesehen hatte.« In der Briefstelle ist die Keimzelle zu der letzten Skizze seiner Memoiren-Fragmente mit dem erwogenen Titel »Erlebtes, Ansichten, Skizzen und Betrachtungen« zu sehen. In dieser Skizze nämlich heißt es u. a. »Damaliges Karlsbad etc. – Tost etc.« (GA II 1089–1094) Eichendorff entwirft nicht seinen Lebenslauf, sondern »Erlebtes: Ich will nicht mein Leben beschreiben, sondern die Zeit (und ihre Wechsel) in der ich gelebt, mit einem Wort: Erlebtes im weitesten Sinne.« Dieser wohl *1855* in Cöthen entstandene Entwurf ist die unmittelbare Vorstufe für die im Jahr *1857* dann ausgeführten Memoirenkapitel: ›Der Adel und die Revolution‹ und ›Halle und Heidelberg‹ (W I 898 ff.), die, erst *1866* veröffentlicht, eine neue und letzte Stufe der Entwicklung von Eichendorffs Werk bezeichnen. »Es ist die frischeste Prosa, historischer Art, die er je geschrieben hat. So farbigfreudige Beschwörungskunst und Geschichtschreibung ist ihm vorher noch nie beschieden gewesen.« (Stöcklein 153)

September: Nachdem sich Verkaufsverhandlungen über das zu teuer bezahlte Haus in Cöthen zerschlagen (Wächter 1919, Mitteilungen des Eichendorff-Bundes zu Heft 6), wird es vermietet. Die Familien Besserer und Eichendorff übersiedeln nach Neisse.

1. Oktober: Rudolf von Eichendorff Pächter von Sedlnitz. Der Verwalter Bayer wird entlassen.

17. Oktober: Eichendorff plant, den »ganzen Inhalt« seiner Romantikschrift in die ›Geschichte der poetischen Literatur Deutschlands‹ »wörtlich mit den erforderlichen Abänderungen ... aufzunehmen«. Er bittet den Verlag Liebeskind um seine Zustimmung (Wächter 1918 24).

23. Oktober: Liebeskind lehnt wegen des schlechten Verkaufserfolges eine Neuauflage von Eichendorffs Buch ›Über die ethische und religiöse Bedeutung‹ ab. Eichendorff setzt sich mit dem Antiquar Gutmann in Verbindung, dem Eichendorff die Restauflage des Buches verkauft hat (HKA XIII 204). Gutmann hat die Bücher an den Borromäus-Verein weiterverkauft; August Reichensperger vermittelt zwischen den Interessen des Autors, des Borromäus-Vereins und des Verlegers der ›Geschichte der poetischen Literatur‹, Ferdinand Schöningh.

30. Oktober: Eichendorff reist mit Gattin, Tochter und Enkelkindern von Cöthen in ein Hotel nach Berlin.

31. Oktober: Therese Besserer von Dahlfingen reist mit ihren Kindern nach Neisse weiter. Eichendorff will folgen, sobald sich seine Frau etwas erholt hat.

2. November: Die ›Geschichte der poetischen Literatur‹ will Eichendorff bis *April 1856* fertigstellen (HKA XII 190). – Luise von Eichendorff-Larisch leidet noch immer »an Leibweh, Erbrechen und völliger Appetitlosigkeit« (Aurora 1938 163). – Jegór von Sivers zu einem Abendbesuch bei den Eichendorffs in Berlin.

10. November: Eichendorff bereitet seine Tochter darauf vor, daß »die arme Mutter *sehr, sehr* hinfällig ist« (HKA XII 195).

12. November: Abreise von Berlin über Sorau und Breslau. Am

14. November, abends, kommt Eichendorff mit seiner Frau in Neisse an.

17. November: Eichendorff bittet Theodor von Schön ihn »nach dem alten Grundsatze: ultra posse nemo obligatur« von der Verpflichtung zu entbinden, an der beabsichtigten Biographie »selbsttätig teilzunehmen« (HKA XII 199).

25. November: Schön kann Eichendorffs Lage verstehen. Die Krankheit Luise von Eichendorffs hat ihn gezwungen, sich erstmals auch »häuslicher Dinge« anzunehmen, woran er »bei der steten Vorsorge« seiner Frau nicht gewöhnt war. – Die Absage Eichendorffs nimmt er leicht: »Haben Sie nach meinem Tode noch Lust und Kraft zur Sache, dann fordern Sie meine Papiere von meinem Schwiegersohn Brünneck. Haben Sie aber dann nicht volle Lust und Kraft zur Sache, dann fordern Sie meine Papiere nicht, und niemand wird Ihnen die Bearbeitung derselben zumuten.« Varnhagen kommt als Biograph Schöns nicht mehr in Betracht. (HKA XIII 206) – Es scheint, daß auch Eichendorffs Pläne (Selbst-)›Erlebtes‹ aufzuzeichnen, mit dem Vorhaben einer Biographie Schöns kollidieren.

2. Dezember: Schön teilt seinen Brief an Eichendorff auch seinem »Gegenschwieger« Magnus von Brünneck mit.

3. Dezember: Luise von Eichendorff, geb. von Larisch, stirbt in Neisse. Sie wird dort am *6. Dezember* auf dem Friedhof von St. Jerusalem begraben. – Eichendorff teilt den Tod der Mutter seinen Söhnen Hermann und Rudolf mit: »... mein ganzes Herz ist zerrissen.« (Kalender 1913 48) – »... mir ist, als könnte ich nie wieder fröhlich sein.« (HKA XII 200)

10. Dezember: An seinen Sohn Hermann schreibt Eichendorff: »... meine ganze Zukunft kommt mir noch ganz unmöglich vor, und immerfort geht mir ein altes Lied durch den Sinn: Soviel Stern am Himmel stehen etc., soviel mal gedenk ich Dein!« (HKA XII 202)

20. Dezember: Louise von Eichendorff schreibt über ihren Bruder und seine Frau an Adalbert Stifter: »... sie waren 48 [recte: 42] Jahre lang zusammen verheuratet, und er hatte in mancher Beziehung eine wahrhaft blinde Liebe und Nachgebigkeit gegen sie – wie unglücklich, wie unglücklich muß er sein ...« (Stifter 161)

28. Dezember: Eichendorff bedankt sich für einen Kondolenzbrief (von Reinkens): »So will ich denn in meiner den ganzen Lebensabend tiefverschattenden Einsamkeit hoffen und beten ...« (Aurora 1960 92. Faksimile: vor dem Titelblatt)

Der ›Lucius-Entwurf‹, eine an die Skizze über den heiligen Sebastian anknüpfende Vorstufe zum Versepos ›Lucius‹, wird auf *1855* datiert (vgl. Kommentar I 209). – Mit der Jahreszahl *1855* erscheint im ›Handbuch deutscher Prosa für Schule und Haus. Mit erläuternden Anmerkungen und einem Anhange. Von Joseph Kehrein‹ (Leipzig bei Otto Wigand) ein Nachdruck der Erzählung ›Aus dem Leben eines Taugenichts‹. Der Verlag Voigt und Günther erreicht ein Verbot dieses Nachdrucks (HKA XIII 211; XII 203), doch hat Wigand trotz des Vertriebsverbotes »fernerhin die Kehreinsche Sammlung debitiert« und wird deshalb *1857* von Voigt und Günther beim Leipziger Handelsgericht verklagt (1857; HKA XIII 228). In einem Brief vom *15. Juni 1857* (AK) nimmt Eichendorff scharf gegen die »literarische Freibeuterei« Stellung und fügt für den Rechtsanwalt des Verlags Voigt und Günther eine ausführliche Darstellung der Rechtslage an. Darin werden die *1837* und *1855* bei Wigand veranstalteten Nachdrucke des ›Taugenichts‹ als Raubdrucke gekennzeichnet.

Sören Kierkegaard stirbt. – Gustav Freytags Roman ›Soll und Haben‹ kündet den Erfolg der neuen programmatisch realisti-

schen Autorengeneration an. Paul Heyses Erfolgsnovelle ›L'Arrabiata‹ und Mörikes ›Mozart auf der Reise nach Prag‹ erscheinen. – Im Krimkrieg erobern Briten und Franzosen Sewastopol.

1856

17. Januar: Der Verlag Voigt und Günther kündigt Eichendorff eine neue Auflage des ›Taugenichts‹ und der ›Gedichte‹ an; er schlägt eine Ausgabe der ›Werke‹ »in Klassikerformat« (*1864* von Hermann von Eichendorff realisiert) und den Abschluß eines neuen Verlagsvertrages vor (HKA XIII 211 ff.). Eichendorff macht am

20. Januar die Neuauflage der ›Gedichte‹ und die neue Gesamtausgabe vom Abschluß eines neuen Vertrages abhängig. Einem handschriftlichen Entwurf zu diesem Brief ist zu entnehmen, daß Eichendorff den – dann nicht realisierten – Plan hatte, in die neue Auflage der Gedichte die »in der letzten Duodezausgabe ungebührlicherweise« weggelassenen Gedichte und ungedruckte Texte aufzunehmen. Für die projektierte Gesamtausgabe schlägt er im Entwurf die Aufnahme seiner dramatischen Dichtungen vor (HKA XII 323 f.).

22. Januar: Voigt und Günther schlagen eine Interimsvereinbarung vor, Eichendorff geht am

23. Januar nur zum Teil darauf ein. Er stimmt – gegen erhöhtes Honorar – der 4. Auflage der Gedichte (Miniaturausgabe *1856*) zu, alle weiteren Drucke seiner Werke macht er nochmals vom Abschluß eines neuen Vertrags abhängig (HKA XII 204 f.; XIII 213 ff.).

30. Januar: Eichendorff an Theodor von Schön: »... fast alle meine alten Bekannten sind gestorben, und Oberschlesien ist mir fremder geworden, als jede andere Provinz.« (HKA XII 205 f.)

22. Februar: In Sedlnitz wird Helene Maria Luise von Eichendorff (Tochter Rudolf von Eichendorffs) geboren. Eichendorff übernimmt wieder die Patenschaft.

23. Februar: Eichendorff gratuliert seinem Sohn Hermann zur Verlobung mit Clara Henriette Bernhardine Simons aus Neuss am Rhein (1826–1908). – Louis Besserer von Dahlfingen steht mit seinem Regiment an der polnischen Grenze.

25. Februar: Letzter (erhaltener Brief) an Schön. Die Darstellung der poetischen Literatur Deutschlands ist noch nicht beendet: »Denn ich habe noch kein Buch mit so großen und zum

Teil erschütternden Unterbrechungen geschrieben wie dieses; es ist ein wahres Schmerzensbuch zu nennen.« (HKA XII 207)

1. März: Eichendorff bedankt sich bei Friedrich Wilhelm Grimme (1827–1887) für die Zusendung von dessen ›Gedichten‹ *(1855)*. Er hat *1857* nochmals ein Manuskript des als Mundartdichters bekannt gewordenen Autors beurteilt (Aurora 1960 72).

8. März: Eichendorff bedankt sich bei Clara Simons für die Einladung zur Hochzeit (nach Honnef am Rhein), doch sagt er am *9. April* aus finanziellen Gründen ab.

11. März: Auf absehbare Zeit kann Rudolf von Eichendorff dem Vater keine Pachtkosten für Sedlnitz bezahlen. Es deuten sich in den Briefen die schwierigen finanziellen Verhältnisse an, in denen Eichendorff *1856/57* leben mußte. Er soll, nach Mitteilung seiner Schwester Louise, in den letzten Lebensjahren »im wahren Sinn des Wortes *Not*« gelitten haben: »... er hat alles, alles; seine Pension im voraus; sein Einkommen von Sedlnitz; etc. der Tochter, bei der er lebte, gegeben, kurz er war ein Bettler, und lebte fast so ...« (Stifter 198)

8. April: Eichendorff arbeitet noch immer an seinem »Buch über die deutsche Poesie«, das er nicht als eine Literaturgeschichte betrachtet haben will, sondern als eine zusammenfassende »Besprechung der poetischen Literatur in der Art«, wie seine Bücher über den Roman und das Drama (HKA XII 210). Am

24. April sendet er das druckfertige Manuskript dem Verleger Ferdinand Schöningh. Er hat in das Buch »mit einigen Zusätzen gleichsam als eine zweite Auflage« auch seine Schrift ›Über ethische und religiöse Bedeutung‹ aufgenommen (HKA XII 213 f.).

5. Mai: Schöningh bestätigt den Empfang des Manuskriptes und schlägt an Stelle des von Eichendorff gewünschten Titels ›Die deutsche Poesie‹ einen »*umfassenderen* Ausdruck« vor, »so daß ein jeder auf den ersten Blick sieht, daß es eine *vollständige Literaturgeschichte* sei« (HKA XIII 216). Der Verlagsvertrag wird am *1. Juni* abgeschlossen (HKA XIII 329 f.).

20. Mai: Eichendorff verzichtet »auf jegliche Einnahme von Sedlnitz bis das aufgenommene Kapital vollständig ersetzt ist« (Kalender 1913 50).

29. Mai: Der Verlag Voigt und Günther übersendet Honorar und Freiexemplare der vierten, 1500 Exemplare umfassenden, Auflage der ›Gedichte‹ und fügt die Freiexemplare der schon vorher erschienenen vierten Auflage des ›Taugenichts‹ bei (HKA XIII 216 f.).

16. Juni: Der Neisser Männer-Gesangsverein bringt Eichendorff ein Abendständchen mit Mendelssohns Eichendorffchören (Niggl II 1072).

24. Juni: Hermann von Eichendorff heiratet in Honnef Clara Simons; die Hochzeitsreise führt im *Juli* auch nach Neisse.

23. Juli: Theodor von Schön stirbt in Preußisch Arnau. Eichendorff, dem »Freunde« Schöns, wird dessen Tod am *26. Juli* »noch besonders« mitgeteilt; er kondoliert am *30. Juli.*

August: Eichendorff verbringt auf Einladung des Breslauer Fürstbischofs Heinrich Förster (1799–1881) einige Wochen in dessen Sommerresidenz Johannesberg bei Jauernick in österreichisch Schlesien. Er lebt dort »wie ein verwunschener Prinz« (HKA XII 218).

30. August: Max Besserer von Dahlfingen, Eichendorffs Lieblingsenkel, geht als Kadett in die »Vorbereitungsanstalt« (Kalender 1913 51).

20. September: Eichendorff erhält die »Aushängebögen der Literaturgeschichte« zur Korrektur. Ferdinand Schöningh kauft von Brockhaus »die beiden Werke über den Roman und das Drama« (HKA XIII 218–220, 330).

21. September: Bei Franz Lorinser bedankt sich Eichendorff für die Zusendung des ersten Bandes von dessen Calderon-Übersetzung. Eine Rezension lehnt er ab (HKA XII 219 ff.).

7. Oktober: Eichendorff fühlt sich ohne Beschäftigung. Er bittet August Reichensperger, ihm »irgend eine Arbeit andeuten zu wollen, die der Mühe lohnt und für mich paßt« (HKA XII 224). – Am gleichen Tag bittet er seinen Hamburger Freund Julius, ihm aus der spanischen Literatur einen leicht zu beschaffenden Text zu nennen, der »noch nicht übersetzt ist« und die Arbeit lohnt.

18. Oktober: Schöningh mahnt die Korrekturen der Literaturgeschichte an.

19. Oktober: August Reichensperger schlägt Eichendorff vor, seine Memoiren zu schreiben. Da sich der Vorschlag und Eichendorffs eigene Wünsche »merkwürdigerweise« begegnen, antwortet er am *17. 12.*, er wolle sich »wohlgemut an diese Rundschau machen, welche mit ihrer materiellen Unbegrenztheit (nebst der ernsteren Zurüstung zu der großen Reise nach Jenseits) die wenigen Jahre, die mir vielleicht noch bleiben, wohl ausfüllen wird« (HKA XII 227). In der Folgezeit entstehen die Kapitel ›Der Adel und die Revolution‹ und ›Halle und Heidelberg‹.

27. Oktober: Schöningh bittet um die Zusendung von Vorwort und Titelblatt der Literaturgeschichte, die im Manuskript noch fehlen.

14. November: Karl von Holtei bittet Eichendorff um einen Beitrag zu dem Benefizdruck ›Für den Friedhof der evangelischen Gemeinde in Graz in Steiermark‹. Eichendorff sendet für Holteis, *1857* erscheinendes, Buch (vgl. Niggl II 1076 f.) am

13. Dezember das Gedicht ›Ein Auswanderer (Fragment)‹ (»Europa, du falsche Kreatur« und »Auf einmal stößt das Schiff ans Land«, GA I 20–25), das schon *1854* ausgearbeitet war und – nach Hermann von Eichendorff – *1850* entstanden sein soll (Aurora 1954 29). – Eichendorffs ›Geschichte der poetischen Literatur Deutschlands‹ ist (mit der Jahreszahl *1857*) bereits erschienen, die Freiexemplare sind noch nicht eingetroffen (HKA XII 225). Erst am

17. Dezember versendet Eichendorff die Freiexemplare, u. a. an August Reichensperger, den Fürstbischof Heinrich Förster, Franz Lorinser und Hermann von Eichendorff (HKA XII 226; XIII 222 f.).

23. Dezember: Schöningh sendet das Honorar. Er hat zahlreiche Rezensionsexemplare verschickt. Das Buch wird nicht so häufig besprochen, wie es sich Autor und Verleger gewünscht haben (vgl. Niggl II 1093 ff.).

George Bernard Shaw, Oscar Wilde, Sigmund Freud werden geboren. Heinrich Heine, Robert Schumann sterben. – Otto Ludwigs Roman ›Zwischen Himmel und Erde‹ und Gottfried Kellers Novellenzyklus ›Die Leute von Seldwyla‹ (Bd. I) erscheinen. – Der Krimkrieg wird mit dem Pariser Frieden beendet.

1857

6. Januar: Theodor Fontane schreibt aus London an Paul Heyse, der Taugenichts von Eichendorff sei »after all nicht mehr und nicht weniger als eine Verkörperung des deutschen Gemüts, die liebenswürdige Type nicht eines Standes bloß, sondern einer ganzen Nation. Kein andres Volk hat solch Buch« (Fontane 555). Diese Äußerung, von Thomas Mann *1916* umschrieben und *1918* in den ›Betrachtungen eines Unpolitischen‹ wiederholt – »rührendes und erheiterndes Symbol reiner Menschlichkeit, humanromantischer Menschlichkeit, noch einmal denn: des deutschen Menschen« – wird später von einer abstrusen, sich, seltsam genug, auf Eichendorff berufenden Deutschtums-Ideologie in Anspruch genommen (vgl. Lämmert).

2. Februar: Fürstbischof Heinrich Förster bedauert die bevorstehende Verurteilung des Religionsphilosophen Anton Günther (1783–1863) durch Rom. Eichendorff nimmt für Günther Stellung (HKA XIII 334).

23. Februar: Eichendorff hat ein neues »episches Gedicht (Lucius) aus der ersten Christenzeit vollendet« (HKA XII 230).

26. Februar: Voigt und Günther übernehmen den Verlag des ›Lucius‹ und stellen Verhandlungen über eine neue Gesamtausgabe in Aussicht (HKA XIII 226).

1. März: Eichendorff sendet das Manuskript seines Versepos ›Lucius‹ an den Verlag (Wächter 1931 82).

25. März: Franz Lorinser sendet Eichendorff den zweiten Band seiner Calderon-Übersetzung, wofür sich dieser am *29. März* bedankt.

15. Mai: Eichendorff erwartet »täglich« das Erscheinen seines epischen Gedichtes ›Lucius‹ (HKA XII 232), das aber wegen eines technischen Defektes erst im *August* ausgeliefert wird. Die Kritik nimmt kaum Notiz davon (vgl. Niggl II 1143 ff.).

31. Mai: Louise von Eichendorff kündigt Adalbert Stifter die »treue Schilderung« ihres Lebens unter dem Titel ›Die Närrische‹ an (Stifter 186).

13. Juni: Eichendorff bedankt sich bei Julius Zastra (1808 bis 1890) für die Zusendung von dessen Sonetten ›Bilder aus des Heilands letzten Stunden‹ (Neisse 1857).

Juni: Schwere psychische Erkrankung des preußischen Königs Friedrich Wilhelm IV.

Juli: Eichendorff ist mehrere Wochen in Sedlnitz.

8. August – 17. September: Eichendorff bei Fürstbischof Heinrich Förster in Johannesberg.

10. August: In Johannesberg erwartet man den Besuch Luise Hensels (HKA XII 237).

19. August: Hedwig Marie Therese von Eichendorff (Tochter Rudolf von Eichendorffs) wird in Sedlnitz geboren († 1874).

26. August: Helene Maria Luise von Eichendorff (geb. 1856) stirbt in Sedlnitz.

29. August: Fürstbischof Heinrich Förster »posaunt mündlich und schriftlich« Eichendorffs ›Lucius‹ »nach allen Richtungen aus«. Luise Hensel sagt ihren Besuch in Johannesberg ab (HKA XII 242 f.).

19. September: Eichendorff reist mit seiner Tochter Therese zur Taufe seines 5. Enkelkindes nach Sedlnitz (Wächter 1931 119).

23. Oktober: Wilhelm, Prinz von Preußen, übernimmt als Stellvertreter seines psychisch erkrankten Bruders (Friedrich Wilhelm IV.) die Regierungsgeschäfte in Preußen; die Regentschaft wird ihm *1858* übertragen. In Preußen beginnt die »Neue Aera«.

Oktober/November: Eichendorff arbeitet, auf Anregung des Breslauer Fürstbischofs, an einer Biographie der in Trebnitz begrabenen hl. Hedwig, der Schutzpatronin Schlesiens: »...er war eben mit dem Zusammentragen von Notizen beschäftigt, als ihn der Tod überraschte.« (Kalender 1923 40; HKA X 129 ff.)

18. November: Aurel Meinhold (1829–1873), der den Roman seines Vaters (Wilhelm Meinhold) ›Der getreue Ritter oder Sigismund Hager und die Reformation‹ *(1858)* vollendet hat, bedankt sich bei Eichendorff für dessen Korrektur des Manuskriptes. – Eichendorff erkrankt lebensgefährlich.

26. November: Joseph von Eichendorff stirbt in Neisse an einer Lungenentzündung. Er wird am *27. November* neben seiner Frau auf dem Friedhof von St. Jerusalem begraben.

Hermann von Eichendorff kann an der Beerdigung seines Vaters nicht teilnehmen (Aurora 1960 72 f.). – Therese Besserer von Dahlfingen schreibt am 6. Dezember *an ihren Bruder Hermann: »Papiere sind nur wenig vorhanden, da der Vater erst im vergangenen Sommer ... furchtbar darin gewütet hat.« (Kalender 1923 40) – Am* 21. März 1858 *stirbt in Neisse Eichendorffs Schwiegersohn Louis Besserer von Dahlfingen. – Am* 27. April 1858 *berichtet Louise von Eichendorff ihrem Neffen Hermann über eine am* 17. Dezember 1857 *für Joseph von Eichendorff in Wien gehaltene Totenmesse, an der auch Grillparzer, Castelli und andere Wiener Dichter teilnahmen.*

Verzeichnis der Siglen und der abgekürzt zitierten Literatur

AK Auktionskatalog. (Hinweis auf nur in Auktionskatalogen überlieferte Stellenbelege).

Aurora Aurora. Ein romantischer Almanach (seit 1970: Jahrbuch der Eichendorff-Gesellschaft), 1929 ff.

Baxa I, II Adam Müllers Lebenszeugnisse. Hrsg. von Jakob Baxa, 2 Bde., München u. a. 1966.

Belke Hans-Jürgen Belke, Die preußische Regierung zu Königsberg 1808–1850, Köln und Berlin 1976.

Biographie Joseph Freiherr von Eichendorff. Sein Leben und seine Schriften. Von Hermann Freiherrn von Eichendorff. 3. Aufl., neubearbeitet von Karl Freiherrn von Eichendorff und Wilhelm Kosch, Leipzig 1923.

Brentano, Schriften Clemens Brentano's Gesammelte Schriften. Hrsg. von Christian Brentano u. a., 9 Bde., Frankfurt am Main 1852–1855.

Devrient Eduard Devrient, Aus seinen Tagebüchern. Berlin-Dresden 1836–1852. Hrsg. von Rolf Kabel, Weimar 1964.

Dietze Eichendorffs Werke. Hrsg. von Richard Dietze. Kritisch durchgesehene und erläuterte Ausgabe. Bd. I, Leipzig und Wien [1891].

FDH Freies Deutsches Hochstift, Frankfurt am Main.

Fontane Theodor Fontane, Briefe. Bd. I, 1833–1860. Hrsg. von Otto Drude und Helmuth Nürnberger, München 1976.

Fuchs Leopold von Ranke, Das Briefwerk. Eingeleitet und hrsg. von Walther Peter Fuchs, Hamburg 1949.

GA I–IV Joseph Freiherr von Eichendorff, Neue Gesamtausgabe der Werke und Schriften in vier Bänden. Hrsg. von Gerhart Baumann in Verbindung mit Siegfried Grosse, Stuttgart 1957 f.

Gilbert Bankiers, Künstler und Gelehrte. Unveröffentlichte Briefe der Familie Mendelssohn aus dem 19. Jahrhundert. Hrsg. und eingeleitet von Felix Gilbert, Tübingen 1975.

Görres Joseph von Görres, Gesammelte Schriften. Hrsg. von Marie Görres. Bd. VIII, München 1874.

ter Haar Carel ter Haar, Joseph von Eichendorff ›Aus dem Leben eines Taugenichts‹. Text, Materialien, Kommentar, München 1977.

HKA Sämtliche Werke des Freiherrn Joseph von Eichendorff. Historisch-kritische Ausgabe. In Verbindung mit Philipp August Becker hrsg. von Wilhelm Kosch und August Sauer, Regensburg 1908 ff. – Fortgeführt und hrsg. von Hermann Kunisch, Regensburg 1962 ff.

Jb Jahrbuch.

Kalender Eichendorff-Kalender. Ein romantisches Jahrbuch. Begründet und hrsg. von Wilhelm Kosch, 1910 ff.

Kommentar I, II Eichendorff – Kommentar von Ansgar Hillach und

Klaus-Dieter Krabiel, 2 Bde., München 1971 f.
Kron Wolfgang Kron, Zur Überlieferung und Entstehung von Eichendorffs Romanze ›Das zerbrochene Ringlein‹, in: Unterscheidung und Bewahrung. Festschrift für Hermann Kunisch, Berlin 1961, S. 185–195.
Kunisch, Studien Dietmar Kunisch, Textkritische Studien zu Eichendorffs Novellenfragment ›Unstern‹, in: Literaturwissenschaftliches Jahrbuch. Neue Folge, Bd. II, 1961, S. 69–102.
Lämmert Eberhard Lämmert, Eichendorffs Wandel unter den Deutschen. Überlegungen zur Wirkungsgeschichte seiner Dichtung, in: Die deutsche Romantik. Poetik, Formen und Motive. Hrsg. von Hans Steffen, Göttingen 1967, S. 219–252.
Liederbüchlein 1827 Liederbüchlein der Mittwochsgesellschaft, 2 Hefte, Berlin 1827.
LJb Literaturwissenschaftliches Jahrbuch. Im Auftrage der Görres-Gesellschaft hrsg. von Hermann Kunisch, 1960 ff.
Lüdicke Reinhard Lüdicke, Die preußischen Kultusminister und ihre Beamten im ersten Jahrhundert des Ministeriums. 1817–1917, Stuttgart und Berlin 1918.
Nachlaß Aus dem Nachlaß des Freiherrn Josef von Eichendorff, Briefe und Dichtungen. Im Auftrag seines Enkels Karl Freiherrn von Eichendorff hrsg., eingeleitet und erläutert von Wilhelm Kosch, Köln 1906.
Niggl I, II Joseph von Eichendorff im Urteil seiner Zeit. Hrsg. von Günter und Irmgard Niggl, 2 Bde., Stuttgart u. a. 1975 f. [= HKA XVIII, 1, 2].
Nowack Lubowitzer Tagebuchblätter Joseph von Eichendorffs. Mit Erläuterungen hrsg. von Alfons Nowack, Groß-Strehlitz 1907.
Pissin Joseph und Wilhelm von Eichendorffs Jugendgedichte. Vermehrt durch ungedruckte Gedichte aus dem handschriftlichen Nachlaß. Hrsg. und eingeleitet von R. Pissin, Berlin [1906].
Pissin, Loeben Otto Heinrich Graf von Loeben (Isidorus Orientalis). Sein Leben und seine Werke von Raimund Pissin ..., Berlin 1905.
Pörnbacher Joseph Freiherr von Eichendorff als Beamter. Dargestellt auf Grund bisher unbekannter Akten von Hans Pörnbacher, Dortmund 1964.
Puličar Gertrud Puličar, Eichendorff und Wien, Diss. Wien 1944 [masch.].
Rühl Briefwechsel des Ministers und Burggrafen von Marienburg Theodor von Schön mit G. H. Pertz und J. G. Droysen. ... Hrsg. von Franz Rühl, Leipzig 1896.
Schieder Theodor Schieder, Vom Deutschen Bund zum Deutschen Reich, in: Bruno Gebhardt, Handbuch der deutschen Geschichte, Bd. III, 8. Aufl., Stuttgart 1960, S. 93–190.
Schnabel Franz Schnabel, Deutsche Geschichte im neunzehnten Jahr-

hundert. Herder-Taschenbücher Bde. 206–211/12, Freiburg i. Br. 1964 f.

Schön I–V Aus den Papieren des Ministers und Burggrafen von Marienburg Theodor von Schön, 5 Bde., Halle und Berlin 1875–1882.

Schulhof Hilda Schulhof, Eichendorffs Jugendgedichte aus seiner Schulzeit, Prag 1915.

Seidlin Oskar Seidlin, Versuche über Eichendorff, Göttingen 1965.

Sepp Johann Nepomuk Sepp, Görres und seine Zeigenossen 1776 bis 1848, Nördlingen 1877.

Stägemann Briefe und Aktenstücke zur Geschichte Preußens unter Friedrich Wilhelm III. vorzugsweise aus dem Nachlaß von F. A. von Stägemann. Hrsg. von Franz Rühl. Bd. III, Leipzig 1902.

Steig, Arnim Achim von Arnim und die ihm nahe standen. Hrsg. von Reinhold Steig und Herman Grimm, Bd. III, Stuttgart u. a. 1904.

Steig, Grimm Reinhold Steig, Clemens Brentano und die Brüder Grimm, Stuttgart und Berlin 1914.

Stifter Adalbert Stifters Sämtliche Werke. Bd. XXIII. Hrsg. von Gustav Wilhelm, Reichenberg 1939.

Stöcklein Paul Stöcklein, Joseph von Eichendorff in Selbstzeugnissen und Bilddokumenten, Reinbek 1963.

Stutzer Dietmar Stutzer, Die Güter der Herren von Eichendorff in Oberschlesien und Mähren, Würzburg 1974.

TM Aus dem Leben eines Taugenichts. Das Marmorbild. Zwei Novellen nebst einem Anhange von Liedern und Romanzen, Berlin 1826.

Treue I, II Wilhelm Treue, Wirtschafts- und Sozialgeschichte vom 16. bis zum 18. Jahrhundert, in: Bruno Gebhardt, Handbuch der deutschen Geschichte, Bd. II, 8. Aufl., Stuttgart 1955, S. 366–436 [= I]; ders., Wirtschafts- und Sozialgeschichte Deutschlands im 19. Jahrhundert, in: Bruno Gebhardt, Handbuch der deutschen Geschichte, Bd. III, 8. Aufl., Stuttgart 1960, S. 314–413 [= II].

UL Das unsterbliche Leben. Unbekannte Briefe von Clemens Brentano. Hrsg. von Wilhelm Schellberg und Friedrich Fuchs, Jena 1939.

W I–III Joseph von Eichendorff, Werke. Nach den Ausgaben letzter Hand bzw. den Erstdrucken. [Mit Einführung, Zeittafel und Anmerkungen von Ansgar Hillach und Klaus-Dieter Krabiel], [bisher] 3 Bde., München 1970–1976.

Wächter Der Wächter. Zeitschrift für alle Zweige der Kultur. In Verbindung mit dem Eichendorff-Bund begründet und hrsg. von Wilhelm Kosch, 1910 ff.

Wohlhaupter Eugen Wohlhaupter, Dichterjuristen, Bd. II, Tübingen [1955].

Wesemeier Reinhold Wesemeier, Joseph von Eichendorffs satirische Novellen, Diss. Marburg 1915.

Ziesemer Walther Ziesemer, Eichendorff und die Marienburg, in: Altpreußische Monatsschrift Bd. 57, 1920, S. 296–319.

Personenregister